古代歷史文化 研究輯刊

四編

王明蓀 主編

第 15 冊

晚唐財稅與政局演變之研究

林偉洲 著

唐朝與吐蕃和親之研究

馮藝超 著

國家圖書館出版品預行編目資料

晚唐財稅與政局演變之研究　林偉洲 著／唐朝與吐蕃和親之
研究／馮藝超 著 — 初版 — 台北縣永和市：花木蘭文化出版
社，2010〔民 99〕
目 2+96 面 + 目 2+128 面；；19×26 公分
（古代歷史文化研究輯刊 四編；第 15 冊）
ISBN：978-986-254-235-4（精裝）
1. 財政史　2. 唐代　3. 唐史
560.9204　　　　　　　　　　　　　　　　99012978

ISBN - 978-986-254-235-4

9 789862 542354

古代歷史文化研究輯刊
四 編　第十五冊　　　　　　　ISBN：978-986-254-235-4

晚唐財稅與政局演變之研究
唐朝與吐蕃和親之研究

作　　者　林偉洲／馮藝超
主　　編　王明蓀
總 編 輯　杜潔祥
印　　刷　普羅文化出版廣告事業
出　　版　花木蘭文化出版社
發 行 所　花木蘭文化出版社
發 行 人　高小娟
聯絡地址　台北縣永和市中正路五九五號七樓之三
　　　　　電話：02-2923-1455／傳真：02-2923-1452
電子信箱　sut81518@ms59.hinet.net
初　　版　2010 年 9 月
定　　價　四編 35 冊（精裝）新台幣 55,000 元

晚唐財稅與政局演變之研究

林偉洲　著

作者簡介

林偉洲,中國文化大學史學研究所博士(1999)。現任大葉大學工業設計學系專任助理教授。曾任國家圖書館特藏組古籍整編小組約聘、文化大學史學系兼任講師、大葉大學通識教育中心專任助理教授。著有〈唐河北道藩鎮的設置、叛亂與轉型——以安史之亂為中心〉、〈天下兵馬元帥與中唐帝位繼承〉等論文多篇。

提　要

　　本文研究目的旨在於探討晚唐新稅制的形成過程,及其中非理性的人為成分。新稅制當然需要有新的財政配合,其制度化的過程,及隱含的權力運作,成為本文研究的另一重點。全文共分六章。

　　第一章「前言」:說明本文研究的旨趣。

　　第二章「劉晏的理財」:凡分六節。分別就劉晏所掌轉運、榷鹽、常平、鑄錢為經,重商理念為緯,並作為新財政制度之起。

　　第三章「政治衝突與兩稅法的產生」:凡分三節,以劉晏、楊炎政治衝突為背景,討論兩稅法產生的政治因素。

　　第四章「兩稅法的形成及其徵稅原則」:凡分三節,由兩稅產生前的徵稅方法,至兩稅的實行及其演變。

　　第五章「山澤之利的開採與戶部三司的形成」:凡分三節,討論正稅制外的另一稅收系統,並兼論戶部三司制度化過程。

　　第六章「結論」:說明本文研究所得及將來旨趣。

目次

第一章 前　言

　　安史之亂前後，正是唐代政治、社會變動的最大時期，如何調適自我體質，以應付這一大變動，成為唐中央所面臨的最嚴峻課題。適時性觀念、制度的提出與實行；新舊制度的更替，過程中所隱含的人為理性與非理性成分，除了影響當時政策的制定，更影響晚唐歷史走向。

　　本文研究的目的，在於探討晚唐新稅制的形成，及其中非理性的人為成分。新稅制當然需要有新的財政配合，其制度化的過程，及隱含的權力運作，將為本文研究的另一重點。

　　正文凡分四章：

　　首章以劉晏為探討中心，主因肅代期間形成的「権鹽制」至劉晏掌理時，其稅收所得幾占唐中央賦入之半。劉晏更以所領多項財經使職，於其所掌財賦區內，規劃成相互配合運作的組織。這一時期逐漸展現其重要性的鹽鐵使，至晚唐更成為財政三司之一。

　　次章，專敍劉晏與楊炎的政治衝突。透過政治的衝突，理出人為非理性成分中影響兩稅法產生的政治背景。王權一直是封建時期政治運作的最後決策者，政治環境的轉變影響制度的發展，起了重要的積極作用，但是代宗與德宗對政治運作、認知差異及目的所求，成為財政制度走向的最後判定者。

　　其三，從兩稅的內在形成過程，重新檢討兩稅是否便指戶稅與地稅。並討論兩稅法初定的徵稅原則，及其原則的轉變。

　　其四，續論山澤之利於晚唐賦稅的開展，及戶部、鹽鐵、度支三司制度化的過程。

第二章　劉晏的理財

　　中唐稅制因安史亂起，主要賦稅區的淪陷和軍事耗費不斷，爲了彌補中央稅收之不足，除了正稅收入和各項臨時配徵的稅目外，並發展出有別於正稅體制，屬於山澤之利的「榷鹽」制。這一原屬戰亂臨時發展的間接稅，至晚唐不但名目增多，稅收總值也與兩稅中「上供」之數相埒，成爲唐中央重要的賦稅收入之一。爲了配合鹽的榷賣和保證中央稅收的迅速取得，各項財經使職也迅速統合，地方財政權責的二分，更是晚唐財政三司的雛形。因此，先行理清肅、代期間混亂稅收的稅制，將有助於了解晚唐的中央財政和稅收狀況。本章以劉晏爲探討的中心，理由有下列數點：（一）地方財政權責的二分制始於劉晏任使。（二）各項財經使職的運作，在劉晏主持下，形成相互配合的整體組織。（三）「榷鹽」制在劉晏規劃下，鹽利所得幾占唐中央賦入之半。（四）晚唐正稅體制的改革，雖與劉晏無關，但是兩稅法的產生和德宗以後財政制度的重新整合，是與劉晏、楊炎間的政治衝突有密切的關係。此外，劉晏的重商理念和其行政措施的配合，所產生的成果，爲其贏得「中唐第一理財能手」[註1]之號。以劉晏爲中心的討論，並旁及同時各理財人物的不同措施，應可看出肅、代間，財經使職的功能與新產生稅制的面貌。

第一節　劉晏的生平

　　兩唐書中關於劉晏的早年生活記載甚少，除了八歲時他曾「獻賦行在」，有「神童」之譽外。天寶中爲夏縣令，舉賢良方正科，後調溫縣令，遷待御史。

〔註1〕黃國樞：〈劉晏的財政政策〉——思與言，卷5，第5期。

〔註2〕至於他的家庭背景，根據鞠清遠先生的研究，認為當屬地主階級，且從其高祖起，即係世代官宦。〔註3〕從這些簡短的紀錄中，並無法幫助我們了解劉晏在成長過程中，所受的學術訓練，及其後財經理念的由來。但是安史亂起，肅宗即位靈武，即命劉晏為度支郎中兼侍御史、領江淮租庸事。〔註4〕由此我們可以推測，在此之前，他可能已有某些財經的言論，或因他在地方上的政績，而獲得當道者的重視。〔註5〕此後，劉晏雖數度掌領度支轉運鹽鐵鑄錢等使，卻因不斷介入政爭，使他無法久任其位。〔註6〕直到廣德二年（764）以後，才有較長的任期，他對財經的改革，主要也在此一期間。

廣德二年（764）劉晏由太子賓客復為御史大夫、檢校戶部尚書、充河南及江淮以來轉運使。〔註7〕受命之後，隨即巡行江淮，並上書當時宰臣元載。在這份上書中，不但透露了其對漕運改革的理想；且具體陳述了將來漕運轉輸後可產生的利益及現實所面對的困難。〔註8〕而這一分上書元載的資料，也將成為我們研究劉晏財經理念的重要文本。次年，他更轉任戶部尚書，領東都淮南浙江東西湖南山南東道轉運常平鹽鐵鑄錢使。從此，直到大曆十四年（779）完全掌領全國財賦之前，雖先後與第五琦及韓滉分領南北財賦區。〔註9〕但值得注意的是，唐朝自安史亂起，國家賦稅十之八九出自東南地區。〔註10〕及安史亂平後，運河再度成為唐朝轉運財賦至京師的大動脈。〔註11〕東南地區的徵稅與運河轉運，從永泰元年（765）起，便歸劉晏掌管，因而謂此期間劉晏便掌握唐代重要的財政大權當不為過。

〔註2〕 《新唐書》劉晏本傳，卷149，頁4793。

〔註3〕 鞠清遠：《劉晏評傳——附年譜》評傳劉晏的家世，頁1。《新唐書》，卷71，上宰相世系——上曹州南華劉氏條，頁2258～2272。

〔註4〕 同註2。

〔註5〕 晏於天寶中調夏縣令，「未嘗督賦，而輸無逾期」。見《新唐書》劉晏本傳，卷149，頁4793。

〔註6〕 晏於上元元年兼戶部侍郎，勾當度支鑄錢鹽鐵等使，尋於建子月為嚴莊、敬羽所構，貶通州刺史。及廣德二年坐與程元振交通，貶為太子賓客。詳《通鑑》，卷222，肅宗上元二年，頁7116。及《舊唐書》，卷123，劉晏本傳，頁3511。

〔註7〕 《唐會要》，卷87，轉運鹽鐵總敘，頁1588。

〔註8〕 劉晏遺元載書，見《冊府元龜》，卷498，邦計部漕運，頁5968～5969。

〔註9〕 同註7，晏於永泰元年與第五琦分領天下財賦，及大曆五年第五琦罷，六年改由韓滉兼領使職。

〔註10〕 韓愈《韓昌黎文集校注》第4卷，送陸歙州詩序，頁135。

〔註11〕 全漢昇《唐宋帝國與運河》第一章緒論，頁1。

經歷了十六年的掌管財賦和改革後，劉晏最主要的支持者代宗，於大曆十四年（779）年崩逝。德宗即位後「言事者稱轉運可罷多矣」。〔註12〕其後，復以楊炎入相「追計前嫌」，並提出兩稅法，劉晏被貶為忠州刺史，尋賜自盡。他的諸多改革隨而罷廢。劉晏的財經改革頗類似漢代的桑弘羊。桑弘羊的政策，曾引起漢賢良、文學極大的非議。劉晏的改革，雖免於類似的辯爭，但他們最後同死於政爭。漢唐兩代，最佳的兩位理財能手，不但功績相若，下場也甚相同。

第二節　劉晏的改革——漕運

安史之亂於代宗即位後，隨即結束。但唐朝卻未因此而稍有安定，除回紇、吐蕃、南詔不斷的侵擾邊境，東北地區更因中央政策錯誤，使得安史降將形同割據。而唐朝內部，驕兵悍將和盜賊又所在多起。劉晏便在此種政治紛亂的情況下，受命掌管國家的財政。

運河的轉輸功能在安史亂起，不久便遭到破壞，肅宗至德元載（756）乃有第五琦「以江，淮租庸市輕貨，泝江，漢而上」〔註13〕的計劃。安史亂平，運河阻絕既除，唐中央有見於漢、洋轉運的不便，廣德二年（764）乃命劉晏為漕運使，運河的轉輸功能才又逐漸恢復。劉晏的改革最初便從漕運開始。此後，隨著他職權的擴大而及於其他，並形成緊密的整體。因此，本文將依序論述其改革，並作交互的分析。

廣德二年（764）劉晏任轉運使後。首先，他便巡察運河及沿岸，以探究其利病得失。其後，在他上書元載時，除了認為運河如能恢復其轉運功能，乃是「安社稷之奇策也」，同時並提出運河轉輸應可獲得四大利益，但同樣的也面臨四大困難。

他認為可護得的利益乃是：（一）每年只要轉運二、三十萬石米至京師，便可減輕京畿地區人民的徭賦。（二）東都地區因安史戰亂的殘破，可因運米和貨物的轉輸，而再度使人民集附。（三）糧運不但可充實邊將的所需和提高士氣，也可使外敵有所忌憚。（四）透過航運，使各地貨物流通，貞觀、永徽盛世可以再現。

〔註12〕同註6。
〔註13〕詳《通鑑》，卷219，肅宗至德元載冬十月四條，頁7001。

—5—

　　而他當時所面臨的困難是：（一）船運行至洛陽以西後已無人煙，轉運所需人力難以尋覓。（二）汴河嚴重淤塞，需要不斷的「掏拓」。（三）運河所經地區多處尚不安寧，盜賊四起，糧運容易遇劫。（四）沿運河區駐有許多軍隊，船過即留，貨物轉運有所困難。〔註14〕運河轉輸所能得到的利益，需要運轉後才能證明。他所面對的困難，當然需要先行解決。

　　劉晏所提出的轉運困難，大略可簡化成二點，一是：漕運本身的困難。除了汴河淤塞外，轉運所需的人力難覓。二是：盜賊和悍將的沿途劫掠。有關劉晏的史料並無各別的改革紀載，新唐書卷53，食貨志三、對劉晏的漕運有整體的說明，略云：

> （漕事既決於晏），晏即鹽利顧傭分吏督之，隨江汴河渭所宜。故時轉運船艘潤州陸運至揚子，斗米費錢十九，晏命囊米而載以舟，減錢十五，艘揚州距河陰，斗米費錢百二十。晏為歇艎支江船二千艘，每船受千斛，十船為綱，每綱三百人，篙工五十，自揚州遣將部送至河陰。上三門、號「上門塡闕船」，米斗減錢九十。調巴、蜀、襄、漢麻枲竹篠為絢挽舟，以朽索腐材代薪，物無棄者。未十年，人人習河險。江船不入汴，汴船不入河，河船不入渭；江南之運積揚州，汴河之運積河陰，河船之運積渭口，渭船之運入太倉。歲轉粟百一十萬石，無升斗溺者，輕貨自揚子自汴州，每馱費錢二千二百，減九百，歲省十餘萬緡。又分官吏主丹陽湖。禁引漑，自是河漕不涸。

就整體改革而言，劉晏的漕運頗類似裴耀卿的分段運輸。對於汴河的堙廢，他乃與河南副元帥李光弼「計會開決」。〔註15〕運河暢通後，他更以鹽利雇漕傭，史稱「而不發丁男，不發郡縣，蓋自古未之有也」。〔註16〕也就是以雇傭役代替前期州府各別轉輸，人民出「傭腳」的轉運制。而這些傭卒後因經過長期的專業訓練，結果「未十年人人習河險」，轉運效率大增。此外，如製造適合各河段的船隻，並特置造船廠專門負責，多給經費，使承造的船隻能經久使用。〔註17〕都可以看出其經心的規劃。為防止沿運河盜賊的劫掠，他首先將人員及船隻組織成船團，派武裝部隊押送，並由各地節度使派遣軍隊駐

〔註14〕同註8。
〔註15〕《舊唐書》，卷49，食貨下，頁2117。
〔註16〕同註6。
〔註17〕王讜《唐語林》，卷1，政事上，頁18。

防沿岸，〔註18〕形成河、岸雙層保護，自此盜賊多不敢侵暴。

漕運經過劉晏的規劃後，便呈現了不同的風貌。玄宗時裴耀卿雖然創設了分段轉運的辦法；韋堅於關中另開一漕渠以省陸運勞費，而獲得大量物資的轉輸，但他們在人力和物力的浪費也同樣的多，史稱「是時，民久不罷兵革，物力豐富，朝廷用度亦廣，不計道里之費。而民之輸送，所出水陸之直，增以“函腳”，“營窖”之名，民間傳言，斗錢運斗米，其糜耗如此」。〔註19〕可見他們祇著重在運送大量穀物以充實京師，對於轉運的其它設施則多未予與考慮。劉晏則不然，他的改革小至船隻設計，大至汴河疏浚，皆經整體規劃，而形成一套完整的專業化經營，就工具效用而言，其轉運物資的能力，自然應較裴、韋等人要高。

但是，大曆年間經運河轉運至京師的米，每年卻僅約四十萬石，遠少於玄宗時期。全漢昇先生在「唐宋帝國與運河」一文中，對於此點曾提出疑問，劉晏每年運送至京師的米何以少於裴、韋時代？全先生並認為「乃是跋扈軍人對於運河的阻擾，仍舊沒辦法解決」，並由此推論出「運河的連繫南北財經，政治中心的程度已不如以前密切」。〔註20〕此一解答並未對中唐以來政治，社會變動和劉晏常平、均輸的理念加以考察。跋扈的藩鎮於代宗時期，影響運河轉輸最甚者有同華二州節度使、潼關防禦使周智光，他曾於大曆元年（766）「劫諸節度使進奉貨物及轉運米二萬石，據州反」；〔註21〕及大曆十一年（776）「汴州大將李靈耀反，因據州城，絕運路」。〔註22〕全先生自己也認為，此二者「很快便給中央軍隊鎮壓下去，時間並不怎麼長，影響也不怎麼大」。〔註23〕因此，除了從沿岸藩鎮的阻擾加以考慮外，應可再從其他角度，探究其原因。

安史之亂前後，唐中央的財政體制已有明顯的轉變。開元以前全國財經事歸尚書省，開元以後財經執掌漸移它官。由是有轉運使、租庸使、鹽鐵使等，隨事立名，沿革不一。〔註24〕其前，不論「天下土地，人民，錢穀之政，

〔註18〕《新唐書》，卷53，食貨三，頁1368。

〔註19〕同註18，頁1366～1367。

〔註20〕全漢昇《唐宋帝國與運河》第四章大唐帝國的中衰與運河第三節代宗德宗時代運河交通的阻擾與政府應付的政策，頁53。

〔註21〕《舊唐書》，卷114，周智光本傳，頁3369。

〔註22〕《舊唐書》，卷123，劉晏傳，頁3514～3515。

〔註23〕同註20，頁54。

〔註24〕《舊唐書》，卷48，食貨上，頁2085～2086。

貢賦之差」，皆由戶部掌管，〔註25〕其轄下度支郎中更「掌判天下租賦多少之數，物產豐約之宜，水陸道途之利，每歲計其所出，而度其所用。轉運徵斂送納，皆準程而節其遲速」。〔註26〕使職的出現，雖侵奪部分戶部職權，然其時大抵隨事署置，並無常久的專責機構。安史亂起行權宜之變，各地節度使所需物資，或由財經使職供應；或由節度使於本管區內自籌。賦稅計算不再經由中央，物資也不再進入各地倉廩，戶部功能已完全喪失。且自永泰元年（765）以後，地方財政權責實行二分制。關中、京畿等西北地區賦稅收入，歸度支使所掌管；東南地區則為轉運使所管轄。這一權責的劃分，除了方便稅收與物資轉運外，也和各地財稅供應與分配有關。而肅代期間的動亂幾全在東半壁，轉運使便負責此地區財賦的供應。因此，如非中央所需急迫，自是以供應地方軍需為主。

　　玄宗開元、天寶時期，正是唐國力達於鼎盛之時。其時，不論戶口數、財賦所得皆達於頂峰。〔註27〕安史亂起，除東北財賦區已無稅可徵，唐內部更是「人戶凋耗，版圖空虛」。〔註28〕劉晏掌財經時期，雖經其安輯流民，但戶口數仍僅餘三百餘萬戶，遠不能與盛唐時相比。其時雖「科斂之名凡數百」，但歲入所得總額自然要大為減少，以大曆十四年（779）為例，其時賦入中央者約僅得一千二百餘萬貫。〔註29〕但天寶中「大凡都計租、稅、庸、調每歲錢、粟、絹、綿、布約得五千二百二十餘萬端、疋、屯、貫、石」〔註30〕此雖為戶部計帳所得，但中央能運用者必然仍遠多於大曆年間。賦稅收入的減少和應付軍需，當也使繳交至京師的穀物相對減少。何況，戰後關中地區人口銳減，所需食糧自不能與盛唐時相比。

　　其次，就劉晏漕運改革後的轉運能力加以分析。劉晏所設計的歇艎支江船共有二千艘（行駛揚州至淮陰），每船可載重一千石。〔註31〕如以船隻全部使用，每年行駛一船次計算，則每年至少可運送二百萬石貨物。洛陽以西雖

〔註25〕《大唐六典》，卷3，尚書戶部，頁52。《舊唐書》，卷43，職官二戶部尚書條，頁1824。《新唐書》，卷46，百官一戶部條，頁1192。

〔註26〕同註25。

〔註27〕全漢昇《唐宋政府歲入與貨幣經濟的關係》二唐代的收入，頁2～6。

〔註28〕《唐會要》，卷82，租稅上楊炎兩稅奏疏，頁1535～1537。

〔註29〕《唐會要》，卷87，轉運鹽鐵總敘，頁159。

〔註30〕《通典》，卷6，食貨六賦稅下，頁34。冊府元龜作八載，見卷487邦計部賦稅一，頁5830。

〔註31〕同註18。

有三門、底柱之險，對漕運轉輸有莫大妨礙，但劉晏轉輸開始後，從未提及此處之困難；另如代宗時「京師鹽暴貴，詔取三萬斛以贍關中，自揚州四旬至都，人以為神」。〔註32〕可見三門、底柱之險並未影響其轉輸。由漕運的轉輸能力和能隨時供應關中所需，可以看出技術問題應非運米減少的原因。此外，在劉晏上書元載時便已提出，每年祇要運送二、三十萬石米至京師，便可減輕當地人民的徭賦，大約符合其後來轉運至京師的穀物數量。而他對運河轉輸的理想是「舟車既通，商賈往來，百貨雜集，航海梯山，神聖輝光，漸近貞觀、永徽之盛」。〔註33〕透過運河的轉運，使得全國貨物流通，「擁滯」既除則「物不騰貴，國用饒而物不加價」。〔註34〕漕運不止為運米充實京師已甚明顯。

作為南北的唐本部連繫，運河所扮演的角色，於中晚唐後，應是愈形重要才對。安史亂後南北財經、政治的分離，一旦因外來衝擊所產生的一致抗敵熱情消失後，因地域性的差異，極有可能再導致國家分裂。肅宗至德元載（756），永王璘擅引兵東巡，引起肅宗迅速派兵敉平。此雖主要屬於政治事件，但其所欲佔領區卻是唐中央財賦的主要來源地區，不容其割據的理由甚為明顯。〔註35〕另如，德宗建中四年（783）韓滉聚兵修石頭城，便引起了唐中央的極度恐慌。〔註36〕如何加強南北間的連繫？除了政治運作外，劉晏提出的商業交流和運河的居間貫穿轉輸，同樣可加強彼此間的關係。因此，以運米多寡來推論運河重要性減弱，恐不是很恰當。

以商品消費帶動經濟繁榮的觀念，最早出自《管子》一書，所謂「無末利則本業何出，無黼黻則女工不施」。〔註37〕漢代的桑弘羊繼承了部分管子的重商理念。《鹽鐵論》中，他雖然認為「富國非一道」，但事實上他卻是將商業行為，看成是國家致富的本源。並認為唯有透過商業交流，使商品做到各地區全面交換，才能使國家財用不虞匱乏。〔註38〕劉晏的重商理論，則因史料缺乏而不易考察。但以他的各項改革，所產生的意義來看，則與管、桑

〔註32〕《新唐書》，卷149，劉晏本傳，頁4796。

〔註33〕《冊府元龜》，卷498，邦計部漕運，頁5968～5969。《唐會要》，卷87，轉運鹽鐵總敘，頁1588～1589。

〔註34〕同註33。

〔註35〕郭沫若《李白與杜甫》一關于李白，頁55。

〔註36〕《資治通鑑》，卷229，頁德宗建中四年，頁7378。

〔註37〕《鹽鐵論》，卷1，通有三，頁8。

〔註38〕胡寄窗《中國經濟思想史》中冊第三章桑弘羊與鹽鐵爭議，頁72～123。

有頗多的相通之處。何況，他曾自明心跡「賈誼復召宣室，弘羊重興功利」。
〔註39〕其對桑弘羊的重商理念和施行政策，當應深知。除了重商理念外，相同的是，「管子」一書中所提出的商品交流的背景，便是災荒時期，以消費來帶動商品生產。至於桑弘羊的時代則爲因漢武帝長期征伐，而產生了社會上經濟的凋敝。桑弘羊的重商雖然加入了術數，但基本上他乃欲以榷賣、均輸等帶動農業生產。〔註40〕而劉晏的時代則爲安史亂後，北方的殘破和南方相對的經濟繁榮，內部的不均衡，可能導致南北的衝突對立。因此，如能以各地區的自然資源作互相的交換，將可以適度的消彌這一對立現象。劉晏的改革，如轉運、常平、榷鹽等便頗多類似桑弘羊的措施。而其欲「通百貨之利」，並自言「如見地上錢流」，〔註41〕皆是重商理念推行後才可能產生的現象。

第三節　常平法

重商，並不是無限制的任由商人操縱商品價格，劉晏的常平措施，便扮演著系統的、控制商品的消漲。新唐書劉晏本傳，史官贊中有「（晏）因平準法，斡山海，排商賈」〔註42〕之說。常平、榷鹽的施行是否會導致排商賈？除了重商理念外，他的常平法雖系統的控制物品價格，商業行爲不能免除，則薄利多銷同樣能使商人致富。何況，這一觀念更早在史記貨殖列傳中便可發現，至明清更成爲商人的一個最重要的指導原則。〔註43〕而劉晏的榷鹽更是改變第五琦的官營官賣，成爲官營「商賣」。另外，他也奏罷各地「堰埭」，〔註44〕以便鹽商能暢通各地。如此，則與新書贊中的看法頗不相同，歐陽修所考量的出發點不知爲何？除了控制商品價格的消漲外，劉晏的常平法另具有賑災的功能，以下分別論述。

唐朝自武德元年（618），便曾詔令州縣設置「社倉」，以利均平天下之貨。

〔註39〕同註33。
〔註40〕同註38。
〔註41〕《唐語林》，卷2，政事下，頁36。全漢昇先生於中古自然經濟一文中將此句作爲當日市場上錢幣流通的盛況解，恐有誤。按劉晏此意似應解作商業興盛，貨品流通頻繁，錢幣應祇是象徵意義。
〔註42〕同註32。
〔註43〕余英時《中國近世宗教倫理與商人精神》下篇中國商人的精神，頁158～159。
〔註44〕《新唐書》，卷54，食貨四，頁1378。

〔註45〕然當時天下未平，施行範圍和情況不得而知。貞觀二年（628）天下已完全底定，尚書左丞戴冑乃上疏，建議「今請自王公已下，爰及眾庶，計所墾田，稼穡頃畝，每至秋熟，準其見苗，以理勸課。盡令出粟，麥稻之鄉，亦同此稅，各納所在，立爲義倉。若年穀不登，百姓飢饉，當所州縣，隨便取給，則有無均平，常免匱竭」。〔註46〕太宗後即詔命「王公以下墾地，畝納二升。其粟、麥、粳稻之屬，各依土地，貯之州縣，以備凶年」。〔註47〕貞觀十三年（639）另有常平倉的設置，以調節各地糧價。

　　初唐時不論義倉或常平倉，皆由各州府，倉曹・司倉參軍經管，唐六典對其職掌有明確的記載：

> 掌公廨、度量、庖廚、倉庫、租賦、徵收、田園、市肆之事。每歲據青苗徵稅，畝別二升以爲義倉，以備凶年。將爲賑貸，先申尚書，待報然後分給。又歲豐則出錢加時會而糴之，不熟則出粟時價糶之，謂之常平倉。〔註48〕

玄宗以前，各州府不知是否已設有固定的常平本。開元七年（719）後，則已有固定的常平本規定，「其本，上州三千貫，中州二千貫，下州一千貫」。〔註49〕但隨著唐中央用費日廣，這種本爲備地方不時之需，立意頗佳的設施，至玄宗時皆已先後變質。義倉首先於高宗、武后時期被「回造」以充正租。〔註50〕中宗神龍之後，天下義倉，費用向盡。開元十三年（725）以後，更成爲國家的正式稅收。〔註51〕至於常平倉，則由官吏「欺隱利益」，以至「配糶」，形成強迫徵收，後並入「和糴」部分，也就是通典所記「凡天下倉庫，和糴者爲常平倉」。〔註52〕至此，不論義倉或常平倉，都喪失其原置時之本意。

　　安史亂起，國家用度不足，不復談論義倉。至德二年（757）第五琦才又奏請每州置常平倉及庫使，以平衡物價。〔註53〕這種以每州爲範圍，各自實

〔註45〕《唐會要》，卷88，倉及常平倉，頁1611。《全唐文》，卷1，置設倉詔，頁3。
〔註46〕《全唐文》，卷153，請置義倉疏，頁700。《舊唐書》，卷49，食貨志下，頁2122～2123。
〔註47〕《通典》，卷12，食貨十二輕重，頁典70。
〔註48〕《大唐六典》，卷33，府督護州縣官吏，頁512。
〔註49〕《舊唐書》，卷49，食貨下，頁2124。
〔註50〕同註49。
〔註51〕《冊府元龜》，卷490，邦計部蠲復二，頁5862。
〔註52〕《通典》，卷26，職官八太府卿，頁典154。
〔註53〕《冊府元龜》，卷502，邦計部常平，頁6022。

行的均平救濟辦法，在國家安定之時，或可以收一時之效。但因其範圍小，能力有限，一遇動亂或較大災荒時期，便顯露能力不足。尤其，它以米穀爲主要對象，其他民生物資，無法做到全面均平，此一現象在自然經濟時期，家計式的商品流通有限，或不至產生問題。及進入貨幣經濟時期，商業行爲頻繁，無法均平物價，自易遭商人的變相剝削。安史亂起，唐內部戶口流離，版圖空虛，如何安輯流民，乃成爲此時掌財經者的一重要課題。

　　劉晏的常平法不同於初唐時，州府各自爲政，以有限的常平本和專以米穀爲對象的常平倉。他的常平法是以其使職所領區域，全面性的均平物價，實施賑災與救濟。他並以全部的榷鹽所得，及漕運省約的錢數爲常平本。除了均平與救濟，他更以常平法做到各地物品的商業交流。通鑑卷 226 對劉晏的常平措施有大致的描述，其云：

> 諸道各置知院官，每旬月，具州縣雨雪豐歉之狀白使司。豐則貴糴，歉則賤糶，或以穀易雜貨供官用，及于豐處賣之。知院官始見不稔之端，先申至，某月須如干救助，某月須如干蠲免，及期，晏不俟州縣申請，即奏行之。應民之急，未常失時，不待其因弊、流亡、餓殍，然後賑之也。

他以各地轉運使司爲情報網，隨時獲知各地的物產豐歉，然後加以均平救濟的辦法，自然要較初唐以來，義倉和常平倉的功能，來的迅速確實。而劉晏的常平法確也兼具了義倉和常平倉的功能。透過他的屬吏陳諫的陳述，劉晏對於荒歉之區，並不是直接加以賑救。其云：

> 王者愛人不在賜與，當使之耕耘、織紝，常歲平斂之。荒年蠲救之，大率歲增十之一。而晏猶能時期緩急而先後之。每州縣荒歉有端，則計官所贏，而先令曰：蠲某物，貸某戶。民未及困，而奏報已行矣。議者或譏晏不直賑救，而多賤出以濟民者，則又不然。〔註54〕

由於他對各地區的物產資源瞭如指掌，而荒歉者所必需多是糧食，其他物資未必缺乏，他乃賤出糧食而易出其他雜貨，所交換的雜貨或是官吏自用，或轉賣至豐贏處。如此民得賑濟而國用不缺。陳諫更點出了劉晏的常平理念，即「善治病者不使至危憊，善救災者勿使至賑給。故賑給少不足以活人，活人多則闕國用，國用闕則復重役矣」。〔註55〕做爲一個硬心腸的賑災者，劉晏

〔註54〕《全唐文》，卷 684，陳諫〈劉晏論〉，頁 3143。
〔註55〕同註 54。

的常平法確收到了相當的成果，司馬光稱他的常平法說「由是民得安其居業，戶口蕃息」。〔註 56〕應是有所見而發。

前述劉晏的常平措施，除了賑災和均平物價之外，還兼有商業經營，也就是荒歉時「它產尚在，賤以出之，易其雜貨，因人之力轉于豐處」。這除了和他的重商理念相配合外，同樣的和他的商品流通的觀念有密切的關連。「重商」不但是劉晏財經思想的本源，也決定其政策運行的方式。其理念容與儒家「以農爲本」有所不同，但以均平物價，間接稅收來增加國庫收入，較之直接向生產者增加賦稅，尤其是戰亂時期的橫徵暴斂，應是較爲合理。何況他的政策也都與人民利益相符合，由其主持的常平政策，雖不直接對荒歉人民加以賑濟，並行商業經營。但其出發點仍以「愛民」、「養民」爲先，「安社稷」爲目的。在動亂時期行權宜措施，應是符合社會變動所需要的。楊聯陞先生於「原商賈」一文中認爲，深入研究「鹽鐵論」要避免一刀切，農商對立，儒法鬥爭，都是過於簡化的交代。〔註 57〕筆者以爲此一論點，同樣適用於對劉晏的財經研究。

劉晏的常平法多有與桑弘羊的均輸法相類似者，鹽鐵論本議中，桑弘羊對其所行的均輸政策有所說明：「往者郡國各以其物爲貢輸，往來煩雜，物多苦惡，或不償其費，故郡置輸官以相給運，而便遠方之貢，故曰均輸」。〔註 58〕當時均輸的組織及技術問題，漢書食貨志中另有說明，其略曰：

> 置大農部丞數十人，分部主郡國，各往往置均輸鹽鐵官，令遠方各
> 以其物，如異時商賈所轉販者爲賦，而相灌輸。〔註 59〕

另史記集解引孟康之言曰：

> （均輸者）謂當所輸于官者，皆令輸其土地所饒，平其所在時價，
> 官更于他處賣之，輸者既便而官有利。〔註 60〕

胡寄窗先生在其中國經濟思想史一書中便認爲，劉晏的常平業務，事實上就是桑弘羊的均輸業務。所不同的是，桑弘羊的均輸，主要爲免除各郡輸送實物貢賦之勞。而劉晏的常平則主要爲穩定物價，尤其是糧價。〔註 61〕桑弘羊

〔註 56〕　《通鑑》，卷 226，德宗建中元年，頁 7286。

〔註 57〕　楊聯陞〈原商賈〉載余英時《中國近世宗教倫理與商人精神》序，頁 16。

〔註 58〕　《鹽鐵論》，卷 1，本議，頁 6。

〔註 59〕　《漢書》，卷 24，下食貨志四下，頁 1433。

〔註 60〕　《史記》，卷 30，平準書第 8，頁 1433。

〔註 61〕　胡寄窗《中國經濟思想史》中冊第十一章第八世記的財政思想──劉晏與楊

的均輸政策，誠如胡先生所言是爲免除輸送各項實物，貢賦之勞煩，但桑弘羊另有一套平準政策，其實行內容爲：

> 置平準于京師，都受天下委輸，召工官治車諸器，皆仰給大農。大農之諸官，盡籠天下之貨物，貴即賣之，賤則買之。如此，富商大賈無所牟大利，則反本，而萬物不得騰踊，故抑天下物，名曰平準。

〔註62〕

如將桑弘羊的均輸、平準合併觀察；同樣的與劉晏的漕運、常平兩者合起來加以比較，則他們所施行措施更爲相似，所不同者，祗是各自社會背景，而產生的技術問題而已。

不論桑弘羊或劉晏，在他們的均平措施中，皆有抑富商大賈操縱物價之意。在有關劉晏的史料中，雖沒有明白的提出，但由其常平使嚴密控制的均平措施，自然也可達到穩定物價的目的，尤其是荒歉物價波動甚大時期。另外相同的是，在他們均平物價的措施中，皆祗簡單的提到「貴買、賤賣」，對於各種商品價格，則沒有制訂類似王莽的「市平」措施，〔註63〕其如何估算物價，已不得而知。唐代初期已有關市令的設置，據仁井田陞的唐令拾遺所載：

> （開七）（開二五）諸市每肆立標題行名，依令，每月旬別三等估。

〔註64〕

另據唐六典卷20，太府寺，兩京諸市署條：

> 京都諸市令，掌百族交易之事，丞爲之貳，凡建標立候，陳肆辨物。
> 以二物平市，（謂秤以格，斗以概），以三貫均市（精爲上貫，次爲中貫，粗爲下貫），凡與官交易及懸平贓物，並用中貫。〔註65〕

此令頗似王莽的「市平」，但似乎僅行於諸京市，地方不知如何？劉晏時期是否仍有施行？商品無法精確的估價，商賈仍有利可圖，何況劉晏的重商，又是鼓勵商人的活動。盛唐以來，不論定住商業（邸店）或蕶賣商業（批發），皆有長足的發展，社會既已脫離純家計式的商業行爲，又和他的重商理念相

炎，頁396。

〔註62〕同註60。

〔註63〕《漢書》，卷24，下食貨志第四下，頁1181。其略爲：「諸司市常以四時中月實定所掌，爲物上中下之貫，各自用爲其市平，毋拘它所」。

〔註64〕仁井田陞《唐令拾遺》關市令第二六，頁716。

〔註65〕《大唐六典》，卷20，太府寺兩京諸市署，頁372。

配合，是不可能也不需要「排商賈」。在此，他的常平措施，雖然限制荒歉時商人的操縱物價，但也不至於和他的重商理念產生矛盾。

第四節 榷鹽法

劉晏的另一項改革——榷鹽制，乃是以國營企業的方式，因鹽權而獲取利潤，他並改變第五琦鹽法中「官買官賣」爲「官買商賣」，此點因而引起明代丘濬的質疑，認爲劉晏藉鹽法，聯合商賈剝削全民。〔註66〕如由丘氏的觀點，則劉晏不但不「排商賈」，反而應是「重商賈」，「聯合商賈」才是。黃國樞先生在「劉晏的財政政策」一文中，曾對丘濬的觀點提出批駁，並認爲榷鹽是權宜計策，於消費者利益是分散的，其對鹽稅的負擔實微乎其微。〔註67〕丘氏自是以儒家農本之論來反對國家營利的變相剝削，黃先生則純以現實觀點來考量。但兩者皆未觸及劉晏的榷鹽理想，以國營企業壟斷商品的表相，來推論劉晏的鹽法會產生剝削全民的現象，是值得商榷的。

唐代最早有系統提出國營企業開發山澤之利，以厚實國力的，首推劉彤。他在開元元年（713）所上的奏疏中就說：

> 臣聞漢武帝爲政，廐馬三十萬，後宮數萬人，外討戎夷，內興宮室，殫費之甚，實百當今。而古費多而貨有餘，今用少而財不足，何也？豈非古取山澤而今取貧民哉！取山澤，則公利厚而人歸於農；取貧民，則公利薄而人去其業。故先王作法也，山海有官，虞衡有職，輕重有術，禁發有時，一則專農，二則饒國，濟人盛世也。臣實爲今疑之。夫煮海爲鹽，採山鑄錢，伐木爲室，農餘之輩，寒而無衣，飢而無食，傭賃自資者，窮苦之流也。若能以山海厚利，資農之餘人，厚斂重徭，免窮苦之子，所謂損有餘而益不足，帝王之道，可不謂然乎？臣願陛下詔鹽鐵木等官收興利，貿遷於人，則不及數年，府有餘儲矣。然後下寬貸之令，蠲窮獨之徭，可以惠群生，可以柔荒服，雖戎狄猾夏，堯湯水旱，無足虞也。〔註68〕

他認爲透過國營的專賣，不但可以抑制因山澤開採而獲致豐餘之輩，國家也可因山澤之利而免除貧苦百姓的重徵徭賦。但劉彤的理想並沒有獲得唐中央

〔註66〕 丘濬《大學衍義補》，卷28，山澤之利上，頁9～10。
〔註67〕 黃國樞「劉晏的財政政策」，頁15。
〔註68〕 《冊府元龜》，卷49，三邦計部山澤一，頁5896～5897。

的重視，祇是變相的將鹽課徵出產稅。〔註69〕在此之前，唐中央對鹽的控制，祇有蒲州的安邑解縣兩池所產之鹽，因地處河中，需供京師之用，故設有鹽監管理。另自武后迄玄宗先天年間，四川井鹽偶有納稅，但此乃個別地區，並非全國一致的情形。〔註70〕及安史亂起，顏眞卿於河北討賊，首先「以錢收景城郡鹽，沿河置場，令諸郡略定一價，節級相輸而軍用遂贍」。〔註71〕其後第五琦乃擴大而施行於全國。

肅宗乾元元年（758）第五琦既爲鹽鐵使後，乃「就山海井灶收榷其鹽，官置鹽院官吏出糶，其舊業戶並浮人願爲業者，免其雜徭，隸鹽鐵使，盜煮私市，罪有差」。〔註72〕也就是不論池、井、海鹽皆歸鹽鐵使掌管，他並以時價每斗十文加百錢於天下遍置官吏賣出。〔註73〕鹽既由鹽戶自行生產，再由鹽院官統一購買，統一銷售，乃形成官府壟斷的形式，如此政府則穩可獲利。但各地鹽產的品質不一，售價卻一律，乃形成平頭的假統一，加上鹽吏遍州縣，多有侵擾，劉晏的改革不僅是針對第五琦之弊而發。

本其對漕運的組織，由小處著眼到整體規劃。劉晏的榷鹽制同樣突顯了他的行政組織能力。永泰二年（766）他兼鹽鐵使後，乃上鹽法輕重之宜。其法雖已不可全考，新唐書卷44食貨志，略其事曰：

> 晏專用榷鹽法充軍國之用，時自許、汝、鄭、鄧之西，皆食河東池鹽，度支主之；汴、滑、唐、蔡之東，皆食海鹽，晏主之。晏以爲官多則民擾，故但於出鹽之鄉置鹽官，收鹽戶所煮之鹽轉鬻於商人，任其所之，自餘州縣不復置官。其江嶺間去鹽鄉遠者，轉官鹽於彼貯之。或商絕鹽貴，則減價鬻之，謂之常平鹽，官獲其利而民不乏其鹽。

鹽吏既多擾州縣，他乃簡并各州鹽吏，祇於產鹽區因舊有之監場置吏，由官收鹽戶所煮之鹽賣給商人，任由商人於各州行賈。也就是將第五琦所創的官榷官賣改爲官榷商賣。他並奏免州縣所加「率稅」和通過稅，以廣邀商人，商人多則市場不至於被壟斷，更因其競爭性而鹽價得以均平。對於偏遠的地

〔註69〕 王怡辰《中晚唐榷鹽與政局的關係》第二章唐代的鹽政上第三節鹽政制度的沿革，頁52～56。

〔註70〕 同註69。

〔註71〕 殷亮〈顏魯公行狀〉，頁12，載《顏魯公文集》，卷14，外集二。

〔註72〕 《舊唐書》，卷123，第五琦本傳，頁3517。

〔註73〕 《新唐書》，卷54，食貨四，頁1378。

區商賈不願前往者,則以常平鹽減價糶給百姓,以作到「官收厚利而人不知貴」。〔註74〕

有關於鹽戶的利益和鹽產品質的控制,他也不似第五琦採行放任政策。除了免鹽戶雜徭外,生產工具的「牢盆」也由官府供應。他又以「鹽生霖潦則鹵薄,暵旱則土溜墳」,隨時命官吏督導,「倍於勸農」,如此則鹽產豐,品質優良,鹽戶及國家均得其利。〔註75〕此外,他為了禁止盜賣私鹽,乃於沿運河邊和嶺南地區共置十三巡院,以緝私鹽。另於鹽產地置十監、四場以勸鹽和糶鹽。又於吳、越、揚、楚置「鹽廩」以儲藏常平鹽。〔註76〕由於他的這些措施,使得鹽利由他初掌時的四十萬緡,到大曆末年增加為六百萬緡。

如果純以獲利來看劉晏的榷鹽,他的改革無疑是相當成功的。但他的榷鹽並不祇是為國家獲取稅收為滿足。除了常平鹽的設置,以減少偏遠人民財政支出外,如同桑弘羊一般,他欲以專賣所得來取代各地不斷增加的賦稅科徵。新唐書食貨志中載明劉晏的榷鹽,「歲得錢百餘萬緡,以當百餘州之賦」。〔註77〕另如,大曆十一年(776)李靈耀反,「河南節帥或不奉法,擅征賦,州縣益削,晏常以羨補之,故人不加調而所入自如」。〔註78〕此外,如以鹽利充常平本,以救濟均平,皆表現出劉晏榷鹽的理想。因此,單從他的榷鹽表相來論述其剝削全民是很不公平的。

除了以錢幣做為糶鹽的標準中介物外,劉晏也規定商人得以絹來代錢交易,不過以每緡加錢二百計算,絹則用來備將士春服之用。〔註79〕此舉除了免除他轉購的麻煩外,鹽商遍各地,透過商品交易,使各地物產相互往來,又符合商品流通的原則。

第五節　錢幣及其他

玄宗時期,對於錢幣的公私鑄造,曾有熱烈的討論。當時商品流通迅速,貨幣機能無法配合,以至於交易上常感到籌碼不足,加上民間私鑄盛行,劣

〔註74〕同註73。
〔註75〕同註73。
〔註76〕同註73。
〔註77〕同註73,頁1379。
〔註78〕同註73。
〔註79〕《新唐書》,卷149,劉晏本傳,頁4796。

幣驅逐良幣的結果，更使得貨幣問題叢生。〔註80〕開元二十二年（734）宰相
張九齡乃建議：「古者以布帛菽粟不可尺寸抄勻而均，乃爲錢以通貿易。官鑄
所入無幾，而工費多，宜縱民鑄」。〔註81〕但終因崔沔、劉秩等，以鑄錢「人
主之權」，用以「守財物以御人事而平天下也」，〔註82〕私鑄之議乃作罷。但
民間私鑄依然盛行。

安史亂起，肅宗以國家經費不給，乃命第五琦鑄乾元重寶錢和重輪乾元錢，
以給官用。並命以一當十和以一當五十，與開元通寶參用，〔註83〕這也就是以
貨幣貶值的方式欲收十倍、五十倍之利。但是因爲兩種幣值的法定價格標度比
例不同，〔註84〕乾元錢價格標度的變動，乃造成民間幣值的混亂，並產生社會
上「物價騰貴，米斗錢至七千，饑死者滿道」〔註85〕的現象。民間更利用價格
標度之差距，私鑄乾元錢和重輪錢以賺取暴利。新錢雖造成不便，肅宗與百官
集議後仍不能改。代宗即位後，「乾元重寶錢先以一當二，重輪錢以一當三。三
日後以一當一，至是甚便之」。〔註86〕混亂的幣制才漸歸統一。

在第五琦因幣制紊亂而造成物價上漲的背景下，劉晏對於幣制並沒有提
出任何改革措施。新唐書食貨志中對他的鑄幣有簡單的紀載：

（劉晏）以江嶺諸州，任土所出，皆重麤賤弱之貨，輸京師不足以

供道路之值，于是積之江淮，易銅鉛薪炭，廣鑄錢，歲得十餘萬緡。

輸京師及荊揚二州，自是錢日增矣。〔註87〕

除因荊、揚爲其職權控制區外，此二地區且爲當時國家財賦轉輸中心。配合
商業行爲，貨幣供給增加，自可幫助商業交易，加速商品流通。〔註88〕如此，
鑄錢又和他的重商理念有緊密的關係。

除了前述的轉運、榷鹽等改革外，劉晏也非常注意戶口的增加。他認爲
「戶口滋多則賦稅自廣」。但自安史亂起，各種橫徵賦斂隨處增加，亂平後農

〔註80〕全漢昇《唐代物價的變動》五開元天寶間物價的下落，頁15。
〔註81〕《冊府元龜》，卷501，邦計部錢幣三，頁5996。
〔註82〕同註81。
〔註83〕《唐會要》，卷89，泉貨，頁1627。
〔註84〕全漢昇《唐代物價的變動》六安史亂後物價上漲，頁22，其引葛來歆法則的
解釋。
〔註85〕《資治通鑑》，卷221，肅宗乾元二年，頁7089。
〔註86〕《冊府元龜》，卷501，邦計部錢幣三，頁6000。
〔註87〕《新唐書》，卷54，食貨四，頁1388。
〔註88〕鞠清遠《劉晏評傳附年譜》八經濟思想與戰時財政，頁54～55。

村凋弊依舊,「今欲勸人耕種,則喪亡之後,人自貧苦,寒餒不救,豈有生資」。
〔註89〕在此時提出增加戶口以廣賦稅,如無一套均平濟貧的措施來配合,將
可能徒成空言或增加國家負擔。史稱劉晏的理財「常以養民為先」,其如何養
民已不得而知,但由其常平法的推行和安輯流民的結果來看,「晏始為轉運
時,天下見戶不過二百萬,其季年乃三百餘萬,在晏所統則增,非晏所統則
不增也」。〔註90〕重商理念配合整體技術改革,生產和消費的互動,他的理財
自是有別於同時諸人。

第六節　理想與現實

　　做為一個務實的改革者,劉晏並沒有提出一套自己的財經思想。他的理
念毋寧是出自歷史經驗的結合,再配合現實困境的需要,表現在他行政措施
的優越結構上。這一歷史的經驗主要來自管、桑的重商與開發山澤之利,並
以商業帶動農業生產。從這一理念出發,他的財政措施不祇要為國家獲得更
多的稅收利益,也為減輕農民負擔,作到均平濟民的目的。賦稅增加和減輕
農民負擔,看似相互矛盾,但在國家徵稅不能免的前提下,因民所急獲取利
潤,自然要較強迫徵收來得合理。

　　劉晏的重商和財政改革,做到了如何的成績?除了當時人已推崇他為「管
蕭之亞」〔註91〕外,代宗的詔令也稱贊他說:

> (前略)載其清靜,濟我艱難,自勞於外,又竭心力,苟利於國,
> 不憚其煩。領錢穀轉輸之重,資國家經費之本。務其省約,加以躬
> 親,小大之政,必關於慮。出入農里,止舍鄉里,先訪便安,以之
> 均節。事積而不亂,理簡而易從,故得井賦田租,萬億及秭。方舟
> 而下,以給中都,水旱不歉,人懷其惠,可謂盡瘁事國,勤勞王家
> 也。〔註92〕

除了代宗詔令中所肯定,他對國家徵稅的貢獻和均平里民的措施外,劉晏提
倡商業流通,所造成的社會現象,也值得一述。

　　盛唐以來「天下諸津,舟航所聚……弘舸巨艦,千軸萬艘,交貨往還,

〔註89〕《全唐文》,卷380,元結〈問進士〉,頁1732。
〔註90〕《資治通鑑》,卷226,德宗建中二年,頁7286。
〔註91〕《新唐書》,卷149,劉晏本傳,頁4797。
〔註92〕《文苑英華》,卷386,中書制誥,「授劉晏吏部尚書制」,頁895。

昧旦永日」〔註93〕的盛況，經安史之亂似有短暫的衰歇。除了戰亂影響外，其時：

> 自天寶末年盜賊奔突，克復之後，府庫一空。又所在屯師，用度不足，於是遣御史康雲間出江淮，陶銳往蜀漢，豪商富戶皆籍其家資所有，財貨畜產，或五分納一，謂之率貸，所收巨富計，蓋權時之宜。其後，諸道節度使，觀察使多率稅商賈以充軍資雜用，或於津濟要路及市肆間交易之處，計錢至一千以上皆以分數稅之，自是商旅無利多失業矣。〔註94〕

但是這一現象並未持久，戰亂的大後方似乎又迅速的恢復了商業生機。容齋隨筆卷9唐揚州之盛條云：

「唐世鹽鐵轉運使在揚州，盡干利權，判官多至數十人，商賈如織，故諺稱揚一益二」。除了民間商業活動恢復頻繁外，各道節度使及京中百司，於揚州「率遣吏置邸」，以貿易貨物。以致大曆十四年（779）德宗下詔，命「天下王公百官及天下長吏，無得與人爭利，先於揚州置邸肆貿易者罷之」。〔註95〕商業行為的復甦雖未必全是劉晏之功，但在其提倡重商，欲「通百貨之利」，與奏罷「堰埭」以利商賈過往等，對商品流通自應有所幫助。其後，貞觀、永徽之世雖未再現，但這已牽涉到整體社會變動的原因，而非劉晏個人能力之所及矣。

　　改革的成功除了個人理念和價值的貫穿外，行政的推行同樣需要人事的配合。在前述漕運的改革中，劉晏乃以雇傭勞動的方式取代強迫勞動制，以培養專業的漕運工人，從專業及效率而言，前者自然要優於後者。專業人員的培養，同樣表現於其屬吏的選擇上。史稱「凡所任使，多收後進有幹能者」。〔註96〕賢、能觀念在儒家的倫理體系中是被認為成為一個好官吏的條件，其表現通常是在德行、經術、文章和吏幹四項上。〔註97〕而吏幹尤指在行政事務的表現上。劉晏的理財本是戰亂後產生的權變之法，此一時期正是陸贄所稱「紀綱廢弛，百事從權」〔註98〕之時，戰亂時期為求行政效率，用人自是

〔註93〕《舊唐書》，卷94，崔融本傳，頁2998。
〔註94〕《新唐書》，卷51，食貨一，頁1347。
〔註95〕《唐會要》，卷86，頁1582。
〔註96〕《舊唐書》，卷123，劉晏本傳，頁3515。
〔註97〕毛漢光《中國中古賢能觀念之研究》，頁334。
〔註98〕陸贄「均節賦稅恤百姓六條」其一論兩稅之弊須有釐革。《全唐文》，卷464，

以幹局爲優先考慮。何況，理財本是極需專業知識。劉晏從「新進銳敏」中培養財經人才，並能「任才得人」，終能與他的行政體制配合。〔註99〕

除吏幹的選擇外，劉晏於分置諸道租庸使時，必愼取台閣之士專之。他認爲「士有爵祿則名重於利，吏無榮進則利重於名」，〔註100〕故對於檢劾出納則任於士人，而吏則惟奉行文書而已。〔註101〕政務與事務人才的劃分，加上劉晏「每朝謁，馬上鞭算，質明視事，至夜分止，雖休澣不廢，事無閑劇，即日部決無留」，〔註102〕使得他的部吏雖居數千里之外，「奉教令如在目前，雖寢興宴語而無欺紿」。〔註103〕優越的行政組織，賢與能的配合，加上個人權威的控制，終形成一個以劉晏爲中心的緊密人事網絡。

人事的配合固有助於劉晏財經改革的成功，但因其職權和嚴密的控制，卻也產生了一些政治現象。

唐代財經使職，最晚在開元時便可發現其名目，其時租庸，轉運，鑄錢等使已先後出現。〔註104〕然大抵隨事署置，並無長久的組織與機構。及安史亂起，第五琦建議以江淮租庸市輕貨，肅宗乃加琦山南等五道度支使。乾元元年（758）琦作榷鹽法，又有鹽鐵使名目。此後，使職名目雖也隨事擴增，但卻逐漸演生出長久的專責機構。

肅宗時期國家經費所需已轉而倚辦於江南，賦入歲出皆仰給於財經使。初時「轉運使掌外，度支使掌內」，及至永泰元年（765）漕運恢復後，乃分天下財賦轄區，鑄錢、常平、轉運、鹽鐵置二使，凡東都畿內，河南、淮南、江東南、湖南、荊南、山南東道以轉運使劉晏領之。京畿、關內、河東、劍南、山南西道以京兆尹，判度支第五琦領之。〔註105〕及大曆五年（770）第五琦因事被貶，乃罷度支使，及關內等道轉運、常平、鹽鐵使，其度支事委宰相領之。但六年（771）又以戶部侍郎、判度支韓滉與劉晏分治。此後直到大曆十四年（779）財經使職由劉晏一人統領，天下財賦遂歸劉晏掌管。

頁 2133。

〔註99〕《新唐書》，卷149，劉晏本傳，頁 4795。

〔註100〕同註99。

〔註101〕同註99。

〔註102〕《唐語林》，卷2，政事下，頁 36。

〔註103〕同註96。

〔註104〕《新唐書》，卷50，食貨一。

〔註105〕《舊唐書》，卷11，代宗本紀，頁282。另參考嚴耕望《唐僕尚丞郎表》三，卷14，第4輯，附考下鹽運劉晏條。

　　劉晏所掌管的財賦內容，除榷鹽由其職權所屬巡監院控制以糶商外，國家正稅收入和戰亂後各項臨時雜征的賦稅於肅代期間已逐漸形成每年固定配率形式（見本文第四章第一節），財經使除負責每州賦稅收入外，也負責各地物資的調配和財賦輸入中央。而這一部分的職權原是戶部轄下各司的職務。由此，財經使不但完全侵奪原戶部的功能，並且遠超過其職權。此外，事務與財政相關的如刑部比部、司農寺、太府寺等的職權，在此期間，同樣的多為財經使職及王權所侵奪：

> 故事，天下財賦歸左藏，而太府以時上其數，尚書比部覆其出入。
> 是時，京師豪將假取不能禁，第五琦為度支鹽鐵使，請皆歸大盈庫，
> 供天子給賜，主以中官，自是天下之財為人君私藏，有司不得程其
> 多少。〔註106〕

地方賦稅經過財經使職進入王室，成為天子個人私藏，使得原本頗具獨立性的財經使，更析離於原王權之下的官僚體制，形成一半獨立的財經系統。這一性質同樣的可發現於財經使僚佐的辟徵上，由前述劉晏的人事行政可以為證，其僚佐故多其辟徵，而且緊密控制在其個人底下。加上財經使職的事務及組織泰半在地方，故其屬性又頗具地方色彩。

　　行政權的統一雖有利財經使事務的運作，但權力的過度集中，卻同時威脅到王權。德宗即位後，楊炎財政權回歸舊體制的建議，及兩稅法的重新整頓稅制，使得財經控制權回歸於中央，便是在中央與地方，權力緊張關係下的產物。

　　論者或以大曆年間的「正稅改革，大部分是與他（指劉晏）有關係的」。〔註107〕此一論點恐值得商榷，首先有關劉晏的史料中從未有這方面的記載。其次，肅代期間各州在每年固定配率下，各自作不同的徵稅方式。這種不斷演變和混亂的稅制，能否稱為改革頗有問題。其三，劉晏雖掌管國家賦稅，但職權並未能達各州府以下，何況這種配率，正是劉晏所認為不合理，欲以權賣所得取代者。因此，其欲歸美於劉晏，恐適足以得出相反結論，而混亂的正稅體制，衹有待楊炎的兩稅法出後，才獲得整頓。

〔註106〕《新唐書》，卷51，食貨一，頁1347。
〔註107〕鞠清遠《劉晏評傳附年譜》，頁34。

第三章　政治衝突與兩稅法的產生

　　本文前章中簡要敘述劉晏於代宗時期的財經改革，並提出其整體規劃下產生的成果。同時，也認為他對此一時期混亂的正稅體制，並無力提出整頓，這最主要是和他的財經理念與職權有極大的關係。中唐以後混亂的正稅體制，祗有留待他的政敵——楊炎為相後，再加以整理，形成晚唐的正稅——兩稅法。

　　大曆十四年（779）楊炎為相後迅即提出兩稅法，從其政治作用和所產生的現象，有數點值得提出來加以討論。其一、由楊炎的任官背景看，他從未執掌財經、或參與改革，為何於任宰輔後，便急於提出兩稅法。劉晏與楊炎早在大曆年間，便因元載事件而不和，及楊炎入相即倡言報仇。因此，兩稅法的產生，不得不讓人聯想到有針對劉晏而發者。其二，劉、楊二人的政治衝突中，背後隱含著不同派系間的政治衝突。侯外廬便認為這一次的黨爭乃「舊門閥豪族和新起庶族之間的統治階級內部的鬥爭」，並且是「通過經濟問題的一次黨爭」。其中是否含有如此嚴格的階級衝突？透過主要黨爭人物的身份制，應可獲得較客觀的事實。其三，劉晏的財經改革，曾獲得代宗的大力支持；同樣的，楊炎的兩稅也是德宗支持下獲得施行，在政權轉移中，國家財政的決策為何產生如此大的變動？其考量的原因為何？總此，本章的討論將由個人的衝突，朋黨之爭與政治、社會變動中政策制訂的轉變，並透過這二者來勾勒兩稅法出產生的政治背景。

第一節　劉楊的政治衝突

　　大曆十四年（779）五月德宗即位後不久，楊炎隨即於八月拜相。史稱其

「時上方勵精求治，不次用人，卜相於崔祐甫，祐甫薦炎器業，上亦素聞其名，故自遷謫中用之」。〔註1〕由此說明德宗之任他爲相，原無特意囑他改革財經。但他拜相後，卻開啓了晚唐稅制的一大變革。以文學知名於時而又負責財經的改革，於通才型官僚掌權時代原無甚奇特。〔註2〕但楊炎於任相後隨即提出兩稅法，其動機頗值得懷疑。

先此，全國財經執掌，因德宗即位另有一番變化。原於永泰元年（765）以後二分的地方財政權責，於大曆十四年（779）五月因韓滉之罷，度支使職權遂由劉晏兼領。〔註3〕此不但使劉晏完全掌領全國財賦，也說明德宗對劉晏的掌領財賦應無懷疑。

另從楊炎的角度觀察。大曆十二年（777）代宗以元載專橫而欲誅之，其時「會有告載、縉夜醮，圖爲不軌者」，〔註4〕代宗乃命吏部尚書劉晏鞠之。元載被殺後，楊炎因爲載黨乃及於貶。另外據史稱，劉晏任吏部尚書時，炎爲侍郎，「各恃權挾氣，兩不相得」，楊炎被貶後，「晏快之昌言于朝」。〔註5〕因此，等到楊炎再入朝拜相後，「時人言載之死，晏有力焉，炎將爲載復仇」。〔註6〕由此，楊炎入相後，除了直接對劉晏所作的政治報復外，於劉晏被罷前的財經改革，應可視爲報復行動的表現之一。

大曆十四年（779）八月楊炎入相後「追計前嫌」，乃展開對劉晏的報復。他的報復手段可分爲兩方面來討論，一是以政治手段對劉晏進行攻擊。其次則是通過財政經濟，也就是屬間接性手段。兩者雖個別進行，但卻指向同一目的。

新唐書卷149劉晏本傳載：

> 先是，帝居東宮（按：指德宗），代宗寵獨孤妃，而愛其子韓王。宦人劉清潭與嬖幸請立妃爲后，且言王數有符異，以搖東宮，時妄言晏與謀。至是炎見帝流涕曰：「賴祖宗神靈，先帝與陛下不爲賊臣所間。不然，劉晏、黎幹搖動社稷，凶謀果矣。今幹伏辜而晏在，臣位宰相，不能正其罪，法當死」。

此事劉晏有無參與，已不得而知。但由當時另一宰臣崔祐甫的奏言：「此事曖

〔註1〕 《資治通鑑》，卷226，代宗大曆十四年，頁7267。
〔註2〕 盧建榮〈唐代後期戶部侍郎人物的任官分析〉，頁157～181。
〔註3〕 《舊唐書》，卷12，德宗本紀，頁321。
〔註4〕 《資治通鑑》，卷225，代宗大曆十二年，頁7242。
〔註5〕 《舊唐書》，卷123，劉晏傳，頁3515。
〔註6〕 同註5，頁3516。

昧，陛下已廓然大赦，不當究尋虛語致人於罪」。〔註7〕楊炎乃故意舊事重提，欲羅織劉晏罪狀無疑。由此一事件另被指名的宦官劉忠翼（本名清潭）、兵侍黎幹已於十四年（779）五月德宗即位後，託以它事賜死，〔註8〕而未波及劉晏可為旁證。當然政治上未被波及並不表示劉晏確未涉及，請立獨孤妃為后，及德宗內心疑慮已消除。但楊炎的舊事重提，恰可加深德宗的猜疑，由後來德宗「賜劉晏自盡敕」一文中，指其「性本姦回」，〔註9〕可能便指此一事件。

楊炎的這一羅織，除了崔祐甫加以釋疑之外，朱泚與崔寧也「力相解釋」。〔註10〕朱、崔的加入「解釋」，內容已不得而知，但卻使得此一事件越加的不單純。原來獨孤妃早於大曆十年（775）十月便已身亡，因此前述劉晏如欲扶持韓王為太子，應當在此之前。朱泚雖早於大曆九年（774）九月便已入朝，距獨孤妃之死尚有年餘，但此事曖昧，連當時內朝官員都無法肯定劉晏是否涉案，何況來自外朝的朱泚。至於崔寧更是晚至大曆十四年（779）始入朝，其不能預聞此事更可確定。因此，朱、崔的「力相解釋」，不宜以彼等確知劉晏未嘗密請立獨孤妃為后來解，此無寧指向他們與劉晏的交誼、或為反對共同的政敵楊炎，而結合的權力作用。但他們的加入排解，非但未能使劉晏免遭德宗疑忌，反而使得原本單純的衝突事件，層面愈形擴大，以及劉晏遭貶時，多了一項「坐新故所交，薄物抗謬」〔註11〕之罪名。

在直接的報復手段中，楊炎更有意的將它提升至暴力的層面。建中元年（780）二月，德宗雖「託以奏事不實」，將劉晏貶為忠州刺史，〔註12〕但這一結果，楊炎明顯的並不滿意。另一與劉晏有隙的庾準，早年雖以門蔭入仕，但因昵於王縉而得驟遷至職方郎中、知制誥，遷中書舍人。大曆十二年（777）同因元載、王縉事件，而被貶為汝州刺史，後再入為司農卿。劉晏貶為忠州刺史後，楊炎乃用庾準為荊南節度使（按忠州，荊南巡屬），以伺劉晏動靜。果然，庾準乃上言，「得晏與朱泚書，且有怨望，又召補州兵以拒命」。〔註13〕建中元年（780）七月，德宗密遣中使就忠州縊殺劉晏，後乃下詔賜死。楊炎

〔註7〕《新唐書》，卷149，劉晏傳，頁4797。《舊唐書》，卷123，劉晏傳略同。
〔註8〕《資治通鑑》，卷225，代宗大曆十四年，頁7260。
〔註9〕《全唐文》，卷54，頁253。
〔註10〕同註5。
〔註11〕同註9。
〔註12〕《資治通鑑》，卷226，德宗建中元年，頁7278。
〔註13〕同註12，頁7284。《舊唐書》，卷123，劉晏傳同。

的直接報復行動，至此才告結束。

楊炎的另一報復行動，則是間接性的手段，但影響卻遠較直接手段更爲深遠。唐德宗即位後，隨即以韓滉「掊克過甚」而罷其職位，其判度支並由劉晏兼領，至此劉晏乃完全掌管天下財賦。但是這一職務的擴大，並未能使劉晏繼續推行其財經改革於全國。

先是，德宗嗣位後，「言事者稱轉運可罷多矣」。〔註14〕在前一章中，筆者曾認爲運河的轉輸功能於安史亂後，對於唐中央與東南地區的政經分離現象，應當扮演更重要的連繫地位。何況劉晏的改革本由漕運開始，並產生緊密的財經結合體。大曆時期中央賦稅收入也幾全靠度支、轉運二使供應。在此時提出罷轉運，頗讓人難以理解。另外筆者於討論劉晏的人事行政時也提出，由他緊密控制的人事體系，當然有助於其政策推行，卻也因此產生了一股祇有劉晏才能控制的地方財經勢力。大曆時期，內外動亂未定，全面改革財經殊屬不易，加以代宗對事多採放任，因此劉晏能盡展抱負。等到德宗即位後，恢復舊體制的建議和再集權中央的心態已產生，可能因此有罷轉運的提出。但是，此一時期唐中央的財政收入仍倚靠劉晏，祇云罷轉運，卻沒有提出一套可以取代的財經制度前，是很難對劉晏的職務和改革加以更動的。

楊炎既能再入朝廷，對財經的改革似乎特別用心，從其入相到兩稅法發佈實施，短短的五個月中（大曆十四年八月入相至建中元年元月兩稅公佈），他先後提出了三項重要的財經變革，這三項重要財經變革雖未指向劉晏，但所牽動及影響卻都與劉晏有關。其一是，楊炎奏出肅代以來改貯於大盈內庫的金帛。通鑑卷226所載：

> 舊制，天下金帛皆貯於左藏，太府四時上其數，比部覆其出入。及第五琦爲度支、鹽鐵使，時京師多豪將，求取無節，琦不能制，乃奏盡貯於大盈內庫，使宦官掌之，天子亦以取給爲便，故久不出。由是以天下公賦爲人君私藏，有司不復得窺其多少，校其贏縮，殆二十年。宦官領其事者三百餘員，皆蠶食其中，蟠結根據，牢不可動。楊炎頓首於上前曰：「財賦者，國之大本，生民之命，重輕安危，靡不由之。是以前世皆使重臣掌其事，猶或耗亂不集。今獨使中人出入盈虛，大臣皆不得知，政之蠹敝，莫甚於此，請出之以歸有司，度宮中歲用幾何，量數奉入，不敢有乏。如此，然後可以爲政」。上

〔註14〕《舊唐書》，卷123，劉晏傳，頁3515。

即日下詔：「凡財賦皆歸左藏，一用舊式，歲於數中擇精好者三、五
千匹，進入大盈（按考異曰：德宗實錄作「三、五十萬匹」，今從建
中實錄），炎以片言移人主意，議者稱之。

從楊炎的建議來看，他是針對宦官及其所控制的大盈內庫，欲革其弊政以恢
復舊時有司執掌國家賦稅出納體制，但此舉卻連帶的對財經使產生了影響。

大盈內庫的設立乃在玄宗時王鉷為戶口色役使，於各地徵剝財貨，為承
恩固寵，將財貨悉入百寶大盈庫，其時：

玄宗在位多載，妃御承恩多賞賜，不欲頻於左右藏取之，鉷探旨意，
歲進錢寶百億萬，以恣主恩錫賚。鉷云：「此是常年額外物，非征稅
物」。玄宗以為鉷有富國之術，利於王用，益厚待之。〔註15〕

此後大盈庫乃成人主私藏郡國貢獻方物之處。至第五琦時又將國家賦稅直接
輸入大盈庫。經過這兩次變化，不但使得原官僚體系中，掌邦國庫藏的左藏
庫功能已失，連掌判天下庫藏錢帛出納的金部功能也已失去，更使得宦官由
控制皇室財政，進而控制國家財政權。財政諸司功能的喪失和宦官得與聞財
政，當是王權與財經使職侵奪原中央財政體制的職權而產生的。

唐代宦官權勢之盛始自玄宗時代，然為害尚不甚烈。及肅代以來宦官便
逐漸干預朝政，內外官員多有與其深相結託者。〔註16〕諸財經使似乎也不能
免於這一現象，其例如，元載與李輔國；第五琦與魚朝恩。至於劉晏則於寶
應二年（763）便因「坐與程元振交通」而罷相，貶為太子賓客。此後雖未再
有與宦官交友紀錄，但他所掌管的財賦，既直接輸入大盈內庫，則其必與宦
官有較親密的關係。宦官的職權既直接來自於君主，透過職務，財經使與宦
官的關係，應可等同視為與王權的直接連繫。楊炎既奏罷宦官所掌大盈財賦，
也等於罷去了劉晏與王權間直接關係。

除了賦稅與王權直接產生連繫外，劉晏於財經使任內也不斷透過進奉以
獲得君主的信任和寵遇。新唐書卷149劉晏傳云：

自江淮橘茗珍甘，常與本道分貢，競欲先至，雖封山斷道，以禁前
發，晏厚齎致之，常冠諸府。

此外，新書並謂其「多任數挾權貴固恩」。劉晏於代宗朝能「任職久，勢軋宰

〔註15〕《舊唐書》，卷105，王鉷傳，頁3229。《新唐書》，卷134，王鉷傳略同。
〔註16〕王壽南《唐代宦官權勢之研究》第六章唐代宦官之得勢對政治之影響，頁145
　　　～164。

相」，〔註17〕史言多因其才幹，但能透過職務與君主產生直接關係，而獲得代宗的寵侍當非無關。德宗初即位，頗多勵精圖治之作爲，而其最終目的乃爲再恢復中央集權，財經使雖爲君主直接控制，但權力過於龐大，終會危及王權。因此，楊炎提出恢復左藏功能，終能獲德宗同意。另從楊炎的角度觀察，他不但罷去了劉晏與王權之間的直線連繫，同時也爲他提出的下一個改革奠下了基礎。

唐代各種使職之侵奪中央政權機構之權力，至代宗時已愈形嚴重。其時君臣之間便有「深惜舊章之墜、屢敕規復舊章」〔註18〕之舉。其如永泰二年（766）制：「典章故事久未克舉，其尚書省宜申明令事，一依故事」，〔註19〕然並未施行。又如大曆五年（770）「復尚書省故事制」，所行卻祗罷去第五琦度支使職務，〔註20〕次年又命韓滉爲判度支，與劉晏共領天下財賦，財經使職權並未稍削。究其因則爲，「度支、鹽鐵轉運諸使對上直承君相之命，製爲政令，指令自己直轄遍佈京師四方之判官、判院爲之施行，故政令之推行能貫徹、能迅速，其運用較戶部符下，司農太府及州府爲之施行者自遠爲靈活」。〔註21〕雖然如此，晚唐財經使制度化的過程，仍有待建中年間的考驗。

大曆十四年（779）德宗即位後，楊炎乃又建議，「尚書省國政之本，比置諸使，分奪其權，今宜復舊」。〔註22〕這一政權回歸舊體制的建議，雖具有普遍性，但施行結果卻僅針對財經部門。前述，楊炎奏罷大盈庫，首先恢復了太府左藏的功能，今更由於中央財政機構得能控制財賦出納，戶部所屬金部、倉部二司的功能便又恢復。此後在兩稅奏疏中，楊炎更以新立稅制由「度支總統之」，原戶部四司職權便將全面恢復。戶部功能如能全面恢復，則財經使職將無存在必要，由兩稅法頒佈後迅即罷去度支、轉運使可以爲證。而此時度支、轉運使俱由劉晏掌領，楊炎的政治目的已甚爲明顯。

戶部四司在楊炎計劃下雖然短暫恢復其名，但是因尚書省「本司職事久廢，無復綱紀」，楊炎的建議乃成爲「徒收其名，而莫總其任，國用出入無所

〔註17〕同註7。

〔註18〕嚴耕望〈論唐代尚書省之職權與地位〉下。後期尚書省地位職權之轉變與墜落，頁71～97。

〔註19〕《唐會要》，卷57，尚書省，頁986。

〔註20〕同註19，《唐大詔令集》，卷99，頁502。

〔註21〕同註18。

〔註22〕《資治通鑑》，卷226，德宗建中元年，頁7276。

統之」。〔註23〕建中元年（780）三月，便又以戶部侍郎韓洄判度支、金部郎中杜佑權勾當江淮水陸運使，〔註24〕舊唐書因此便認爲，此乃「楊炎之排晏也」。〔註25〕從政治作用的角度觀察，此固甚是，然戶部四司職權之不再復彰，蓋與現實財經需要有關也。

　　除了建議恢復舊財政機構職權外，楊炎另提出一新的財稅改革——兩稅法。兩稅法的產生自有其內在形成過程，此處先討論其在政治上的作用。

　　在政治衝突過程中，除了一些外顯的，屬直接的技術手段外，也常包含著一些內在的競爭，這種內在的競爭雖然較少暴力衝突的傾向，但影響卻往往超過於外顯的衝突。尤其衝突如至更高級的層面，可能形成制度間的競爭和團體間的衝突。〔註26〕前述的太府左藏和金、倉二司體制的恢復，是屬於內在的次級衝突。這種次級的衝突過程，雖然也影響到劉晏的一些政治資源，但就整體而言，並不足以動搖劉晏在當時的財經地位。尤其是在大曆十四年（779）五月以後，劉晏事實上已執掌著全國主要賦稅，榷鹽所得更占唐中央賦入之半。因此，欲動搖其地位，最有效的手段便是——提出一新的賦稅方法，與其競爭，甚或取代。兩稅法的產生便有這種政治作用。

　　大曆十四年（779）八月楊炎爲相，乃上疏奏稱：

　　　國家初定令式，有租賦庸調之法。至開元中，元宗修道德，以寬仁爲治本，故不爲版籍之書。人戶寖溢，隄防不禁，丁口轉死，非舊名矣。田畝移換，非舊額矣；貧富升降，非舊第矣。戶部徒以空文，總其故書，蓋非得當時之實。舊制：人丁戍邊者，蠲其租庸，六歲免歸。元宗方事夷狄，戍者多死不返，邊將怙寵而諱敗，不以死申，故其貫籍之名不除。至天寶中，王鉷爲戶口使，方務聚斂，以丁籍且存，則丁身焉往，是隱課而不出耳。遂按舊籍，計除六年之外，積徵其家三十年租庸，天下之人，苦而無告，則租庸之法弊久矣。迨至德之後，天下兵起，始以兵役，因之飢屬，徵求運輸，百役並作，人戶凋耗，版圖空虛。軍國之用，仰給于度支轉運二使，四方大鎮又自給于團練節度使。賦斂之司，增數而莫相統攝。于是綱目

〔註23〕《唐會要》，卷87，轉運鹽鐵總敘，頁1590。
〔註24〕同註23。
〔註25〕《舊唐書》，卷12，德宗本紀，頁325。
〔註26〕唐納著馬康莊譯《社會學理論的結構》第六章衝突理論的傳統。三變項概念化的結構，頁197～213。

大壞，朝廷不能覆諸使，諸使不能覆諸州。四方貢獻，悉入內庫，權臣猾吏，緣以為奸，或公託進獻，私為贓盜者，動以萬計。有重兵處，皆厚自奉養，正賦所入無幾。吏之職名隨人署置，俸給厚薄，由其增損，故科斂之名凡數百，廢者不削，重者不去，新舊仍積，不知其涯。百姓受命而供之，旬輸月送，無有休息，吏因其苛蠶食于人。凡富人多丁，率為官為僧，以色役免。貧人無所入則丁存，故課免于上而賦增于下。是以天下殘瘁蕩為浮人，鄉居地著者，百不四五，如是者迨三十年。〔註27〕

從整體精神來分析這一奏疏，楊炎是以初唐以來正稅及中央體制為著眼，認為玄宗以來租庸調之法已開始凋敝，至安史亂起，更使得國家財政不論職權或稅目皆陷入混亂。此時除「科斂之名凡數百」外，「賦斂之司增數而莫相統攝」，這裡所指涉自然包括第五琦以來的榷鹽制，和其後所增設的各種使職。在這篇奏疏中雖也肯定度支、轉運二使對於軍國之用的貢獻，但從其眼光看仍將其視為賦斂之司名目之一，兩稅法公佈後，隨即罷去度支、轉運二使可證。因此，由此一指向也可視為是直接針對當時執掌度支、轉運二使的劉晏。

從楊炎的政治目的來看，兩稅法的產生，不僅是對於中唐以來混亂的正稅體制做一整頓，更是對於肅代以來產生的各種臨時雜徵稅目的一項清理。其不僅是欲以兩稅法來抗衡劉晏所掌領的財賦權，更是欲以舊體制職權的恢復來完全取代財經使職。

兩稅法頒佈後，德宗隨即下詔罷去劉晏所有財經使職，其文曰：

元年正月甲午詔，東都河南江淮山南東道等轉運租庸青苗鹽鐵等使‧尚書左僕射劉晏，頃以兵車未息，權立使名，久勤元老，集我庶務，悉心瘁力，垂二十年。朕以征稅多門，鄉邑凋耗，聽于群議，思有變更，將置時和之理，宜復有司之制，晏所領使宜停。天下錢穀，委金部、倉部，中書門下揀兩司郎官，准格式調掌。〔註28〕

至此，在這場政治衝突中，劉晏的政治資源已完全喪失，罷使、貶謫、賜死在楊炎一步步的進攻下，逐次的被完成。

劉、楊的這場政治衝突過程中，劉晏似乎全處於挨打和被動的局面。除了最初涉及獨孤妃事件中有崔祐甫、朱泚與崔寧的助援，及劉晏貶於忠州時

〔註27〕《唐會要》，卷83，租稅上，頁1535～1536。
〔註28〕《全唐文》，卷50，令天下錢穀歸尚書省詔，頁241。

庾準所上言，「得晏與朱泚書且有怨望，又召補州兵以拒命」外，則全無劉晏加以回應的史料記載。反觀他的對手則處處進逼。楊炎這一睚眥必報的個性，從他早年嘗因「神烏令李大簡因醉酒辱及渠」，及至楊炎再與其同幕於呂崇賁處，而「率左右反接之，鐵棒撾之二百，流血被地，幾死」，〔註29〕便已明確的表現出來。他也因感念元載的提拔之恩，及為相「專務行載舊事以報之」。〔註30〕至於劉晏卻同時涉及大曆十二年（777）元載事件之「審劾」及楊炎的貶謫。由此，楊炎為相後對劉晏的報復手段就其個性看乃不難理解。劉晏在衝突中的失敗，不但使其遭到貶死的命運，連他一手創立，緊密連結的各項財經改革也都隨之罷去。兩稅法頒佈後，榷鹽和各項財經使職的復現，已另牽涉到唐中央財經的現實需要和行政技術整合的過程，劉晏的整體財經理念，此後已不復存在。而這次的政治衝突事件，因兩位當事人職位甚高，並且牽涉到制度之爭，使得其間更隱含著朋黨的派系衝突。因此，本章下一節將繼續處理此一問題。

第二節　政爭中的朋黨

　　政治運作過程中個人常因不同的理念、利益、出身等因素，結合成各自不同的派系團體。這種不同的派系團體又為瓜分稀少的政治資源乃產生政治衝突。而衝突的產生愈是由核心份子主導，或是愈危及整體利益時，衝突中的競爭手段必然愈加劇烈，影響也愈形深遠。〔註31〕舊史中將此種派系衝突總稱為「朋黨」之爭。透過各種不同性質的派系結合，黨爭又呈現出不同的形式。以唐代最為人所知的牛李黨爭為例，陳寅恪先生便認為是崇尚禮法的山東士族與以文詞為仕進，浮華放浪著稱的新興統治階級，透過科舉形式的衝突。〔註32〕毛漢光先生在「中國中古賢能觀念之研究」一文中則認為，牛李黨爭是「累世存在於儒家之中的兩種不同賢能標準衝突的白熱化」，也就是主張經術德行與辭章才學者，透過政治表現的不同而產生的衝突形式。〔註33〕代德之間的劉楊朋黨之爭，是否也有不同的派系性質？其呈現出來的衝突形

〔註29〕《舊唐書》，卷118，楊炎傳，頁3419。
〔註30〕同註29，頁3422。
〔註31〕蔡文輝《社會學理論》第五章衝突學派，頁123～147。
〔註32〕陳寅恪《唐代政治史述論稿》中篇政治革命及黨派分野，頁50～127。
〔註33〕毛漢光《中國中古賢能觀念之研究》，頁353～356。

式又如何？侯外廬在「中國封建社會的發展及其由前期向後期轉變的特徵」一文中認為，唐代的黨爭乃是「舊門閥豪族和新起庶族之間的統治階級內部的鬥爭」，而劉楊的衝突乃是「通過經濟問題的一次黨爭」。〔註34〕新興庶族的興起，除了武后時期透過科舉「特見拔擢」之人外。〔註35〕盛唐以來商品生產的發達，使得社會上也出現了一批新興的富商豪賈。這一批富商豪賈又和土地兼并結合為一，形成了一擁有商業資本和土地的新興階層。〔註36〕這一階層表現在政治作為上，明顯的和舊豪族門第謹守禮法者有極大的差異，尤其在唐代有較嚴緊的門第觀念時期，透過經濟階級對立是有可能也在政治上產生朋黨衝突。簡此，有關唐代黨爭的研究，大抵是由教育，科舉或經濟階級對立為著眼，也就是從統治階層內部官僚的不同出身，氣質產生的形式差異的衝突。

除了從統治階層內部官僚的出身不同，而結合成各自的派系衝突做為研究外，黨爭是否也受著政治結構的變化而產生？安史之亂前後，正是唐代政治、社會變動最大的時期，舊政治結構的崩潰和新的組織制度未完全確立，加上中央政策的施行多採權宜，使得社會變動時中央與地方權力的不均衡而產生的認同差異；國家政策施行的理念差異；官僚體系內不同組織或新舊組織相互更替時人事的不平，是否有可能導至派系的衝突？於此，本節除從前述問題出發，並將就不同出身所產生的派系衝突再做一檢討。

舊唐書卷159韋處厚傳中曾論及朋黨之害，其中有云：「建中之初，山東向化，只緣宰相朋黨，上負朝廷，楊炎為元載復讎；盧杞為劉晏報怨，兵連禍結，天下不平」等言。將「奉天之難」歸因於宰相朋黨，雖稍嫌太過，但文中卻也點出了代、德二朝間，朋黨之事實及主要人物。而這四人恰皆為黨派的核心份子。元載與楊炎屬同一黨派，迨無疑問，至於盧杞與劉晏是否能劃為同一黨派則需另行考察。

前引侯外廬的文章中，曾簡單的分析了少數朋黨和非朋黨中人物的出身，便提出其結論，筆者以為有需要再加以分梳。為了更清晰畫分出劉楊衝突中朋黨的身分制，本文將其分為：

〔註34〕侯外廬《中國封建社會史論》中國封建制社會的發展及其由前期向後期轉變的特徵。第四節唐代統治階級集團內部的分野和黨爭，頁274～293。
〔註35〕陳寅恪《唐代政治史述論稿》上篇統治階級之氏族及其升降，頁21。
〔註36〕金寶祥〈論唐代的兩稅法〉，頁89～92。

1. 主要人物的出身。這一設定乃是從大曆十二年（777）元載事件開始，
   至建中二年（781）楊炎被賜死之間，史料明文介入政治衝突，或者遭
   受政治牽連者。

2. 從史料中追蹤各核心分子的交友人物出身。這一追蹤的理由乃是爲了加
   強證明是否有嚴格的身分對立。而交友態度又可分爲友善者與非友善者
   二類，與某黨派核心分子友善或交惡者並不必然屬於另一黨派，其理甚
   明。將其析離出來，有助於分析的客觀性。

3. 由於劉楊二人皆曾對財政加以改革，其行政人事值得研究。楊炎的回歸
   舊財政體制，實行時日甚短，故其人事上除杜佑認同態度較突出外，並
   未能培養出自己的財經班底。至於劉晏則主掌財政近二十年，其僚屬已
   形成堅實的網絡。需要說明的是其各自僚屬雖未明確介入黨爭，但仍可
   視爲其派系分子及政治資源。

　　至於個人身分的性質判定，本文乃依據毛漢光先生於「唐代統治階層社
會變動」一文中，所劃分的士族、小性、寒素三大類爲標準。〔註37〕除了因
這一分類已爲學界所認同，同時也因細密的劃分，可避免粗疏的認定個人出
身的主觀性。

　　這一次黨爭的導火線，本文前一節中曾簡單的提及，乃是大曆十二年
（777）元載得罪，由劉晏爲主審官，判處了元載死罪及楊炎的貶謫。在此之
前，元、劉的交往中並無明確的交惡記錄。相反的，早在肅宗寶應元年（762），
元載以「度支轉運使職務繁碎」，而又「素與劉晏相友善」，乃推薦劉晏代己
之度支轉運職務。〔註38〕其後乃有劉晏遺元載書信，訴說自己的財經抱負。
元、劉早期雖有此一友善的交往過程，但至晚期兩人似已產生嫌隙，〔註39〕
眞實情況已不得而知。

　　大曆十二年（777）劉晏奉詔訊鞫元載，因顧忌載樹黨遍天下，乃請御史大
夫李涵、右散騎常侍蕭昕、兵部侍郎袁慘、禮部侍郎常袞、諫議大夫杜亞共同
推鞫。〔註40〕按唐代律法「凡鞫大獄，以尚書侍郎與御史中丞，大理卿爲三司
使」，〔註41〕此時，劉晏爲吏部尙書，以其爲主審官似乎並不合體制，此可能因

〔註37〕　毛漢光《唐代統治階層社會變動》第一章導論第三節分類與分期，頁21～23。
〔註38〕　《舊唐書》，卷118，元載傳，頁3410。
〔註39〕　《舊唐書》，卷123，劉晏傳，頁3515。
〔註40〕　同註39，頁3514。
〔註41〕　《新唐書》，卷46，頁官一刑部，頁1199。

元載、王縉俱爲宰臣，乃命官高者加以審訊。其例另如高宗顯慶四年（659）詔司空李勣，中書令許敬宗、侍中辛茂將訊鞫長孫無忌一般。〔註42〕同時參與審訊元載的諸人，是否介入黨爭則值得繼續追查。

表 3-1：參與審訊元載諸人身分及升遷表

姓名	出　　　　身	身份	當時任官	事後遷轉	備　　　考
李涵	進士	士族	御史大夫	京畿觀察使	宗室
蕭昕	少補崇文進士舉博學宏辭	小姓	右散騎常侍		
袁慘			兵部侍郎		兩唐書俱無傳。嚴著唐僕尚丞郎表（四）兵侍。
常袞	進士	小姓	禮部侍郎	門下侍郎同平章事	
杜亞	獻封章言政事	寒素	諫議大夫	給事中河北宣慰使	

　　五人中兵部侍郎袁慘兩唐書俱無傳，至大曆十四年（779）七月，仍見在任。〔註43〕蕭昕本傳則均未提參與審訊元載，也無朋黨跡相。諫議大夫杜亞則於永泰元年（765）與楊炎並爲杜鴻漸判官。大曆十二年（777）因共同審訊元載，劉晏得罪後，坐貶睦州刺史，可劃歸劉黨。另御史大夫李涵本出宗室，事後雖代李栖筠爲京畿觀察使但劉晏貶謫後，未受牽連。至於禮部侍郎常袞則「性清直孤潔，不妄交遊」，雖參與審訊元載，卻與楊炎友善，並無朋黨跡相。另由此次審訊「辦罪問端，皆出自禁中」。〔註44〕及楊炎事後「銳意爲元載報讎，凡其枝黨無漏」〔註45〕的個性看，這一次的審訊，並未明顯的間雜團體利益衝突。

　　元、楊黨分子的身分結構，由表 3-2 中可看出，並非如侯外廬所言爲一庶族的聯合團體。主要人物中除元載出身寒素外、王縉爲士族、楊炎與庾準爲小姓。其它次要人物也皆包含這三個階層。就這一團體內部分子身分而言，似反恰可用侯氏所言爲「品級聯合」〔註46〕的身分團體。

〔註42〕《資治通鑑》，卷200，高宗顯慶四年，頁6316。
〔註43〕嚴耕望《唐僕尚丞郎表》四，卷18，兵侍，頁950。
〔註44〕《新唐書》，卷145，元載傳，頁4713。
〔註45〕《舊唐書》，卷123，裴冑傳，頁3508。
〔註46〕同註34。

表3-2：元、楊黨人物出身表

姓名	籍貫	出　身	身分	最高任官	資料來源	備　考
元　載	鳳翔岐山	莊老文列四子舉	寒素	中書侍郎同中書門下	舊118、新145本傳	
王　縉	河中	草澤及文辭	士族	中書侍郎同中書門下平章事	舊118、新145本傳	
楊　炎	鳳翔	進士	小姓	中書侍郎同平章事	舊118、新145本傳	
庚　準	常州	門蔭	小姓	尚書右丞	舊118、新145本傳	
王　昂		出自戎旅	寒素	刑部尚書知省事	舊118	
李少良		吏	寒素	殿中侍御史	舊118	
董　秀		宦官	寒素	左衛將軍知內侍省事	兩書無傳	
卓英倩						元載主書
李待榮						元載主書
李季連						陰陽人
王　紘	河東		士族	太常少卿	新72宰相世系	
韓　會	鄧州南陽	進士	小姓	起居舍人	新書73宰相世系三上	
韓　洄	昌黎棘城	門蔭	士族	戶部侍郎判度支	舊129	韓滉弟
王　定	京兆杜陵	進士	士族	太子右庶子集賢院學士	新書72宰相世系二	
包　佶	潤州	進士	小姓	刑部侍郎	新149	
徐　璜				諫議大夫知制誥		舊書，卷11，代宗大曆十二年諫議大夫知制誥韓洄王定包佶徐璜、戶侍趙縱、大理少卿裴冀、太常少卿王紘、起居舍人韓會等十餘人皆坐元載貶官。裴、孫、盧、李皆楊炎腹心。
趙　縱				戶部侍郎		
裴　冀				大理少卿		
孫　成						
盧東美					舊118	
李　舟					楊炎傳	

　　舊史家喜以「道德判準」作人物忠奸之辨，此蓋有其道理。如其言，元載秉政，廉潔守道者多不更職。〔註47〕另如，載「弄時權而固位」，縉「附會奸邪，以至顛覆」，炎「酬恩報怨，以私害公」，準之「憸佞」等，皆直指道德。〔註48〕

〔註47〕《舊唐書》，卷118，元載傳。
〔註48〕同註47，史臣曰，頁3427。

此外這一黨派也有很強的政治利益結合性，如載在相位多年，「權傾四海」，「外方珍異，皆集其門」，「輕浮之士，奔其門者，如恐不及」。〔註49〕另如王縉於元載用事時，「縉卑附之，不敢與忤」。〔註50〕另如庾準「以柔媚自進，既非儒流，甚為時論所薄」。〔註51〕其率類此。因此，這一黨派可視為是以政治利益做為結合，而形成的政治團體。

表 3-3：劉黨人物出身表

姓名	籍 貫	出 身	身分	最高任官	資料來源	備考
劉晏	曹州南華	舉神童	小姓	吏部尚書平章事	舊 123、新 149 本傳	
朱泚	幽州昌平	軍將	小姓	太尉	舊 200、新 225 逆臣	
崔寧	衛 州	符離令從軍為步卒	寒素	檢校司空同中書門下平章事	舊 117、新 144 本傳	
崔造	博陵安平	辟徵	士族	給事中，守本官同平章事	舊 130、新 150 本傳	
杜亞	京 兆	獻封章言政事	寒素	檢校吏部尚書判東都省事	舊 146	

表 3-3 中並未將盧杞劃歸劉黨，其理由如下：劉、盧有無交往，並無明確史料為證。唯杞在大曆中曾任吏部郎中時晏為吏部尚書，二人交往如何不得而知。前引韋處厚所言，「盧杞為劉晏報怨」，並無明確史料再加以佐證。但盧杞既居相位後，忌能妒賢，不論元、楊或劉黨分子皆迭遭貶竄，連晏兄劉暹亦為其所排。〔註52〕另忠貞之士如顏真卿、張鎰、李揆也不為其所容，將其列入劉黨，筆者頗以為不可。至於劉黨分子身分，由表 3-3 中可以看出，劉晏出自山東小姓，朱泚和崔寧劃入劉黨則稍嫌勉強，此二人原皆為地方強藩，大曆年間入朝後恰遇劉、楊的衝突而救解劉晏。朱泚與劉晏是否有深交不得而知，崔寧則原本厚結元載，後又附炎，大曆十四年（779）入朝，嘗代喬琳為御史大夫，因主張選御史當出自大夫，不謀及炎，事寢，遂與其結怨。〔註53〕另外，劉、楊衝突中從旁救解劉晏的尚有崔祐甫，侯外盧因其出身門閥大族，乃將其劃入劉黨，筆者前節也曾提及，楊炎的入相便出自崔祐甫的推薦。如此，似也可將崔列入

〔註49〕同註47。

〔註50〕《舊唐書》，卷118，王縉傳，頁 3417。

〔註51〕《舊唐書》，卷118，庾準傳，頁 3427。

〔註52〕《新唐書》，卷149，劉暹傳，頁 4799。

〔註53〕《舊唐書》，卷117，崔寧傳，頁 3400。

元、楊黨。機械的二分人物出身其病固多矣。如果除去盧、朱、崔諸人，則能列入劉黨的似已少之又少。如將三人列入，則劉黨也僅能是鬆散的，因事件而臨時結合的團體。然則言劉晏「不黨」？此又不宜，劉晏自有黨，祇是其黨派性質、結構不同於元楊黨而已。

前此乃從黨派內部份子分析其身分，繼則分析其交友情況。交友態度主要是分為友善與交惡二類，其中友善者則尚包括擢拔與姻婭。

舊唐書卷 126 載隴西冠族李揆，曾以元載地望寒微，而諷其為「瘤頭鼠目之子」，階級的對立似乎相當尖銳。但是由表 3-4 中所列入物的身分分析，與元、楊友善者，幾乎為士族與小姓階層。與元載友善者中，最突出的如王鎮、苗晉卿曾先後對元載的提拔，王忠嗣則為載的岳父。其餘諸人則大抵曾依附元、楊。其例如嚴武，「與宰臣元載深相結託，冀其引在同列」。〔註 54〕另如裴冕，「宰臣杜鴻漸卒，載遂舉冕代之，冕時已衰瘵，載以其順己，引為同列，受命之際，蹈舞絕倒，載趨而扶起，代為謝詞」。〔註 55〕又如郭英乂，「與宰臣元載交結，以久其權」。〔註 56〕政治利益的結合已甚明顯。

表 3-4：元、楊交友（善）

姓名	籍貫	出身	身分	最高任官	資料來源	備考
苗晉卿	上黨壺關	進士	小姓	侍中	舊 113、新 140 本傳	
王鎮	太原祁縣	門蔭	士族	中書侍郎	舊 105、新 134 本傳	
裴冕	河東	門蔭	士族	中書侍郎同中書門下平章事	舊 113、新 140 本傳	
嚴武	華州華陰	門蔭	士族	黃門侍郎劍南節度使	舊 117、新 129 本傳	
郭英乂	瓜州常樂	軍功	小姓	右僕射劍南節度使	舊 117、新 133 本傳	
王忠嗣	太原祁	門蔭	小姓	充河西隴右節度權知朔方河東節度使事	舊 103、新 133 本傳	載岳父
常袞	京兆	進士	小姓	門下侍郎同平章事	舊 119、新 150 本傳	與楊炎友善
崔祐甫	博陵安平	進士	士族	中書侍郎平章事	舊 119、新 142 本傳	
崔寧	衛州	符離令從軍為步卒	寒素	檢校司空同中書門下平章事	舊 117、新 144 本傳	
樊澤	河中	賢良對策	小姓	山南東道節度使	舊 122、新 159 本傳	

〔註 54〕《舊唐書》，卷 117，嚴武傳，頁 3395。
〔註 55〕《舊唐書》，卷 113，裴冕傳，頁 3354。
〔註 56〕《舊唐書》，卷 117，郭英乂傳，頁 3397。

陳少遊	博州		小姓	檢校右僕射同平章事	舊126、新224 叛臣	
盧　慧	幽州范陽	門蔭	小姓	京兆大尹	舊126	
杜鴻漸	濮州濮陽	進士	小姓	中書侍郎同中書門下	舊180、新126	
于　頎	河南	吏幹	小姓	工部尚書	舊146	

　　相同的是與元、楊交惡者，主要也是由士族與小姓此二階層所組成（見表3-5）。諸人中除了李揆有較強烈的階級對立意識外，其餘則無明確的顯露。至其才性氣質，則與元、楊諸人有明顯的不同，如崔渙「性尚簡澹，不交世務，頗為時望所歸」。〔註57〕李栖筠則「有重望、虛心下士，幕府盛選才彥」。〔註58〕又如裴冑，「簡儉恆一」，「抱義危行，守政奉公」。〔註59〕但也有如源休，於涇原兵變後，與朱泚言「多悖逆，盛陳成敗，稱述符命，勸令僭號」，遂為泚謀主。〔註60〕至於段秀實，則因楊炎固執的欲推行元載所未完成的，「城原州以復秦原」，〔註61〕而與秀實意見相左，結果卻引發了涇州之變。顏真卿則不但「元載坐以誹謗，炎惡之」，連盧杞也惡其直言，令奉使李希烈，竟使真卿歿於賊。〔註62〕

表3-5：與元、楊交惡者表

姓名	籍　貫	出身	身分	最高任官	資料來源	備　考
崔　渙	博陵安平	門蔭	士族	黃門侍郎同中書門下平章事	舊180、新120 本傳	
裴　冑	河東聞喜	明經	士族	荊南節度使	舊122、新130 本傳	
李栖筠	趙郡衛州汲縣	進士	小姓	御史大夫	新146 本傳	
裴　諝	河南洛陽	明經	士族	吏部侍郎御使大夫	舊126、新130 本傳	
李　揆	隴西成紀	進士	士族	中書侍郎平章事	舊126、新150 本傳	
源　休	相州臨漳	幹局	小姓	光祿卿	舊127	
嚴　郢	華州華陰	進士	小姓	京兆尹	新145 本傳	
段秀實	隴州河陽	別將	小姓	涇原節度檢校禮部尚書	舊128、新153 本傳	
顏真卿	瑯邪臨沂	進士	士族	刑部尚書	舊128、新153 本傳	

〔註57〕 《舊唐書》，卷180，崔渙傳，頁3280。
〔註58〕 《舊唐書》，卷122，裴冑傳，頁3507～3508。
〔註59〕 同註58。
〔註60〕 《舊唐書》，卷127，源休傳，頁3575～3576。
〔註61〕 《舊唐書》，卷128，段秀實傳，頁3586。
〔註62〕 《舊唐書》，卷128，顏真卿傳，頁3595。

　　從與元、楊交友態度者分析，階級的對立同樣並不明顯。何況，這一批與元、楊交惡者與劉晏也很少有友好關係。反之，相同的是與盧杞多採交惡態度。

　　再看劉晏的交友，不論友善或交惡者皆僅有少數幾人（見表 3-6、3-7）。與劉晏交惡者如嚴莊、敬羽、蕭華三人，事皆因上元元年（760）商胡康謙者，「出家貲佐山南驛廩，因而累試鴻臚卿，後因其婿告其叛，事連嚴莊繫獄，京兆尹劉晏乃發吏防其家，莊恨之。後晏為酷吏敬羽所構，宰相蕭華亦忌之，以漏禁中事」，〔註63〕晏遂被貶為通州刺史。另常袞因忌劉晏有公望，不欲其升入宰甫，乃奏晏宜為百吏師表。〔註64〕與劉晏態度友善者如程元振，舊史傳云：「坐與元振交通」，前已分析。顏真卿則於寶應元年（762），劉晏舉真卿自代為戶部侍郎。令狐彰則因臨終前欲舉劉晏代己之職。崔祐甫事見前。此諸人皆與劉晏無明確的，或常久的深厚友誼。因此，從整個交友態度來看，劉晏恐也不宜將其視為代表任何階層。

表 3-6：與劉晏交惡者表

姓名	籍貫	出身	身分	最高任官	資料來源	備考
敬羽	寶鼎		小姓	御史中丞	舊 186、新 290 本傳	酷吏
嚴莊				司農卿	兩唐書無傳	
蕭華	京兆	門蔭	士族	中書侍郎同中書門下平章事	舊 99	
常袞	京兆	進士	小姓	門下侍郎同平章事	舊 119、新 150 本傳	

表 3-7：與劉晏交善者表

姓名	籍貫	出身	身分	最高任官	資料來源	備考
程元振		宦官	寒素	元帥行軍司馬鎮軍大將軍	舊 184、新 207 本傳	
顏真卿	瑯琊臨沂	進士	士族	刑部尚書	舊 128、新 153 本傳	
令狐彰	京兆富平	軍功	寒素	檢校右僕射滑亳六州節度	舊 124、新 148 本傳	
崔祐甫	博陵安平	進士	士族	中書侍郎同平章事	舊 119、新 142 本傳	
鄧景山	曹州	文吏	寒素	太原尹	舊 110、新書 141	

　　不論是從政治衝突的參與，或是交友態度分析中，都很難得出劉晏有「朋

〔註63〕《新唐書》，卷 225，上逆臣傳，頁 6425。
〔註64〕《舊唐書》，卷 123，劉晏傳，頁 3514。

「黨」之現象，更遑論代表某一階層之事實。然則劉晏豈真無黨？劉晏自廣德二年（764）以後便任職吏部並兼任各項財經使職，直至大曆十四年（779）止共歷時十六年。這期間儘管他在中央的官職略有轉變，但所任財經使職則未曾變動。如此長久任職，加上所屬機構的龐大，豈有可能不形成以劉晏為中心的地方財經官僚體系。前一章中筆者也曾討論劉晏選才任能的一些理念，並認為在他職權底下，形成一唯劉晏能掌理的地方財經團體，而由於這一批人大都屬地方財經專才，因此在中央政治衝突中，大部份劉晏的僚佐並未涉入。因此，更易為人所勿略。這一團體不但是劉晏的最大政治資源，更因其職務專長而有別於元、楊的政治團體。

由表 3-8 中所列舉晏僚佐身分分析可看出，其個人出身也包含了士族、小姓、寒素三階層，符合劉晏凡所任使「必後進有幹能者」，而不行權貴請託的任人原則。舊書謂「晏沒後二十餘年，其故吏如韓洄、元琇、裴腴、包佶、盧徵等繼掌財賦」，〔註65〕雖言過其實，但由這些人的身分分析，無法代表門閥豪族利益則是可以肯定。

表 3-8：劉晏僚佐身分表

姓　名	籍貫	出　身	身分	最高任官	資料來源	備　　考
韓　洄	昌黎棘城	門　蔭	士族	戶部侍郎判度支	舊 129 新 126 本傳	韓滉弟曾與元載、楊炎友善
元　琇				尚書右丞	新 149	舊書卷 123、劉晏
裴　腴			士族	判度支		傳云：晏沒後二十餘
包　佶	潤州延陵	進　士	小姓	刑部侍郎	新 149	年，韓洄、元琇、裴腴、包佶、盧徵、李衡繼掌財賦，皆晏故吏。
盧　徵	范陽	辟　徵		給事中同華刺史	舊 146	
李若初		吏	寒素	浙西觀察使諸道鹽鐵使	舊 146	
張　群						
杜　亞	自云京兆	獻封章言政事	寒素	檢校吏部尚書判東都省事	舊 146	
李　衡						
陳　諫					全唐文，卷 648	晏屬吏

〔註65〕同註 64，頁 3515。

　　總之，不論從朋黨成員或交友態度分析其身分性質，皆無法使吾人得出，這是一次代表庶族集團與豪族集團利益的衝突。這一次的黨爭乃起因於大曆十二年（777）劉晏的審訊元載，繼則大曆十四年（779）楊炎入相後為元載復仇而展開的政治衝突。衝突事件由兩個不同性質的黨派核心分子，透過各種理念、手段的競爭，屬中央高層行政官僚的政治衝突，更因楊炎提出財政改革，使得衝突擴展至制度之爭。侯外廬所認為，是透過經濟形式的一次衝突，並不甚精確。更確切的說，劉、楊的衝突乃是透過政治、財政手段的衝突。

第三節　社會變動與王權盛衰下財政的演變

　　唐中央政權經安史之亂後，以往中央集權的統一型態有了明顯的轉變，安史之亂雖終為唐所撲滅，但廣大的河北地區已形同獨立。此後，唐中央所能直接控制的地區，正如陳寅恪先生所言，僅餘西北政治中心與東南財賦區的這一聯線。〔註66〕做為推動唐內部政策的州、縣二級治權機構，也因節度使的遍設而形成三級制。節度使除了得自署文武官員外，跋扈的藩鎮更能預立留後，形成類似世襲制，其侵害中央權力之大莫甚於此。此外，在中央政治體制方面，初唐以來依律令執行政務的尚書省職權，此後多為臨時派遣的使職所取代。使職的出現雖有其執行政策的效率和君相直接控制之便利，但中晚唐以來權臣和宦官的侵權，政策制訂無一套經久的、具普遍性的規範精神，故政策施行多形混亂，人治現象愈嚴重。

　　政權如此，社會內部又產生如何的變化？玄宗天寶年間，杜甫嘗著詩喻其時，「朱門酒肉臭，路有凍死骨」，社會內部產生了貧富懸殊的兩極化。新興庶族的興起和逃戶、隱戶的增加，使得均田制瓦解和莊園制度的興起。安史亂起內部人民流亡加速，戶口版籍流失，租庸調制已無法繼續施行。在政局和社會變動下，人主和主持政務的大臣並非無知。肅宗時期賊亂方熾，國家全力應付叛亂，對內體制容或不許有重大改革。代宗即位後，內部稍安，此後便不斷有回歸舊體制的建議，終因現實需要和社會型態已轉變，不可復行。及德宗即位，頗思作為，急欲再復中央集權，如此在決策過程的考量，國家政策制訂和推行上便又有了新的變化。

〔註66〕陳寅恪《唐代政治史述論稿》上篇統治階級之民族及其升降，頁1～49。

　　唐代節度使之設置，本爲備邊之用。其時六都護府漸不能防禦日漸強大之外族，睿宗至玄宗時期，乃設八節度使以鞏固邊防。〔註67〕及安史亂起，爲了平定內亂，節度使之設乃由邊境進入內地。至德二載（757）於賊勢稍頹之際，肅宗與李泌便曾討論，事後如何安置定難功臣，其時李泌乃建言：

> 古者官以任能，爵以酬功。漢魏以來，雖以郡縣治民，然有功則錫以茅土，傳之子孫，至於周、隋皆然。唐初，未得關東，故封爵皆設虛名，其食實封者，給繒布而已。貞觀中，太宗欲復古制，大臣議論不同而止。由是賞功者多以官。夫以官賞功有二害，非才則廢事，權重則難制。是以功臣居大官者皆不爲子孫之遠圖，務乘一時之權以邀利，無所不爲。曏使祿山有百里之國，則亦惜之以傳子孫，不反矣。爲今之計，俟天下既平，莫若疏爵土以賞功臣，則雖大國，不過二、三百里，可比今之小郡，豈難制哉！於人臣乃萬世之利也。〔註68〕

其後，國家政策雖未必盡依此一建言，然節度使已遍設於國中矣。及安史亂平，「武夫戰將，以功起行陣爲侯王者，皆除節度使，大者連州十數、小者猶兼三四，所屬文武官，悉自署置，未嘗請命于朝，力大勢盛，遂成尾大不掉之勢」。〔註69〕此蓋政治形勢的轉變，非爲李泌所能盡料。而肅、代之間節度使之遷授，影響此後政局尤甚者，首推侯希逸之除平盧節度使，其方式乃人主預察軍中所欲立者，而授以旌節。司馬光嘗評此事曰：

> 彼命將帥，統藩維，國之大事也。乃委一介之使，徇行武之情，無問賢不肖，惟其所欲與者則授之。自是之後，積習爲常，君臣循守，以爲得策，謂之姑息。乃至偏裨士卒，殺逐主帥，亦不治其罪，因以其位任授之。然則爵祿、廢置、殺生、予奪，皆不出於上而出於下，亂之生也，庸有極乎。〔註70〕

其後節度使由軍士所廢立乃始於此。其次如代宗廣德元年（763）因僕固懷恩之請，及朝廷亦厭苦兵，苟冀無事，乃以史朝義降將薛嵩、田承嗣、李懷仙於河北故地授以旌節，使得此後河北藩鎮勢同獨立。

〔註67〕 王壽南《唐代藩鎮與中央關係之研究》第一章緒言，頁4。

〔註68〕 《資治通鑑》，卷219，肅宗至德二載，頁7014。

〔註69〕 《新唐書》，卷50，兵志，頁1329。《廿二史劄記》，卷20，唐節度使之禍，頁426。

〔註70〕 《資治通鑑》，卷220，肅宗乾元元年，頁7065。

　　跋扈藩鎮如此，唐內部恭順的藩鎮所領權勢也毫不稍遜，其「兵甲，財賦、民俗之事無所不領，謂之都府，權勢不勝其重」。〔註71〕至其形成的地方勢力，唐人有以古代封建諸侯目之者。〔註72〕初唐以來原本以天下之兵不敵關中的本位政策，至此乃形成唐長安中央政府結合東南財賦，尚不能徹底擊潰河北藩鎮，此也顯示出關中作為國家中心地位的形勢已經改變。〔註73〕

　　地方權勢如此，當時士大夫任官觀念也有了明顯的轉變。初唐以來仕宦者頗有「內重外輕」之心理，其例如武后時李嶠等所奏言：

　　　　（上略）安人之方，須擇刺史，竊見朝廷物議，莫不重內官，輕外職。每除牧伯，皆再三披訴，比來所遣外任，多是貶累之人，風俗不澄，實由於此。〔註74〕

另如玄宗時「銓擇內外官敕」所云：「頃來朝士出牧，例非情願」。〔註75〕這一心理，經安史亂起中央勢頹後，有了明顯的轉變。新唐書卷139李泌傳曰：

　　　　是時州刺史月俸至千緡，方鎮所取無藝，而京官祿寡薄，自方鎮入八座，至謂罷權。薛邕由左丞貶歙州刺史，家人恨降之晚；崔祐甫任吏部員外，求為洪州別駕；使府賓佐有所忤者，薦為郎官。其當遷台閣者，皆以不赴取罪去。泌以為外太重，內太輕，乃請隨官閑劇，普增其奉，時以為宜，而實參多沮亂其事，不能悉如所請。

除了唐中央長期物資困乏，地方官俸祿顯較豐厚外，藩鎮得自辟僚佐，增加士人出路也有密切關係。晚唐以後，士人樂於仕宦地方，至有「遊宦之士，至以朝廷為閑地，謂幕府為要津」〔註76〕的情形產生。藩鎮獲得士人投身，自可增漲其名勢，相對於唐中央自也是人才的流失和向心力的不復凝聚。

　　政局轉移下，中央行政體制又如何因應？嚴耕望先生在「論唐代尚書省之職權與地位」一文中便認為，「及安史之亂，戎機逼促，不得從容，政事推行，率從權便。故中書以功狀除官，隨宜遣調，而吏兵之職廢矣。軍計孔急，

〔註71〕《文獻通考》，卷61，職官考十五採訪處置使條，頁555。
〔註72〕其例如劉三復所言：「諸侯之升壇胙土，服天子休命者，有弓矢鐵鉞之賜，生殺刑賞之柄，其為任也蓋重矣」。《全唐文》，卷746，劉三復〈滑州節堂記〉，頁3367～3368。
〔註73〕毛漢光《中古核心區核心集團之轉移》──陳寅恪先生「關隴」理論之拓展，頁19。
〔註74〕《唐會要》，卷68，刺史上，頁1198。
〔註75〕《全唐文》，卷34，玄宗「銓擇內外官敕」，頁163。
〔註76〕《唐語林》，卷8，補遺。

國計艱難，以集時務，而戶部之職廢矣。至於刑工之職亦不可舉。諸部之中，所職未廢者惟禮部貢舉，然事實上亦一使職耳」。〔註77〕使職的出現既屬事有所需，臨時差遣，其效率自較層層制訂，封駁，施行的原中央體制來的迅速。權勢輕重，任職長久又影響使職政策推行的成效，任短勢輕則無甚作爲，徒增混亂，任久權重則又容易產生權傾中央，其例如前述的軍事使職和劉晏掌理國家財賦時，其「任職久，勢軋宰相」等。然既屬事有所需才遣，則不復有長久的精神與法則可依循，中晚唐政策的混亂其來有自。

除了使職的侵奪原中央政權體制的權力外，中晚唐中央政策的制定和施行，也常受制於權臣和宦官。以代宗時期的宰臣元載爲例，除了厚結內侍董秀，以至「上有所屬，載必先知之，承意探微，言必玄合」。〔註78〕另如大曆六年（771）元載奏：「凡別敕除文、武六品以下官，乞令吏部、兵部無得檢勘，從之。時載有所奏擬多不遵法度，恐爲有司所駁故也」。〔註79〕其任職宰臣起始肅宗寶應元年（762）至大曆十二年（777）被罷殺止，凡十六年，至其專朝，天子拱手。〔註80〕至於宦官方面，尚父李輔國更明謂代宗曰：「大家但居禁中，外事聽老奴處分」〔註81〕其驕橫若此，然代宗仍無如之何。

在內外交相侵奪權力之下，唐王權雖重興於安史叛亂，卻又衰頹於使職、權臣與宦官。其初雖多因安史之亂，然代宗之柔弱寬縱更助成其勢之起。王夫之於讀通鑑論中，曾論及代宗之機，得之於老氏：

> 老氏曰：將欲取之，必固與之。天下之至柔，馳騁天下之至剛。此
> 至險之機也，而代宗以之。固爲寬弱極悍戾者之驕縱，驕縱已極，
> 人神共憤，而因加殺戮也不難，將自以爲善制姦慝而必死於其手。
> 乃天下皆告其術，而受其與，不聽其取，乘弱制之以不復剛，終處
> 於無何而權以倒持。安足以馳騁哉？自斃而已矣。

船山此一評論，用以觀代宗之對付李輔國、程元振、元載等諸人，頗見其妙處。然而決機於事後，權力已散之於四方，殺戮以個人，非法之體制系統已成。

德宗即位後，亟思復振王權。大曆十四年（779）五月，首先以郭子儀權

〔註77〕嚴耕望〈論唐代尚書省之職權與地位〉約論，頁5～6。

〔註78〕《舊唐書》，卷118，元載，頁341。

〔註79〕同註78。

〔註80〕《新唐書》，卷145，王縉傳，頁4716。

〔註81〕《資治通鑑》，卷222，肅宗寶應元年，頁7125。

任太重，乃罷其副元帥及所領諸使。其後如罷上獻、出宮女、疏斥宦官等，於是中外皆悅，淄青軍士至投兵相顧曰：「明主出矣，吾屬猶反乎」。〔註82〕此外德宗也注意到司法的審理，中使的公求賂遺，罷天下榷酒收利等。〔註83〕使得「天下以爲太平之治，庶幾可望焉」。〔註84〕

　　然觀德宗此時之作爲，似乎僅能針對某些不合法現象有所糾正，至於社會長久以來不合理現象，及不合法的組織則沒有能力提出全盤的改革規劃，以爲恢復中央集權之執行工具，也就是在決策過程中，並未觸及「權威性政策」的制定。〔註85〕以財經使爲例，德宗即位後隨即以韓滉「掊克過甚」，罷其判度支。相對於原中央政體中戶部職權而言，財經使職此時尚未完全合法化，新舊制度的衝突，在決策過程中，如何取決，德宗均未能計及。另外德宗雖罷去韓滉，卻又將其職權由劉晏兼領，就權力分散以爲制衡的運作角度，同樣能印證德宗的政治理念，此時僅及於對不合法現象的糾正。

　　楊炎既爲相，先後提出了政權回歸舊體制，與全面整頓財稅的兩稅法，其目的當然有意於唐中央的權力再集中，故能獲德宗的支持。但因其復仇心切，對於「事實判斷」缺乏深入的探討，故其能罷去劉晏，卻又使得財經使職迅即恢復。而德宗「驟爲震世之行」，〔註86〕卻缺乏決策技術之規劃與了解，終使得集權中央的目的迅即瓦解。

〔註82〕《資治通鑑》，卷225，代宗大曆十四年，頁7259～7256。

〔註83〕同註82，頁7261～7265。

〔註84〕同註82，頁7263。

〔註85〕易君博《政治理論與研究方法》肆、政治學中的決策研究法，頁77～109。

〔註86〕王夫之《讀通鑑論》，卷24，德宗，頁822。

第四章　兩稅法的形成及其徵稅原則

　　新唐書食貨志在總論唐代前後期稅制的演變過程時，曾提出「自天寶以來，大盜屢起，方鎮數叛，兵革之興，累世不息，而用度之數，不能節矣。加以驕君昏主，姦吏邪臣，取濟一時，屢更其制，而經常之法，蕩然盡矣。由是財利之說興，聚斂之臣進。蓋口分、世業之田壞而爲兼并，租庸調之法壞而爲兩稅。」〔註1〕晚唐財稅因中央用度數不足，兩稅法初定之時，楊炎便提出「量出爲入」的原則，其精神完全是以爲國家徵稅爲目的。此外，其總諸「暴賦」之名而制定的單稅原則，施行之後各種變相徵剝並未稍息，其未依楊炎兩稅奏疏的精神施行概可確定。全面討論兩稅的內容，實非本文所能遍舉，但既已成爲制度，便有其徵稅的原則可循。依其原則，本章將著重在：（一）兩稅法形成前影響其徵稅的原則。（二）兩稅法的主要徵稅原則。（三）兩稅法施行後，演變出的徵稅原則及變相的附加稅。透過這些原則，作一脈絡式的論述。

第一節　夏秋兩徵及州縣配率

　　形成於肅代時期，影響兩稅法的徵稅原則，主要有兩項：（一）爲施行於京兆地區，按夏、秋兩季徵收的田畝稅。夏秋兩徵的原則不但成爲「兩稅」名目的由來，田畝稅並由京兆地區推行至全國。（二）是州縣「配率」的形成。這一原則的產生，乃是徵稅名目繁多後的技術省約，徵收以錢爲主，其後成爲兩稅法的主要內容。肅代時期的稅制，可視爲唐代前後期稅制的過渡或實

〔註1〕 《新唐書》，卷51，食貨一，頁1342。

驗期，除配率形式相同外，州縣有各別的徵稅內容，兩稅法的簡易原則出，州縣才有統一的原則可循。我們從田畝稅開始論述。

代宗即位後，對於京兆地區的穀物徵收形式，有數次的頒佈及改變，最後並形成晚唐的田畝稅，茲依頒佈前後，加以論述。

冊府元龜卷 487 邦計部，賦稅一：

> 永康（按當為泰）元年五月，京畿表大稔，京兆尹第五琦奏請，十畝官稅一畝，效古十一之義，從之。

十一之稅施行兩年後於大曆元年（按即永泰二年，十一月改元）便停止了，其年制曰：

> （前略）王畿之間，賦斂尤重，百役供億，當甚艱辛，哀我疲人，良深憫念。盡徹之稅，著之周經，未便於人，何必行古，其什一之稅宜停。〔註2〕

至於停止的真正原因，則是因為「編戶流亡，墾田減耕」，「謂之什一，其實泰半，致有去父母之邦，甘保傭之役，流離逋蕩，靡室靡家，或阽於死亡，而莫之省」。〔註3〕約略同時頒佈的「減京畿秋稅制」已可見秋稅的名稱，其略云：

> 京兆府所奏今年秋稅八十二萬五千石斛斗數內，宜減一十七萬五千石，委黎幹據諸縣戶口地數均平放免。〔註4〕

此時的秋稅尚不是以後夏秋兩徵中的專有名稱。岑仲勉先生認為，凡仲秋所斂，如庸調，便可稱為秋稅，此乃通稱，〔註5〕前云秋稅應也是此意。此制所徵穀物乃承永泰元年（765）所行之十一稅而來，故所徵得穀物數遠較後來夏秋兩徵時為多。

大曆二年（767）京兆地區如何徵收田地稅，史無明文，但由大曆三年（768）的「減京畿夏麥制」來看，可能已開始施行夏秋兩徵的形式。其年六月代宗下詔：

> （前略）其京兆府今年所率夏麥，宜於七萬石內，五萬石放不徵，二萬石容至晚田熟後，取雜色斛斗續納。〔註6〕

〔註2〕《冊府元龜》邦計部賦稅一，頁 5831。
〔註3〕《全唐文》，卷 414，常袞〈減徵京畿夏麥制〉，頁 1904。
〔註4〕《全唐文》，卷 414，常袞〈減京畿秋稅制〉，頁 1906。
〔註5〕岑仲勉〈唐代兩稅基礎及其牽連的問題〉，頁 12。
〔註6〕同註3。

以夏麥和晚田對舉，說明田畝稅是分夏秋徵納。[註7] 但根據什麼原則向人民徵稅已不得而知。大曆四年（769）十月，因久雨影響冬小麥下種和生長，乃預頒制，減明年的夏稅：

> （前略）其地總分爲兩等，上等每畝稅一斗，下等每畝稅五升，其荒田如能開佃者，一切每畝稅兩升。[註8]

畝徵升斗的原則已出現，但此制並未施行。大曆五年（770）三月才正式定制爲：

> 京兆府夏麥，上等每畝稅六升，下等每畝稅四升，荒田開佃者，每畝稅二升；秋稅上等每畝稅五升，下等每畝稅三升，荒田開佃者每畝稅二升。[註9]

此後，京兆府夏秋兩徵的田畝稅才正式確定。

論者或以行之於京兆的田畝稅，乃是初唐以來地稅的轉變。[註10] 是否如此？初唐地稅，本是由義倉稅演變而來，高宗永徽二年（651）所頒新格：「義倉據地取稅，實是勞煩」，[註11] 可能是「地稅」名稱的由來。開元十三年（725）玄宗下詔曰：「元率地稅，以置義倉，本防儉年，賑給百姓」，[註12] 可以證明地稅原本是初唐時的義倉稅。此後地稅雖成爲國家的一項正式稅收，但仍有別於正稅體制中，按丁徵收的「租」。

安史亂平，廣德元年（763）七月，代宗「冊尊號赦文」中規定：

> 諸道百姓逋租懸調，及一切欠負官物，自寶應元年十二月三十日已前並放免，一戶之中，有三丁放一丁庸調，地稅依舊每畝稅二升。天下男子，宜二十五成丁，五十五入老。應徵租稅，刺史縣令據現在戶科徵，其逃亡死絕者，不得虛攤鄰保。[註13]

說明此時地稅乃按畝徵收，而租庸調此時仍爲國家正稅的主要名目。

永泰元年（765）第五琦所奏請的十一之稅，是否改變自地稅的徵收？代宗於「給復京兆府」詔書中便提及：「夏后氏五十而貢，殷人七十而制，周人

〔註7〕　張澤咸《唐五代賦役史草》第四章兩稅法，頁 114。
〔註8〕　《全唐文》，卷 48，代宗〈減次年麥稅敕〉，頁 233，《冊府元龜》，卷 487，邦計部賦稅一，頁 5832。
〔註9〕　同註 8。
〔註10〕　同註 7。
〔註11〕　《唐會要》，卷 88，倉及常平倉，頁 1612。
〔註12〕　《全唐文》，卷 29，玄宗〈放免十二年以前積欠詔〉，頁 142。
〔註13〕　《全唐文》，卷 49，代宗〈冊尊號赦文〉，頁 236。

百畝而徹，其稅皆十一，……乃者因三代之制，定其稅典」。〔註14〕另「減租稅」詔中所云：「古者量其國用，而立稅典，必於經費，由之重輕，公田之籍，可謂通制，（中略），乃者遵冉有之言，守周公之制，什而稅一，務於行古」。〔註15〕三代的十一之稅有沒有「克濟斯人」的作用呢？通典卷 4 食貨，賦稅上：

> 古之有天下者，未嘗直取之於人，其所以制賦稅者，謂公田什之一及公商衡虞之入稅，以奉養百官祿食也。

第五琦十一稅之精神既承自古賦稅而來，其非指「本防儉年，賑給百姓」的地稅應可確定。且此時距廣德元年（763）代宗詔地稅每畝稅二升僅二年，如其是承自地稅，則大可不必虛張名目，以行變法之實。玄宗以後的地稅，雖成為國家正式稅收的一部分，但此乃使用目的的轉化，其本質仍應視為義倉之作用。因此，十一之稅，必是由正租的演變而來。

那麼，十一之稅與夏秋兩徵的田畝稅，有無直接的關連呢？同樣的在代宗「給復京兆」詔中有說明：「今邦畿之內，宿麥非稔，去秋墾田，又減常歲，昨者徵稅（按：承前文應指十一之稅），其數頗多……其京兆府今年所率夏麥……」。〔註16〕及代宗「京兆府減稅制」所云：「（前略）故重明朝旨，更減田租，蓋畿內移運，所餘全少，山東加運，其助頗多……京兆府夏麥，上等每畝稅六升……」。〔註17〕可證明大曆四年（769）以後所施行的，夏秋兩徵的田畝稅乃承自十一之稅的演變，也就是初唐以來正租的演變。新唐書食貨志所載：「自代宗時，始以畝定稅，而斂以夏秋」，〔註18〕所指便應是正租的改變，而非指地稅無疑。

夏秋兩徵的田畝稅，由可見的史料中，全指向京兆地區，其它地區是否也有施行？大曆七年（772）獨孤及於舒州刺史任內，答楊賁處士書提及：「九等最下，兼本丁租庸猶輸四、五十貫」，〔註19〕表明了「租」仍存在於舒州。同年十一月代宗「減淮南租庸地稅制」中所放免者：「其淮南租庸地稅，所支米等，宜三分放二」，〔註20〕同樣的證明地方並未施行夏秋兩徵的田畝稅。

〔註14〕《全唐文》，卷 47，代宗〈給復京兆府詔〉，頁 225。

〔註15〕《全唐文》，卷 46，代宗〈減租稅詔〉，頁 224。

〔註16〕同註14。

〔註17〕《全唐文》，卷 414，常袞〈京兆府減稅制〉，頁 1904。

〔註18〕《新唐書》卷 52，食貨二，頁 1351。

〔註19〕《全唐文》，卷 386，獨孤及，〈答楊賁處士書〉，頁 1763。

〔註20〕《全唐文》，卷 414，常袞〈減淮南租庸地稅制〉，頁 1905。

　　大曆十四年（779）八月楊炎「請行兩稅法」奏疏中，內容包括「其田畝之稅，率以大曆十四年墾田之數為准，而均徵之，夏稅無過六月，秋稅無過十一月」。〔註21〕由晚唐賦稅，各地皆有穀物徵收，及元稹的「同州奏均田狀」所分析的（當州兩稅地）：「悉與除去逃戶荒地，其餘見定頃畝，然取元額地數，通計七縣沃瘠，一例作分抽稅」。與（當州京官及州縣官職田公廨田並州使官田驛田等）：「臣當州百姓田地，每畝只稅粟九升五合，草四分……（中略）……今因重配元額稅地，便請盡將此色田地，一切給與百姓，任為永業，一依正稅粟草及地頭榷酒錢數納稅，其餘所欠職田斛斗錢草等，只於夏稅地上每畝加一合，秋稅地上每畝各加六合……」。〔註22〕田畝稅似乎應劃入楊炎兩稅內容之一。鞠清遠先生在其「唐代財政史」一書中便認為，楊炎所謂「田畝之稅」便是指地稅，並為兩稅名稱之一。筆者前已論證，大曆年間行於京兆地區的田畝稅，並非來自地稅的演變。那麼，楊炎的「田畝之稅」是否為兩稅名稱之一？金寶祥先生於「論唐代的兩稅法」一文中，論證了田畝稅不應是兩稅的內容，其所佐證史料如，「請作兩稅法，以一其名」，「掃庸調之成規，創兩稅之新制」等……。並論言：楊炎的所謂"其田畝之稅"云云，也衹是當他建議推行兩稅法時附帶的提及，以示自代宗時已經和戶稅（即兩稅）同是當時兩種重要的賦稅而已，決非兩稅的內容是這兩種重要的賦稅。〔註23〕筆者同意金先生所言，田畝稅於楊炎的兩稅法為附加，但楊炎的兩稅是否即指戶稅，仍值得商榷（詳下一節）。陸贄在其「論長吏以增戶加稅闢田為課績」一文中，曾建議德宗：「每至定戶之際，但據雜產較量，田既自有恆租，不宜更入兩稅」。〔註24〕則楊炎的兩稅，不但不包括田畝稅，而且據地徵稅已并入兩稅，今又按畝徵田，則為重徵無疑。兩稅法施行後，田畝稅成為兩稅重要內容之一，以至晚唐以後有將田畝稅誤認為兩稅之一者，此乃兩稅法施行後符號內容的轉化，而與楊炎兩稅名稱無關。如此，大曆年間形成於京兆的夏秋兩徵的田畝稅，影響於楊炎兩稅的，是夏秋兩徵的方式。

　　除了形成於京兆地區，夏秋兩徵田畝稅的出現外，唐代地方賦稅的形式和內容，於肅代期間也逐漸的改變。地方的賦稅，主要可分為兩方面來討論：

〔註21〕元稹《元稹集》，卷38，狀〈同州奏均田狀〉，頁436。
〔註22〕鞠清遠《唐代財政史》第一章兩稅法以前之賦稅，頁12～16。
〔註23〕金寶祥〈論唐代兩稅法〉，頁106。
〔註24〕陸贄《陸宣公集》，卷22，〈均節賦稅恤百姓六條〉第三條論長吏以增戶加稅闢田為課績，頁12。

（一）是州縣向上的（財經使）繳稅，逐漸形成固定的配率。（二）是在這一配率下，州縣如何向人民徵收。以下分別論述：

代宗永泰元年（765）元結於道州刺史任內，先後上「奏免科率狀」二書，前書內容提到：

> 當州准敕及租庸等使，徵率錢物都計，一十三萬六千三百八十貫八百文。一十三萬二千四百八十貫九百文嶺南西原賊為破州以前，三千九百七貫九百文，賊退後徵率……（中略）……伏望天恩，自州未破以前，百姓欠負租稅，及租庸等使所有徵率，和市雜物，一切放免。自州破以後，除正租，正庸及准格式進奉徵納者，請據見在戶徵送，其餘科率，並請放免。〔註25〕

在這篇奏狀中，可確定的是在永泰元年（765）之前，已形成各州府每年有不固定的配率錢物。由文中賊退後仍徵率三千九百七貫九百文，可證其非正稅的徵收。至於「正租」、「正庸」是以錢估或仍繳交穀物、布帛則不得而知。崔維澤氏（D. C. TWITCHETT）於其對「陸贄」研究一文中曾提出：早在七三六年（按：即開元二十四年）各地已經課徵配額稅捐，以求管理上的便利，並且也省得每年去重新估定，每一地區的納稅責任（原註 171）。安史叛亂期間，戶籍登記的行政系統既已完全崩潰，於是便有依據這些舊配額，徵收一切賦稅的嘗試。〔註26〕其所引用的證據乃是，開元二十四年（736）三月六日，戶部尚書同中書門下三品李林甫所奏請的：

> 租庸丁防，和糴雜支，春綵稅草諸色旨符，承前每年一造，據州府及諸司計，紙當五十餘萬張。仍差百司抄寫，事甚勞煩，條目既多，計檢難遍。緣無定額，支稅不常，亦因此涉情，兼長奸偽。臣今與採訪使朝集使商量，有不穩便於人，非當土所出者，隨事沿革，務使允便。既望人知定準，政必有常，編成五卷以為常行旨符。省司每年但據應支物數，進書頒行，每州不過一兩紙，仍附驛送，敕旨依。〔註27〕

從這一奏疏的內容分析，李林甫應是為省約奏報勞煩，而形成的一種紙上作業的簡單化。

〔註25〕《全唐文》，卷380，元結〈奏免科率狀〉，頁1734～1735。

〔註26〕但尼斯推及特（Denis Twitchett）《陸贄》皇帝的顧問和朝廷的官吏，頁13。

〔註27〕《唐會要》，卷59，度支員外郎，頁1020。《通典》，卷23，職官五戶部尚書典一三六。

　　就形式而言，確可形成州府每年固定的上貢賦稅數。但這與肅代間形成的配率，就整體稅收精神和內容都有很大的不同。與前引元結所奏「免科率狀」來比較，前者是由州縣彙整地方所應繳交的賦稅總數（按：此時主要為租庸調、戶稅、地稅等），每年開列清單給予戶部度支等單位，是純手序的省約。但後者則為因軍需用度不足，除原已規定的賦稅外，每年遇有需要則強迫攤派錢物，是由財經使職由上向下（州府）的配率。在元結的另一奏狀「奏免科率等狀」中，他曾要求代宗，「令有司類會諸經賊陷州，據合差科戶。臣當州每年除正租、正庸外，更合配幾錢，庶免使司隨時加減，庶免百姓不安」。〔註28〕可證明這是由上向下的攤派。這種配率的形成，應是名目繁多後的技術省約過程，而其視臨時需要加以徵率，可能影響及楊炎兩稅法中「量出為入」的精神。需要特別提出的是，楊炎曾於大曆十二年（777）被貶為道州司馬，〔註29〕地方賦稅形式，他必然深知。

　　永泰年間行於道州的配率，其他州府是否同樣施行？每州府是否有相同的配率？大曆七年（772）獨孤及於舒州刺史任內為文，「答楊賁處士書」內云：「每歲三十一萬貫之稅，悉鍾於三千五百人之家」。〔註30〕兩稅法施行之後，據陸贄所云：「每州各取大曆中，一年科率錢穀數最多者，便為兩稅定額」。〔註31〕可證明這種配率是每州皆施行的。而且直到兩稅法頒佈後，元結所奏請的固定配率才算形成。此外，如陸贄所言：「建中定稅之始，諸道已不均齊」。〔註32〕晚唐以後每州府同樣的沒有相同比率的稅額。其例如，和州「見戶萬八千有奇，輸緡錢十六萬」。〔註33〕黃州「戶不滿二萬，稅錢才三萬貫」，〔註34〕兩州戶數約同，但稅錢卻存在著極大的差距。另如「杭州戶十萬，稅錢五十萬」，〔註35〕是可見史料中徵錢數最多者。史料的缺乏，使得大部分州府每年稅錢數已不可知。安史亂起，國家賦稅收入十之八九已出自東南地區，則各州府稅錢數，較可確定是以江淮地區為高。

　　肅代期間不固定的配率，雖然有利於財經使的徵稅，但州府如何向百姓

〔註28〕　元結〈奏免科率等狀〉載《全唐文》，卷380，頁1735。
〔註29〕　《舊唐書》，卷11，代宗本紀，頁311。
〔註30〕　同註19。
〔註31〕　陸贄《陸宣公集》均節賦稅恤百姓六條一論兩稅之弊須有釐革，卷22，頁2。
〔註32〕　同註31。
〔註33〕　劉禹錫《劉禹錫集》，卷8，和州刺史廳壁記。《全唐文》，卷606，頁2748。
〔註34〕　《文苑英華》，卷587，表、杜牧〈黃州刺史謝上表〉，頁1387。
〔註35〕　《文苑英華》，卷66，啟、杜牧〈上宰相求杭州啟〉，頁1546。

徵收？是否有劃一的方式？獨孤及於「答楊賁處士書」曾回應楊賁，其在舒州施行口賦的原因：

> 昨者據係簿書，百姓並浮寄戶，共有三萬三千，比來應差科者，唯有三千五百，其餘二萬九千五百戶蠶而衣，耕而食，不持一錢，以助王賦……（中略）……方今爲口賦，誠非彝典，意欲以五萬一千人之力，分三千五百家之稅。〔註36〕

獨孤及的「口賦」之法，顯然已有別於初唐以來的任何徵稅方式。此外，代宗時期歷任袁、信、湖、安、睦、潤六州刺史的蕭定，於任內「均平賦稅，逋亡歸復，戶口增加」，〔註37〕其如何均平賦稅已不可知，但不可能再施行戶稅、地稅等固定比率的稅收則可確定。另如，浙西都團練觀察使李栖筠「奏部豪姓，多徙貫京兆河南，規脫徭科，請量產爲賦，以杜奸謀」。〔註38〕都可見地方州府均平科率所做的不同努力。當然也有如陸贄所云：

> 大曆中紀綱廢弛，百事從權，至於率稅多少，皆在牧守裁制。邦賦既無定限，官私既有闕供，每至徵配之初，例必廣張名數，以備不時之命，且爲施惠之資，應用有餘，則遂減放。〔註39〕

率稅形式及多寡既由牧守，則每州所行必定不同，兩稅法頒佈後，以資產爲宗，定等第的規定出現，各州府才有共同的徵稅原則可循。

第二節　量出爲入與資產爲率

　　大曆十四年（779）八月，楊炎既爲宰相，針對當時混亂的稅制，提出一套統一的徵稅原則。兩稅法雖被陸贄批評爲，「此乃採非法之權令，以爲經制；總無名之暴賦，以立恆規。是務取財，豈云恤隱，作法而不以裕人拯病爲本」。〔註40〕但從技術改革的角度來觀察，其初始則仍有其便民之處。兩稅法的研究，除了從楊炎兩稅奏疏，建中元年（780）所頒佈的赦文及起請條等加以分析外，本文也將從另幾個角度加以考察。首先，建中定稅後，兩稅法形成了州府每年固定徵收錢穀數，中央與地方州府如何分配這一所得？其次，兩稅

〔註36〕同註 19。
〔註37〕《舊唐書》，卷 185 下，良吏下蕭定傳，頁 4826。
〔註38〕《新唐書》，卷 146，李栖筠傳，頁 4736。
〔註39〕同註 31。
〔註40〕同註 31。

法規定以戶資產定等第，向人民徵收的原則，但在每年有固定錢穀數的前提下，州府刺史及地方長吏對於人民的徵稅，是否便有極大的裁量權。因此，本文將以州縣爲一進路，做上、下的劃分，以檢驗兩稅運作的方法。

楊炎於兩稅奏疏中建議：「凡百役之費，一錢之斂，先度其數而賦於人，量出以爲入」。〔註41〕由建中元年（780）起請條，「據舊徵稅數」，〔註42〕以及陸贄所云：「每州各取大曆中一年科率錢穀數最多者，便爲兩稅定額」。〔註43〕似乎與量國家每年所需要，向人民徵稅的觀念並不相符。那麼，量出爲入何所指呢？其是否曾施行？此點在學者間曾引起很大的爭議。筆者前一節中曾認爲肅代期間，每州不固定的配率，可能影響楊炎兩稅的量出制入原則。需要再加以說明的是，楊炎的兩稅奏疏與建中定稅後的兩稅法，雖有直接的關連，但建議與實行間卻未必能加以完全等同。如兩稅奏疏中建議，「逾歲之後，有戶增而稅減輕，及人散而失均者，進退長吏」，〔註44〕這一部分條文，便未曾實行，直到貞元四元（788）德宗才更下令三年一定等第，〔註45〕但仍未確實施行。因此，不宜全盤認定，建中以後的兩稅法必按楊炎所奏，全予施行。

論者或以「量出爲入」合乎近代財政原理，蓋近代國家編制預算，皆採「量出制入」之原則，恆以歲出多寡，定歲入多寡。陸贄於「請兩稅以布帛爲額不計錢數」一文中所論曰：「議者若曰，每歲經費所資，大抵皆約錢數，若令以布帛爲額，是令支計無憑」。〔註46〕另陸贄也說：「且經費之大，其流有三，軍食一也；軍衣二也；內外官月俸及諸色資課三也」。〔註47〕太平時期似乎可以估定國家歲出所需，此論似可通。但如據其所云，則德宗時何以仍有許多雜稅如間架稅、除陌錢等的出現？國家用費不足，儘可編制預算，向地方徵稅，又何必廣徵名目。論者又或云：「量出爲入」之語非事實，以其定額皆舊徵數也，此蓋兩稅法實行後語，與楊炎奏疏未必有關。另李劍農先生於「魏晉南北朝隋唐經濟史稿」一書中認爲：「但憑定制時，一歲支出須若干，即據以定兩稅徵收之總額耳」，「即總括當時所有各種徵收之總數，以定兩稅

〔註41〕《唐會要》，卷83，租稅上，頁1536。會要年代誤爲建中元年，宜改大曆十四年。

〔註42〕同註41，頁1535。

〔註43〕同註31。

〔註44〕同註41。

〔註45〕《資治通鑑》，卷233，德宗貞元四年，頁7509。

〔註46〕陸贄〈均節賦稅恤百姓〉第二條請兩稅以布帛爲額不計錢數，卷22，頁8。

〔註47〕同註45。

之總數，蓋當時所有徵收之總數，即為當時支出之總數」。〔註48〕李氏所論，與前引陸贄所云：每州各取大曆中一年科率錢穀數，便為兩稅定額。有極大的事實出入，在此不論。那麼，兩稅法「量出為入」的原則是否曾實行？如果實行，內容為何？仰或僅是楊炎奏疏中之建議？筆者以為有需要再從兩稅定制後，做一考察。

「量出為入」的原則，除了楊炎兩稅奏疏中提及外，建中元年（780）正月五日德宗赦文及其後的起請條，皆沒有明文提到。赦文及起請條內容，大部分在規定州縣如何向百姓徵稅，這一內容留後討論。有關中央與州縣分配稅收部分，祇有起請條規定：「其黜陟使每道定稅訖，具當州府應稅都數，及徵納期限，並支留合送錢物斛斗，分析聞奏」。〔註49〕定稅之數已如前文，其如何支留合送錢物斛斗？這一部分條文與量出為入原則有無關連呢？

陸贄在其「請兩稅以布帛為額不計錢數」，文中曾對「量出為入」的徵稅精神提出批評。文曰：

> （前略）夫地力之生物有大數；人力之成物有大限。取之有度，用之有節，則常足；取之無度，用之無節，則常不足。生物之豐敗由天，用物之多少由人，是以聖王立程，量入為出，雖遇災難，下無困窮。理化既衰，則乃反是，量出為入，不恤所無。〔註50〕

由陸贄的這一批評，可以確定「量出為入」的原則，曾經施行。而文中批評所指謂者應包含「總雜徵虛數，以為兩稅恆規」，及「取大曆中一年科率錢穀數最多者，便為兩稅定額」，所形成政府對百姓無度的徵斂。建中定稅後，每州府每年徵收的錢穀數雖有改變，但似和量出為入的原則無關。如建中三年（782）五月淮南節度使陳少遊，「請于當道兩稅錢，每一千加稅二百，度支因請諸道悉如之」。〔註51〕又如貞元八年（792）劍西西川觀察使韋皋「請加稅什二，以增給官吏」。〔註52〕可證。

宋代的司馬光對於量出為入有另外的理解，其云：

> 炎建議作兩稅法，先計州縣每歲所應費用及上供之數而賦于人，量

〔註48〕 李劍農《魏晉南北朝隋唐經濟史稿》第十二章唐代賦稅制度之演變 —— 由租庸調至兩稅，頁294。

〔註49〕 《唐會要》，卷83，租稅上，頁1535。

〔註50〕 同註46。

〔註51〕 《資治通鑑》，卷227，德宗建中三年，頁7329。

〔註52〕 《冊府元龜》，卷488，邦計部賦稅二，頁5833。

出以制入。〔註53〕

需要提出說明的是，司馬光乃以州縣為進路，剔除了以中央的開支計算，由上向下的徵稅。用以對照陳少遊和韋皋的請求增稅，則這一理解應是可信的。而這一理解可能便是從兩稅施行後入手，因此，未必與楊炎「量出爲入」的觀念完全相同。如這一理解無誤，則量出制入的原則應包括兩部分：（一）州縣每年上供之數。（二）州縣每歲所需費用。皆採量出制入的原則，這一劃分有無另外的證據呢？元稹在其「錢貨議狀」一文中曾云：

自國家置兩稅以來，天下之財，限為三品，一曰上供，二曰留使，

三曰留州，皆量出以為入，定額以給資。〔註54〕

在每州府有固定的徵稅數的前提下，則「量出制入」的原則僅能行之於中央與地方的賦稅分配。

前引建中元年（780）的起請條中規定，黜陟使於定稅後，將「支留合送錢物斛斗，分析聞奏」，雖未明言是留使、留州及上供。但由元稹奏狀，兩稅三分自定稅後便已開始實行，則便應指此。論者或以裴垍於元和四年（890）的改革為輸賦三分之始，恐不甚正確。通典卷6食貨，賦稅下：

建中初……分命黜陟使往諸道收戶口及錢穀名數，每歲天下共斂三千

餘萬貫，其千五十餘萬貫以供外費，九百五十餘萬貫供京師。稅米麥

共千六百餘萬石，其二百餘萬石供京師，千四百萬石給充外費。

規定中所謂充外費者，便應是留使、留州錢物，其數約占兩稅總收入的三分之二強。而其既採「量出制入」原則以分配錢穀，則留州、留使詳細數目已不可知。至文宗時，「天下租賦，一歲所入，總不過三千五百餘萬，而上供之數三之一焉」，〔註55〕其約數大抵與建中定稅時相同。另和大曆十四（799）相比，其年賦入中央約一千二百餘萬貫，而鹽利居半，則正稅所入僅得六百餘萬貫。建中元年（780）賦入中央遠超過於此。因此，從賦入中央數量，與中央能控制賦稅分配權，兩稅法行後，史官云：「自是人不土斷而地著，賦不加斂而增入，版籍不造而得其虛實，吏不誠而姦無所取，輕重之權，始歸於朝廷」〔註56〕應是有根據的。

〔註53〕《資治通鑑》，卷226，德宗建中元年，頁7275。
〔註54〕元稹《元稹集》，卷34，錢貨議狀，頁396。
〔註55〕《舊唐書》，卷17，下文宗下，頁567。
〔註56〕《舊唐書》卷118，楊炎傳，頁3422。

　　兩稅法頒佈後，對於恭順的節度使，中央確加強了對其經濟的控制。但是對於控制數州或數十州的跋扈藩鎮，則仍不能起很大的作用。尤其經歷奉天之難後，德宗對藩鎮更採姑息政策，除河北三鎮無一錢以助王賦外，當是時「戶部錢，所在州府及巡院皆得擅留」。〔註57〕憲宗即位後對於兩稅三分制的分配才有所改革。全唐文卷964度支請停實估奏：

> 准今年（按指元和四年）正月十五日旨條處分，應帶節度觀察使州府，合送上都兩稅錢，既需差綱發遣，其留使錢又配管內諸州供送，事頗重疊。其諸道留使錢，伏請各委節度觀察使，先以本州舊額，留使及送上都兩稅錢充，如不足即由管內諸州，兩稅錢內據貫均配，其諸州舊額供使錢，即請夏秋旨限收送上都。

此一奏狀表面上以「供送重疊」爲名，罷去各州經由節度使轉賦上供的手續，但事實上卻削去了節度使控制各州轉賦上供的權力。但其規定，節度使如用度不足，仍由「管內諸州兩稅錢內據貫均配」，量出爲入的原則似乎仍予施行。

　　元和十五年（820）以後，留使、留州錢物更有較嚴密控制，「量出爲入」的原則至是不行。舊唐書卷174李德裕傳：

> 臣當道素號富饒，近年以來，比舊既異。……準元和十五年五月七日赦文，諸州羨餘不令送使，唯有留使錢五十萬貫，每年支用，猶欠十三萬貫，不足常須，是事節儉，百計填補，經費之中，未免懸欠。

另如文宗太和五年（831）命諫議大夫王彥威，充十二州勘定兩稅使，其文曰：

> 鄆曹濮淄青登齊萊袞海沂密等十二州，自頃年收復已來，屬中外多故，徵賦輕重或未均平，今三道守臣無非循吏，百姓安逸流亡盡歸，須于此時立一經制，宜令諫議大夫王彥威充勘定兩稅使。仍與令狐楚等審商量，其兩稅榷酒及微物疋數虛實估價，並留州留使上供等錢物斛斗，比類諸道一一開項分析，平均攤配，立一定額，使人知嘗數，不可加減。〔註58〕

「量出爲入」的原則由楊炎兩稅奏疏中建議，「凡百役之費，一錢之斂，先度其數，而賦於人」。至兩稅法公佈實施後，因兩稅有固定的徵錢數，此一原則乃轉化爲地方與中央的賦稅分配。其初行時雖使得唐中央有更多的賦稅收入，與擁有賦稅數量的分配權，但對於跋扈藩鎮的不一錢助王賦，唐中央仍無如之何？

〔註57〕　《新唐書》，卷52，食貨二，頁1358。
〔註58〕　《冊府元龜》，卷488，邦計部賦稅二，頁5837～5838。

因此就抑藩振朝的作用看，唐中央僅增強了對恭順藩鎮的財政控制。

　　除了「量出為入」的原則外，楊炎兩税奏疏中另建議，「戶無主客，以見居為簿；人無丁中，以貧富為差。不居處而行商者，在所州縣税三十之一，度所取與居者均，使無僥倖，居人之税，秋夏兩徵之，俗有不便者正之，其租庸雜徭悉省，而丁額不廢，申報出入如舊式」〔註59〕在討論兩税法這一部分內容前，筆者以為仍需先行提出其施行的前提，也就是兩税法於各州，每年有固定的賦税數目，地方如何向人民徵税，唐中央雖有兩税使或監察御史的監督，及地方刺史長吏的列入政績考課。但賦税如何差等均平，仍是地方刺史、長吏之職權範圍。因此，兩税這一部分條文祇能視為如何徵税的大原則。

　　前引楊炎兩税法的內文，持兩税法為戶税、地税的學者，一般皆認為它就是戶税的轉變。金寶祥先生更認為：「從兩税法的淵源，演變來看，兩税法中所規定的兩税，只能是戶税」。〔註60〕筆者以為有需要就唐代戶税與兩税法中資產為宗的賦税方式，彼此間的關係再做一探討。

　　以戶等差率，向每戶徵課現錢的税制，於高宗永徽元年（650）以後，曾斷斷續續地實行，其目的乃是為籌集官吏俸錢而徵課的。〔註61〕唐六典卷 3戶部郎中員外郎條規定：

> 凡天下諸州税錢，各有準常。三年一大税，其率一百五十萬，每年一小税，其率四十萬貫。以供軍國、傳驛及郵遞之用。每年又別税八十萬貫，以供外官之月料及公廨之用。

由於經常使用的是税錢，税戶等詞語，且大體上是向每戶課錢，所以歷來稱之為戶税。〔註62〕而戶税是以戶等高低為徵收之別。通典卷 6 記：「天寶中，天下計帳戶約有八百九十餘萬，其税錢約得二百餘萬貫」。其下並自注云：「大約高等少，下等多，今一例為八等以下戶計之，其八等戶所税四百五十二，九等戶則二百二十二，今通以二百五十為率。自七載至十四載，六七年間與此大數，或多少加減不同，所以言約，他皆類此」。〔註63〕至於税錢之用途則為：「百四十萬，諸道州官課料及市驛馬。六十餘萬添充諸軍州和糴軍糧」。〔註64〕與前引

〔註59〕　《唐會要》，卷 83，租税上，頁 1536。
〔註60〕　金寶祥《論唐代的兩税法》之關于兩税內容的探討，頁 103。
〔註61〕　堀敏一《均田制研究》第五章均田制下的賦役制度，頁 256。
〔註62〕　同註 61。
〔註63〕　《通典》，卷 6，食貨六賦税下典三四。
〔註64〕　同註 63。

六典所載稅錢數及用途大致相合。岑仲勉先生因此認為，這就是安史亂前「戶稅」支出之指定（六典於開元二十六年編成），亦即外收外銷之地方稅。〔註65〕

安史亂起，戶口流失，籍帳失準，如何稅錢已不得而知。代宗時才又見戶稅的規定：

> 大曆四年正月十八日敕，有司定天下百姓及王公巳下，每年稅錢，分為九等，上上戶四千文，上中戶三千五百文，上下戶三千文；中上戶二千五百文，中中戶二千文，中下戶一千五百文；下上戶一千文，下中戶七百文，下下戶五百文，其見任官一品准上上戶，九品准下下戶，餘品並准依此戶等稅，若一戶數處任官，亦每處依品納稅。其內外官，仍據正員及占額內闕者稅。其試及同正員文武官，不在稅限。其百姓有邸店、行鋪及爐冶，應准式合加本戶二等稅者，依此稅數勘責徵納。其寄莊戶，准舊例從八等戶稅，寄住戶從九等戶稅。比類百姓，事恐不均，宜各加一等稅，其諸色浮客及權時寄住戶等，無問有官無官，各所在為兩等收稅，稍殷有者准八等戶，餘准九等戶。如數處有莊田，亦每處稅。諸道將士莊田，既緣防禦勤勞，不可同百姓例，並一切從九等輸稅。〔註66〕

此一規定乃承自高宗以來的稅錢無疑。各戶等徵收錢數有明顯的增加，對於各級品官、工商、寄莊、寄住、各色浮客的稅錢均有明確的規定。通典稱此：「蓋有如晉、宋土斷之類也」。〔註67〕乃從諸色浮客均須稅錢而設定的。此時戶稅的用途是否已轉變，則不得而知。

王仲犖先生於其「唐代兩稅法研究」一文中認為，到了大曆十四年（779）戶稅一項的全年收入，即近六百萬貫，比之天寶七載至天寶十四載之間的戶稅年收二百餘萬貫來，又增多了兩倍左右。〔註68〕其所依據的史料應當是「大曆末，通天下之財，而計其所入，總一千二百萬貫，而鹽利過半」，扣除鹽利而得到的約數。〔註69〕首先需要說明的是，大曆末的這一歲入錢數乃劉晏為轉運使時所輸財賦進入中央者，並非當時全國的賦稅數。大曆時，除「河南、

〔註65〕岑仲勉〈唐代兩稅基礎及其牽連的問題〉見其註1，頁200。
〔註66〕《冊府元龜》，卷487，邦計部賦稅一，頁5831。《唐會要》，卷83，租稅上，頁1534。
〔註67〕《通典》食貨六，卷6，賦稅下典三三。
〔註68〕王仲犖〈唐代兩稅法研究〉載歷史研究，第6期，頁121。
〔註69〕《舊唐書》，卷49，食貨下，頁2118。

山東、荊襄、劍南有重兵處，皆厚自奉養，王賦所入無幾」。〔註70〕而其時「事貴因循，軍國之用，皆仰於晏，未嘗檢轄」。〔註71〕尤其是自第五琦將國家財賦直接輸入大盈庫，「自是天下公賦爲人君私藏，有司不得計贏縮」。〔註72〕而大曆末劉晏猶在其位，因此，此時賦入決非戶部全國計帳。其次，兩稅法未實行前，唐的「科斂凡數百名」，〔註73〕租庸等各種徵稅未廢，如何稱此時稅收全屬「戶稅」。其三，同樣以杜佑計稅錢約數之法，計算大曆的戶稅數，則以建中元年約三百萬戶計，平均率六百文，則約得一百八十萬貫，與六百萬貫有極大的差距。由此可證，王氏對於「戶稅」的誤解。

唐中央對於「稅錢」規定如此詳細，地方又如何施行？筆者前一節中曾提及，代宗永泰元年（765）以前，地方州府已形成錢徵收的"配率"。因此，大曆四年（769）規定的戶稅，如果施行則可能附入配率中科徵。其方式當包括在「除正租稅及正敕，並度支符外，餘一切不在徵科限」〔註74〕內。但由獨孤及於大曆七年（772）答楊賁處士書的內容：

> 昨者據係簿數，百姓並浮寄戶，共有三萬三千，比來應差科者，唯有三千五百，其餘二萬九千五百戶，蠶而衣，耕而食，不持一錢，以助王賦。詩不云乎，或燕燕居息，或盡瘁事國，在於是矣。每歲三十一萬貫之稅，悉鍾于三千五百人之家，謂之高戶者，歲出千貫，其次九百，八百，其次七百，六百貫，以是爲差。九等最下，兼本丁租庸，猶輸四、五十貫，以此人焉得不日困，事焉得不日蹙。〔註75〕

則至少於舒州並未普遍施行戶稅錢，而其高等稅千貫，至數百貫更絕非「戶稅」無疑。同樣以杜佑計算稅錢約數，則舒州如果普遍稅錢約僅得二萬三千餘貫，與三十一萬貫之數相比，更無法得出此時稅錢便指戶稅科徵，或戶稅已占重大比率。舒州如此，它州恐當如是。兩稅法既「各取大曆中一年科率錢穀數最多者，便爲兩稅定額」。〔註76〕如此，從戶稅的施行情況，實很難得出兩稅就是直接來自於戶稅。

〔註70〕《舊唐書》，卷118，楊炎傳，頁3421。
〔註71〕《舊唐書》，卷123，劉晏傳，頁3514。
〔註72〕同註70。
〔註73〕同註70。
〔註74〕《全唐文》，卷49，代宗南郊敕文，頁237。
〔註75〕《全唐文》，卷386，獨孤及〈答楊賁處士書〉，頁1763。
〔註76〕陸贄《陸宣公集》，卷22，均節賦稅恤百姓第一條論兩稅之弊須有釐革，頁2。

鞠清遠先生在其「唐代財政史」一書中，首先標出了「兩稅法只是承襲了以前的稅賦，戶稅與地稅」。〔註77〕其佐證之史料包括，（一）唐會要卷83：「天寶九載十二月，自今以後，天下兩稅，其諸色輸納，官典受一錢已上，並同枉法贓論」。及（二）大曆間常衮所執筆之「免京兆府稅錢制」，內中所云：「國家計其戶籍，俾出錢貨，著在令典，謂之兩稅」。〔註78〕有關此兩條文，岑仲勉先生於其「唐代兩稅基礎及其牽連的問題」一文中，已有辯駁，要之「戶稅只是一種稅，爲甚稱兩稅，鞠氏似已覺得難於解釋。還有「兩稅」的稱謂，早見於天寶，那時國家的正賦，自以「租庸調」最爲大宗，九載之敕，既絕對沒有以「兩稅」專指「戶稅」或「戶稅及地稅」的痕跡」。〔註79〕兩稅法出後，其既斂之以錢，又以資產爲宗，約丁產定等第，則其課稅形式與戶稅徵收頗爲類似。但從地方稅收課徵演變來看，則應與戶稅無關。何況兩稅如指戶稅則「兩」字將作何解。不論從建中元年正月五日敕文中規定：「均率作年支兩稅」，或二月十一日起請條，「爲夏秋兩稅」，均可證兩稅即指夏、秋兩度的徵收。岑仲勉先生以爲，楊炎已前「兩稅」字樣的用法，即分兩度徵收的，得稱作「兩稅」。到了楊炎改制，定名「兩稅」，始由通名變成專名，求取其意，則完全因夏、秋兩徵之故，與戶稅尤其是地稅毫無關係。〔註80〕應是較具說服力的。

第三節 折納與雜稅

蕭代時期，唐中央對各州府的科率幾已改由錢代，然其時除正租、正庸外，各種臨時配徵的稅目頗多。建中定稅後，才將全國稅收形式作劃一的規定，並將各種混亂名目的徵稅全部并入「兩稅」之中。兩稅法並取大曆年間徵錢數最多的一年做爲定額，以後乃形成了州府每年以固定的錢數，做爲上供、留使、留州的分配。這一簡化的技術改革，使得國家有統一的徵稅形式。但需要加以考慮的是，蕭代以來國家賦稅幾已倚靠江南所出，但是消耗最大的兵資和官俸，卻主要是在關中和華北地區。兩稅以錢徵收，中間如無整體

〔註77〕鞠清遠《唐代財政史》第二章兩稅法、一兩稅法及其創制及其註 1，頁 28～38。
〔註78〕《全唐文》，卷 414，常衮免京兆府稅錢制，頁 1905。
〔註79〕岑仲勉〈唐代兩稅基礎及其牽連的問題〉，頁 153。
〔註80〕同註 79。

的商業行銷網絡作南北調適，每年的賦稅錢則可能產生兩種現象：（一）江南地區雖有物資，卻缺乏繳稅的錢幣。（二）關中、華北地區有現錢，卻缺乏民生必需品。如何調適這兩極的現象？肅代時期有財經使負責轉市經貨和調配各地區物資需要，另有劉晏的運河轉輸，能通百貨之利，但兩稅法頒佈後，隨即罷去了財經使，建中元年（780）三月雖又迅即恢復了財經使，但就職權和功能而言卻已萎縮甚多（參看本文第五章），更不具轉市，調配之功能。因此，兩稅法施行後，隨即有折納的出現。其次，兩稅法條文中雖規定：「兩稅外輒別率一錢，四等官准擅興賦，以枉法論」。〔註81〕但是兩稅所得幾已固定，晚唐王權不振，藩鎮愈多擅留上供，中央兩稅收入也愈形減少。爲了彌補稅收不足，除了屬山澤之利的間接稅名目增多外，正稅體制中的兩稅也發展出其它名目的附加稅，如商稅、間架稅、除陌錢等。爲了便於和間接稅作區別，乃將其統稱爲雜稅。間接稅留待下章討論。本節先處理折納所衍生的現象和雜稅部分。

折納的現象在行租庸調時期便可發現，其時大抵以實物易實物，〔註82〕弊病尚不深。兩稅法頒怖後，折納出現的確切時間已不可考。貞元十年（794）陸贄於均節賦稅中所云：「（兩稅）以錢穀定稅，臨時折征雜物，每歲色目頗殊」。「穀帛，人所爲也；錢貨，官所爲也，自定兩稅以來，恆使計錢納物」。「定稅之數，皆計緡錢，納稅之時，多配綾、絹」。〔註83〕折納的現象應該在兩稅法開始實行時便已出現，而且折納之物更包括布帛及各項雜貨。

由定稅之時以錢數，至納稅時反配以實物，雖可免去人民需「增價以買其所無，減價以賣其所有」，〔註84〕但折納的內容卻更無規則可循。憲宗元和六年（811）的詔書中便提到：「兩稅之法，悉委郡國，初極便人。但緣約法之時，不定物估……」，〔註85〕各種物品沒有固定的計算值，折納時便存在如何估價的問題。而貨物本身又有精粗之分，如何徵收？如何估值？又產生另一個問題。而折納又多視臨時需要，有時錢與折納並行，甚者更有先徵錢，後

〔註81〕　《唐會要》，卷83，租稅上，頁1535。
〔註82〕　張澤咸《唐五代賦役史草》第一章租庸調第一節正租、正租的折納，頁14～16。
〔註83〕　陸贄《陸宣公集》，卷22，均節賦稅恤百姓第二條請兩稅以布帛爲額不計錢數，頁6～10。
〔註84〕　同註83。
〔註85〕　《舊唐書》，卷49，食貨下，頁2120。

反再折納實物者，形成多次剝削，因而造成了許多弊端。

德宗貞元年間兩稅法施行未久，有關折納的部分，除了陸贄「均節賦稅以恤百姓六條」其二以布帛爲額不計錢數，提出其改革的建議外。貞元十二年（796）河南尹齊抗也指出：「百姓本出布帛，而稅反配錢，至輸時復取布帛，更爲三估計折，州縣升降成奸，若直定布帛，無估可折」。〔註86〕錢折納實物的估法，晚唐史書中有許多稱呼，如省估、虛估、時估、實估等，各處用法不同。但簡要而言，祇有虛估與實估二種。〔註87〕至於物品的精粗部分則有三估的辨別。唐代關市令中規定。「以三賈均市，即精爲上賈，次爲中賈、粗爲下賈」。〔註88〕雖用於市場交易，但是租庸調制既以實物繳納，對於物品好惡必有極嚴格限制。通典卷6食貨六載：

> 開元八年玄宗下制曰：頃者以庸調無憑，好惡須准。故遣作樣，以頒諸州。令其好不得過精，惡不得至濫，任主作貢防源斯在，諸州送物，作巧生端。苟欲副於斤兩，遂則加其丈尺，有至五丈爲足者，理甚不然。闊尺八寸，長四丈，同文其軌，其事久行。立樣之時，已載此數，若其兩而加尺甚，暮四而朝三，宜令所司簡閱，有踰於比年常例尺丈過多者，奏聞。

另如開元年間，楊愼矜知太府出納，「於諸州納物者，有水漬傷破及色下者，皆令本州徵折估錢，轉市輕貨，州縣徵調，不絕於歲月矣」。〔註89〕兩稅法實行後，州縣如何於折納時三估作巧，確實情況已不可知，但楊愼矜能以水漬傷破色下者，令本州徵折估錢，則在上下等的認定上升降成奸應是可以理解的。這一現象同樣可見於度支的折徵上。陸贄「論裴延齡姦蠹書」中所載：

> （前略）諸州輸送布帛，度支不務準平，抑制市人賤通估價，計其所折，即更下徵。重困疲甿，展轉流弊，既彰忍害，且示不誠。及其支送邊州，用充和糴，則於本價之外，例增一倍有餘，布帛不殊，貴賤有異，剝徵罔下。既以折估爲名，抑配傷人，又以出估爲利，事多矛盾。〔註90〕

興元元年（784）朱泚既平後，德宗方「屬意聚斂」對於折納所演生的弊端，

〔註86〕《新唐書》，卷52，食貨二，頁1358。
〔註87〕張澤咸《唐五代賦役史草》第四章兩稅法第三節兩稅法的諸色加稅，頁157。
〔註88〕仁井田陞《唐令拾遺》關市令第二六，頁716。
〔註89〕《舊唐書》，卷105，楊愼矜傳，頁3226。
〔註90〕陸贄《陸宣公奏議》，卷21，《論裴延齡姦蠹書》，頁4。

雖有陸贄、齊抗提出改良之方，但德宗並未加以施行。

憲宗元和年間對於物品精粗徵納才有較嚴格規定。六年（811）二月制曰：

> （前略）近日所徵布帛，並先定物樣，一例作中估受納。精麤不等，
> 退換者多轉將貨賣，皆致折損，並諸道留使留州錢數內絹帛等，但
> 得有可用處，隨其高下，約中估物價優饒與納。〔註91〕

又如元和十一年（816）京兆府代納匹段奏：

> 今年諸縣夏稅，折納綾絹絁紬絲綿等，並請依本縣時價，只定上中
> 二等，每匹加饒二百文，綿每兩加饒二十文，其下等物不在納限。
> 小戶本錢不足，任納絲綿斛斗。須是本戶，如非本戶，輒合集錢買
> 成匹段代納者，所由決十五，枷項令眾。〔註92〕

元和年間雖先後以定物樣，中估受納等限制州府的物品估值，但根本原因未除。如此，也僅能部分的限制州縣於物品的計折。

除了物品精粗的估定外，折納時另有所謂虛估與實估之分。舊唐書卷148裴垍傳載云：

> 建中初定兩稅時，貨重錢輕。是後，貨輕錢重，齊人所出，固已倍其
> 初征。而其留州、送使，所在長吏又降省估，使就實估，以自封殖，
> 而重賦于人。及垍爲相，奏請天下留州、送使物，一切令依省估。

定稅之時以錢數，徵納時反配實物，對物值又沒有一套估定的方法。各地方物資實際價格變動不定，長吏乃以時估徵納，「天下方鎮恣意誅求，皆以實估斂于人、虛估聞于上」。〔註93〕加以兩稅實行後，物價長期低落、物輕錢重，以時估折納所獲實物數，乃成倍數成長。裴垍時的「省估」內容已不可知，但由其後李翺於「疏改稅法」中所云：「臣以爲自建中元年初定兩稅，至今四十年矣，當時絹一匹爲錢四千，米一斗爲錢二百。稅戶之輸十千者，爲絹二匹半而足矣。今稅額如故，而粟帛日賤錢益加重，絹一匹價不超過八百，米一斗不過五十，稅戶之輸十千者，爲絹十有二匹然後可。況又督其錢使之賤賣者耶？假令官雜虛估以受之，尚猶爲絹八匹，仍僅可滿十千之數，是爲比建中之初，爲稅加三倍矣。〔註94〕則裴垍省估的規定並未獲得認眞施行。而

〔註91〕《唐會要》，卷83，租稅上，頁1538～1539。
〔註92〕同註91。
〔註93〕《冊府元龜》，卷488，邦計部賦稅二，頁5834。
〔註94〕《全唐文》，卷634，李翺疏改稅法，頁2874。

李翱所論絹價之變動，於其時，若中央以虛估受之，則此建中加三倍，若地方以時估徵納則爲五倍，而實估與虛估之間更存在三分之二間的差距。地方的徵剝更強過中央。兩稅定數之後，雖不加錢，四十年間實際徵收已數倍於建中之時，受害最深者，當然是納稅的百姓。

兩稅法施行後不久，陸贄在其「請兩稅以布帛爲額不計前數」中便曾請：

> 宜令所司，勘會諸州府出納兩稅年絹布定估，比類當今時價，加賤減貴，酌取其中，總計合稅之錢，折爲布帛之數，……其有絁綿雜貨，亦隨所出定名，勿更計錢，以爲稅數。如此則土有常制，人有常輸，眾皆知上令之不遷，於是一其心而專其業。〔註95〕

另如齊抗所建議的「若直定布帛，無估可折」，但疏入皆不報。折納的現象也逐漸由副現象，成爲中央所承認兩稅徵收的主要形式。由可見的史料中，折納大多數皆以布帛爲例，可能原因爲需要大量供應軍衣之用。但同時仍有以徵現錢，折納同時並行者。憲宗元和六年（811）二月制曰：「其所納見錢，仍許五分之中量徵二分，餘三分，兼納實估匹段」。〔註96〕則折納徵剝與「增價以買其所無，減價以賣其所有」的現象仍不能免。

穆宗即位後曾下詔：「當今百姓之困，眾情所知，欲減稅則國用不充，依舊則人困轉甚，貨輕錢重，征稅暗加。宜令百寮，各陳意見，以革其弊」。〔註97〕在此前後，唐代朝士對於兩稅徵錢所生的弊端，曾先後上疏奏議。其如韓愈的「錢重物輕狀」，李翱「疏改稅法」，白居易「勸農桑議賦稅復租庸罷緡錢用穀帛」等，皆建議以任土所產物充稅，並不徵現錢，則物漸重、錢漸輕。〔註98〕並皆指兩稅弊病之根源，乃來自於定稅之以錢徵。穆宗長慶元年（821）正月下詔：「應征科兩稅，榷酒錢內舊額須納見錢者，並任百姓隨所有匹段及斛斗，依當處時價送納，不得邀索現錢」。〔註99〕詔書中並未提到各州府應繳稅額，可能仍依兩稅舊額，如此則兩稅乃形成「錢額制化」。〔註100〕而時價自行折納之後，歷來皆遠較虛估、省估爲低，如今以時價送納，則成唐中央明令重徵於民。詔

〔註95〕同註83。

〔註96〕同註91。

〔註97〕《冊府元龜》，卷501，邦計部錢幣三，頁6003。

〔註98〕韓愈《韓昌黎文集》，卷8，錢重物輕狀，頁343。《全唐文》，卷670，白居易〈策林二〉十九息游惰勸農桑議賦稅復租庸罷緡錢用穀帛，頁 3063。《全唐文》，卷634，李翱疏改稅法，頁2874。

〔註99〕《唐大詔令集》，卷70，典禮長慶元年正月南郊改元赦，頁392。

〔註100〕日野開三郎《唐代兩稅法の研究》四兩稅法と物價，頁417～421。

命雖下，實行的情況卻不得而知。武宗會昌五年（845）南郊赦文內云：「今天下諸州兩稅，皆據分數納見錢……給用之日錢貨並行」。〔註 101〕則徵錢和折納仍同時並行。文獻通考曾評此曰：「穆宗時嘗復舊制，徵粟帛矣；今復有此令，豈又嘗變易邪？計錢徵貨，必有估值，而估乃有虛實之異，舞文如此」。〔註 102〕此後折納現象，終唐亡而不能免。

　　初唐以來的正稅體制，經肅代時期「戶籍隱漏，徵求煩多」，至楊炎爲相，總其名稱而爲兩稅。兩稅既立，雖規定「此外斂者以枉法論」，詔命既下，隨即爲立法者破壞。建中二年（781）以軍興，增商稅爲十一〔註 103〕後又有間架稅，除陌錢等科斂的出現。筆者曾懷疑，這是否即「量出制入」原則下，唐中央於兩稅的增稅？如果答案是否定的，則前引的徵稅名目，當屬兩稅內的重徵無疑，以下略加論述。

　　楊炎兩稅法中建議：「不居處而行商者，在所州縣稅三十之一，度所取與居者均，使無僥倖」。〔註 104〕行商者應爲蠆賣商業，屬於流動性批發販賣。楊炎既云：「在所州縣稅」，則能否視爲過稅〔註 105〕頗值得懷疑。至於居者則爲坐賈，也就是邸店商業，所徵住稅當同爲三十之一。通典卷 4 食貨賦稅上所載：「古之有天下者，未嘗直取之於人，其所以制賦稅者，謂公田什之一，及工商衡虞之入稅，以供郊廟社稷天子奉養百官祿食也」。唐人對稅商之理解，應是包含於賦稅中，也就是屬於正稅之列。同樣的兩稅將稅商列於法中，說明商稅是屬於正稅體制內的徵收。而其所以特別提出，應是「末業」所獲利，較「本業」者爲多的表現。建中二年（781）的增稅十分之一，使得商稅由三十稅一而增爲十一之稅，這一增稅當也包含行商與住商。次年又因對兩河用兵，「府庫不支數月，乃大索京畿富商，刑法嚴峻」。〔註 106〕此後商稅雖未再增加，但變相徵收卻未間斷，如此雖加重了商人的負擔，但商人卻可將賦稅轉嫁於消費者，於其本身則無損失。憲宗元和年間獨孤郁於對策中所云：「今天下困于商稅不均可謂甚矣，百姓之忘本，十而九矣」〔註 107〕晚唐商業行爲

〔註 101〕《文苑英華》，卷 429，翰林制詔會昌五年正月三日南郊赦文，頁 989 。
〔註 102〕《文獻通考》，卷 3，田賦三考，頁 50。
〔註 103〕《資治通鑑》，卷 226，德宗建中二年，頁 7299。
〔註 104〕《唐會要》，卷 83，租稅上，頁 1536。
〔註 105〕加藤繁《中國經濟史考證》，卷 2，宋代商稅法第一商稅制度概論，頁 624～627。所謂過稅乃行者齎貨，也就是對於行商隨帶的貨物所課的稅。
〔註 106〕《資治通鑑》，卷 227，德宗建中三年，頁 7325～7326。
〔註 107〕《全唐文》，卷 683，獨孤郁對才識兼茂明於體用策，頁 3135。

不因政局混亂，而矛盾的發展，實值得再深入探討。

除了直接對商人（邸店與蹇賣）資產的徵稅外，德宗時期另有過稅及除陌錢的徵收。建中三年（782）九月戶部侍郎趙贊請置常平輕重本錢，「贊于是條奏諸道津要都會之所，皆置吏閱商人財貨，計錢每貫稅二十文」。〔註108〕其初議雖爲置常平本，但隨著軍需日廣，所徵過稅也隨之耗盡。至於除陌錢的徵收則頗類似營業稅或交易稅。建中四年（783）六月趙贊議其法爲，「天下公私給與貿易，率一貫舊算二十，益加算爲五十，給與他物或兩換者，約錢爲率算之。市牙各給印紙，人有買賣，隨自署記翌日合算之。有自貿易不用市牙者，驗其私簿，無私薄者投狀自集」。〔註109〕不論過稅或除陌錢，皆可視爲商稅的延伸或附加。

建中年間行於京兆地區的另有間架稅與屋稅。陸贊「論敘遷幸之由狀」將兩者合一稱爲屋稅，亦即「轂下尤嚴，邸第侯王，咸輸屋稅」〔註110〕至於所謂稅間架者，乃「凡屋兩架爲一間，屋有貴賤，約價三等，上價間出錢二千，中價一千，下價五百」。〔註111〕間架稅（屋稅）是否已列入兩稅資產計算中？陸贊在「論兩稅之弊須有釐革」文中所云：「曾不悟資產之中，……有廬舍器用之資，價雖高而終歲無利」。〔註112〕可以證明屋稅也是屬資產定等第的標準之一。因此，不論商稅的加徵，除陌錢，間架稅皆原應已列入兩稅法的資產徵收中。

其時除了中央的擅加稅外，地方則有建中三年（782）陳少游請於當道兩稅錢，每一千加稅二百，度支因請諸道悉如之。〔註113〕及貞元八年（792）韋皋奏加稅十二以增給官吏等。前引諸項加稅是否即兩稅「量出制入」原則的加徵呢？陸贊在「論兩稅之弊需有釐革」中曾指出：「旋屬征討，國用不充，復以供軍爲名，每貫加徵二百，當道或增戎旅，又許量事取資，詔敕皆謂權宜，悉令事畢停罷」。〔註114〕及德宗「奉天改元大赦制」內所載：「自頃軍旅所給，賦役繁興，吏因爲姦，人不堪命，咨嗟怨苦，道路無聊，汔可小康，

〔註108〕《唐會要》，卷84，雜稅，頁1545，會要作元年當爲三年。
〔註109〕同註108。
〔註110〕陸贊《陸宣公集》，卷12，論敘遷幸之由狀，頁2。
〔註111〕同註108。
〔註112〕陸贊《陸宣公集》，卷22，均節賦稅恤百姓六條一論兩稅之弊須有釐革，頁3。
〔註113〕《資治通鑑》，卷227，德宗建中三年，頁7329～7330。
〔註114〕同註112。

與之休息。其墊陌及稅間架竹木茶漆榷鐵等諸色目，悉宜停罷」〔註115〕既謂權宜，又謂賦役繁興，則其非為兩稅「量出制入」原則應可確定。如此，則「量出制入」原則不能行於國家計其所需以賦入，及地方州府依其所出以向百姓徵收矣。

〔註115〕陸贄《陸宣公集》，卷1，奉天改元大赦制，頁3。

第五章　山澤之利的開採與戶部三司的形成

　　兩稅法在楊炎的初議中，本有整頓中唐混亂的稅制，使其單一化之意。但實行後，除了其本身內部的質變外，兩稅的分配所得，並不能應付唐中央的各項臨時支出，新稅收名目乃不斷出現。這一新稅收除了兩稅所屬附加稅，如商稅、除陌錢等，其它則大抵屬於間接稅，如鹽鐵茶酒等所構成的另一龐大稅收系統。

　　稅制的改變，舊的財政機構是否能配合，頗有值得懷疑之處。尤其是原戶部的功能在財經使職的侵權下，雖經楊炎一度恢復，但隨即因省職久廢，而又恢復使職掌理財賦。肅代期間逐漸形成的財經使的權責二分制，使財政權外移和過度集中，兩稅法實行後，財政輕重之權始又歸於朝廷。雖然如此，但財政權如何不再過度集中，如何與新稅制配合，都影響到晚唐財政三司的制度化。因此，除了探討新稅制的產生外，本章也將承繼第二、三章的脈絡，續論政治、財經中權力衝突後整合及決策的過程。

第一節　榷稅與雜稅

　　唐代自劉彤首倡取山澤之利，以「損有餘，益不足」後，[註1] 至肅代期間先後經第五琦、劉晏的規劃，鹽利遂成唐中央重要的賦稅收入。楊炎建議行兩稅法時，榷鹽一度受阻。及「稅法既行，民力未及寬」，加上「朱滔、王

〔註1〕　《冊府元龜》，卷493，邦計部山澤一，頁5896。

武俊、田悅合縱而叛，用益不給」，〔註2〕除了借商之外，屬山澤之利的稅收，稅目漸廣，所得也再占唐中央重要賦稅地位。需要先行說明的是，這一系統的稅收，並不全以征榷的形式出現，其它尚有以產地稅和過稅的形式徵收。其用途最初也不全是直接納入中央，至於其所配合的財政系統另有所變化。理清這些脈絡後，對於山澤之利的稅收從產生至制度的過程，應可有一較清楚的呈現。

權鹽制自第五琦推行至全國，再經劉晏的規劃，至大曆末年，鹽利由最初的四十萬貫，增長至六百萬貫。其時「天下之賦，鹽利居半，宮闈服御、軍餉、百官祿俸，皆仰給焉」。〔註3〕但這一盛況，自楊炎爲相提出全面的財政改革，而有明顯的改變。在本文第三章中筆者曾提出，不論由楊炎財政回歸舊體制的建議，以至兩稅奏疏全文分析，或從權力衝突的角度考察，楊炎都應有意罷去權鹽制。但這一計劃並未獲得實行。建中元年（780）正月德宗下詔云：「今年夏稅以前，諸道財賦多輸京者，及鹽鐵財貨，委江州刺史包佶權領之」，〔註4〕首先降低了鹽鐵官僚掌理層次，而詔書既云「今年夏稅以前」，則似乎已無長久經營之意。但不及三月，唐中央便因戶部職權久廢乃又逐漸恢復財經使職。由所見諸史書中，並未提及此時已恢復鹽鐵使，嚴耕望先生在「唐僕尚丞郎表」鹽運條考證中，認爲包佶應當在此時（建中元年三月）已充鹽鐵使。〔註5〕如此，則權鹽乃恢復由鹽鐵使繼續掌理。但劉晏以所領諸使，相互配合以成的管理營運精神已完全喪失。

劉晏既罷，鹽法漸行紊亂，權鹽首先於建中三年（782）五月每斗加百文。〔註6〕及包佶既充汴東水陸運兩稅、鹽鐵使，又「許以漆器、磚碢、綾綺代鹽價，雖不可用者亦高估而售之，廣虛數以罔上。亭戶冒法，私鬻不絕，巡捕之卒，遍于州縣。鹽估益貴，商人乘時射利，遠鄉貧民困高估，至有淡食者。巡吏既多，官冗傷財，當時病之」。〔註7〕不論從組織，常平或賦稅的精神皆已紊劉晏之法，至其權鹽所得，則已不可確知。貞元年間，德宗於「議減鹽價詔」中，曾令中書門下及度支商議，裁減鹽估價及釐革其利弊，其文云：

〔註2〕 《新唐書》，食貨二，卷52，頁1352。
〔註3〕 《新唐書》，卷54，食貨四，頁1378。
〔註4〕 《新唐書》，卷49，食貨下，頁2117。
〔註5〕 嚴耕望，《唐僕尚丞郎表》，三鹽運，頁796。
〔註6〕 《舊唐書》，卷12，德宗本紀，頁333。
〔註7〕 同註3，頁1379。

（前略）自頃寇難薦興，已三十載，服干櫓者農耕盡廢，⋯⋯乃專
煮海之利，以爲贍國之術。度其所入，歲倍田租。近者軍費日增，
榷價日重，至有以穀一斗，易鹽一升，本末相踰，科條益峻，念彼
貧窶，何能自滋，五味失和，百疾生害，以茲天瘥，實爲痛傷。〔註8〕

詔雖下，卻未見對榷鹽有何改革。至於其「苛刻」、「姦訛」的內容也已不可
確知。但就詔書中所云：「至有穀一斗，易鹽一升」，及「本末相踰，科條益
峻」，與劉晏時榷鹽精神和所行結果，如「以鹽吏多則州縣擾」，「官收厚利而
人不知貴」等相比，則榷鹽已成唐中央純賦稅的工具。

貞元十五年（799），常州刺史李錡爲浙西觀察使、諸道鹽鐵轉運使，及
其「既執天下利權，以貢獻固主恩，以饋遺結權貴」，〔註9〕此後鹽法益壞。
史云：「鹽院津堰，供張侵剝，不知紀極；私路小堰，厚斂行人，多是錡始」。
〔註10〕劉晏於規劃榷鹽時，曾奏罷「堰埭」以利商業流通。〔註11〕建中三年
（782）趙贊才又有過稅的徵收，其云：「閱商人財貨計錢」，則應也包括稅鹽
商，及李錡於「私路小堰」皆斂，結果除了重困百姓外，可能多少也阻礙了
商業流通。唐代榷鹽自劉晏「官糶商賣」法出現後，鹽商在商業流通中，便
扮演著重要的中介角色，韓愈於「論變鹽法事宜狀」中便曾提到：

臣今通計所在百姓，貧多富少，除城郭外，有見錢糴鹽者，十無二
三，多用雜物及米穀博易，鹽商利歸於己，無物不取，或從賒貸升
斗，約以時熟塡還用此取濟，兩得利便。〔註12〕

鹽商以錢糴鹽，以鹽易物，自然仍需以物易錢，如此循環當能帶動各地商業
流通。但遍設「堰埭」以厚斂行人，則去鹽鄉遠者必阻絕鹽商到來，五味失
和不免，同樣不利於商業流通。

鹽價自建中三年（782）價增百文後，貞元四年（788）又有加賦之舉，「自
此江、淮每斗亦增二百，爲錢三百一十文。其後，復增六十，河中兩池鹽，
每斗爲錢三百七十」。〔註13〕榷價日增，生產成本與官定估價間差距越大，私

〔註8〕 陸贄《陸宣公集》，卷4，議減鹽價詔，頁4。既云寇難薦興至今三十年，則
文當成於貞元初年。
〔註9〕 《資治通鑑》，卷236，德宗貞元十七年，頁7596。
〔註10〕 《唐會要》，卷87，轉運鹽鐵總敘，頁1591。
〔註11〕 《新唐書》，卷54，食貨四，頁1378。
〔註12〕 韓愈《韓昌黎文集》，卷8，論變鹽法事宜狀，頁375。
〔註13〕 《新唐書》，卷54，食貨志。記貞元四年淮南陳少遊奏加民賦云云，然陳少遊
死于興元元年。因此，此年加賦應非陳少遊所奏。

鬻者有利可圖，盜賣私鹽者必益夥。劉晏掌鹽法時期，除了自淮北置巡院十三，以捕私鹽。更廣牢盆以來商賈，商賈多則產生競爭，鹽不至於被少數商人操縱。劉晏也非常注意各地商業「信息」，輔以轉運，使各地物價不至於騰貴，尤其他所設置的常平鹽，於商絕鹽貴之地以低價賣出，使人不至有淡食之苦，而官得厚利。而李錡時「盛貢獻以固寵，朝廷大臣皆餌以厚貨，鹽鐵之利積於私室，國用耗屈」，〔註14〕兩相比較，孰為君子，小人立判。〔註15〕晚唐以後，對私販鹽者刑責日重，至有決杖流死者，但盜賣仍不息，根本原因乃榷價日重，上下交征利的結果。

除了以錢糴鹽外，自劉晏掌鹽政時，便得以絹代錢，及包佶掌鹽利時又得以漆器、磁瑁、綾綺等代錢。以物代錢，物品估價便產生了虛實之分，弊端乃不能免，如包佶時「雖不可用者，亦高估而售之，廣虛數以罔上」，另李錡時，「多為虛估，率千錢不滿百三十而已」。〔註16〕以物品代錢糴鹽，於市場經濟未興起，或貨幣流通未普遍時期，確有其優點，如促進商品流通，吸引商賈購鹽販售獲取利潤等，當然更可滿足官僚組織的從中漁利和層層剝削，所以才能夠長久存在於中晚唐的榷鹽制度內。〔註17〕但是虛實估錢差距如此大，必緣奸吏循私，豪商乃能乘時射利，其影響不但中央收入減少，更重困百姓。其如獨孤郁所云：

> 夫鹽榷之重，弊失於商徒操利權，州縣不奉法，賈太重而吏太煩，布帛精麤不中數矣。夫以商徒操利權，則其利有時而廢，州郡不敢誰何，是勸農人以逐末也；州郡不奉法，則各私其人而盜煮者行矣；賈太重，則貧者不堪矣；吏太煩，則糜費之者眾矣，布帛精麤不中數，則女工徒損，風俗偷薄而上困矣。〔註18〕

晚唐榷鹽之弊，在李巽掌鹽政時才有一短暫的改革。元和元年（806）巽既為鹽鐵使，對榷鹽法乃大正其事，除德宗時代鹽鐵使因循權置者盡罷之，他又奏請「每州所貯鹽若遇價貴斗至二百二十文，減十文出糴，以便貧人公私不缺」。〔註19〕至於其鹽利收入，則「巽掌使一年，征課所入，類晏之多，明年

〔註14〕《唐會要》，卷87，鹽鐵轉運總敍，頁1592。
〔註15〕王夫之《讀通鑑論》，卷24，德宗，頁829。船山駁斥劉晏為小人。
〔註16〕《新唐書》，卷54，食貨四，頁1379。
〔註17〕王怡辰《中晚唐榷鹽與政局的關係》，第四章榷鹽的破壞與黃巢之亂，頁190。
〔註18〕《文苑英華》，卷488，獨孤郁對才識兼茂明於體用第二道，頁2491。
〔註19〕《冊府元龜》，卷493，邦計部山澤一，頁5898。

過之，又一年加百八十萬緡」。〔註20〕然則李巽鹽法勝過劉晏嗎？胡三省曰：
「不如也，晏猶遺利於民，巽則盡取之」。〔註21〕此後掌鹽法乃無足論者。

唐之稅茶，肇始於德宗建中三年（782），其時趙贊計議籌措常平本錢，
除於都要津會之地，閱商人財貨計錢外「天下竹木茶漆皆稅十之一」。〔註22〕
但如何徵收與賦稅所得皆已不可知。〔註23〕興元元年（784）德宗「奉天改元
大赦制」中，詔命罷去此一徵收，則初稅茶僅行之一年餘。貞元九年（793）
始又有復稅茶之舉。其時諸道鹽鐵使張滂奏曰：

> 伏以去秋水災，詔令減稅。今之國用需有供備，伏請出茶州縣及茶山
> 外商人要路，委所由定三等時估每十稅一，價錢充所放兩稅。其明年
> 已後所得，稅外收貯，若諸州遭水旱，賦稅不辦以此代之。〔註24〕

依張滂所奏，則稅茶錢用以充所放免兩稅。但詔下，稅茶用途似乎有所轉變。
陸贄於「請以稅茶錢置義倉以備水旱」一文中指出，「近者有司奏請稅茶，歲
約得五十萬貫，元敕令貯户部，用救百姓凶饑」，〔註25〕則稅茶用以置義倉。
另冊府元龜邦計部則載，「自是每歲得錢四十萬貫，茶之有稅自此始也。然稅
茶無虛歲，遭水旱未嘗以稅茶錢拯贍」，〔註26〕稅茶乃成為唐中央的正式賦稅
收入，符合元和中程异所言：「伏以榷稅茶鹽，本資財賦，贍濟軍鎮」。〔註27〕
至於其稅茶方式，則為於產地依三等時估徵商人過稅。此後，晚唐稅茶大抵
依此方式。

穆宗初年才又有加稅之舉，其時「加茶榷，舊額百文更加五十文，從王
播奏」。〔註28〕唐人稱「榷」，原指官府專略其利之意，〔註29〕而張澤咸氏認

〔註20〕《資治通鑑》，卷237，憲宗元和元年，頁763。

〔註21〕同註20。

〔註22〕《唐會要》，卷84，雜稅，頁1545。

〔註23〕李劍農《魏晉南北朝隋唐經濟史稿》第十二章唐代賦稅制度之演變——由租
庸調至兩稅，頁301。李氏云，此但以茶與竹木漆同列於課品中，尚非專為茶
而稅也，則此時徵收似為商品過稅。

〔註24〕《冊府元龜》，卷493，邦計部山澤一，頁5898。

〔註25〕陸贄《陸宣公集》，卷22，均節賦稅恤百姓第五條請以稅茶前置義倉以備水旱，
頁14。按陸贄此文成於貞元十年。

〔註26〕同註23。

〔註27〕《舊唐書》，卷48，食貨上，頁2108。

〔註28〕《舊唐書》，卷16，穆宗本紀，頁489，長慶元年五月。

〔註29〕《大唐六典》，卷20，太府寺。另加藤繁《中國經濟史考證》六關於榷的意義，
頁151～157。

為，在唐代不少時期，榷茶與稅茶常常混用，稱「榷」則不見得是指有嚴格的意義。〔註30〕王播此時所增應仍為於茶產地徵收商人過稅。正如冊府元龜所載：「榷茶本率商旅」。〔註31〕及文宗太和初年，唐代才有嚴格意義的榷茶之舉。其時除鄭注建議：「以江湖百姓茶園，官自造作，量給直分，命使者主之」，〔註32〕另有王涯奏請：「使茶山之人，移樹官場，舊有儲積，皆使焚棄」。〔註33〕但王涯所奏榷茶，事實上僅施行月餘，便因甘露之變，涯被殺而終止。此後令狐楚乃改變其榷茶法，〔註34〕及文宗後期李石為相時，乃又恢復德宗貞元時期的稅茶方式。〔註35〕

> 唐代飲茶，自佛教禪宗盛行及歷朝文士的提倡，遂成風氣。封演「封
> 氏聞見記」云：茶，開元中，人自懷挾，到處煮飲，從此轉相倣效，
> 遂成風俗。自鄒、齊、滄、棣，漸至京邑，城市多開店鋪煎茶賣之，
> 不問道俗，投錢取飲。〔註36〕

另如陸羽「茶經」所載，「兩都並荊、渝間，以為比屋之飲」。〔註37〕兩稅法頒佈時曾對住商徵收資產稅，則其應也包括開鋪煎茶者。此後，不知何時又有對茶鹽店特別徵稅者，憲宗元和十三年（818）才為程异奏罷此一稅收。〔註38〕穆宗時，因「兩鎮用兵，帑藏空虛，禁中起百尺樓，費不可勝計」，〔註39〕除前述加榷茶外，又於公商交易時，「每貫除舊墊陌外，量抽五十文」。〔註40〕以致引起右拾遺李玨上疏諫曰：

> 榷率起於養兵，今邊境無虞，而厚斂傷民，不可一也。茗飲，人之

〔註30〕 張澤咸《唐五代賦役史草》第五章工商稅和雜稅、茶稅條，頁203。
〔註31〕 《冊府元龜》，卷494，邦計部山澤一，頁5906。
〔註32〕 《舊唐書》，卷169，鄭注傳，頁4400。
〔註33〕 《唐會要》，卷87，轉運鹽鐵總敘，頁1593。
〔註34〕 《舊唐書》，卷172，令狐楚傳，頁4463。令狐楚於大和九年王涯被殺後，奏請榷茶「一依舊法，不用新條，唯納榷時須節級加價」，既云依舊法，則已罷去榷茶，但其納榷時，節級加價，則不知如何實行。
〔註35〕 同註33，另陳欽育《唐代茶葉之研究》第五章茶稅及與藩鎮之關係第二節榷茶，頁164。
〔註36〕 封演《封氏聞見記》，卷6，飲茶，頁46。
〔註37〕 陸羽《茶經》，卷下六之飲，頁760～761。
〔註38〕 《舊唐書》，卷48，食貨上，頁2108。
〔註39〕 《舊唐書》，卷16，穆宗本紀，頁478。除陌錢的徵收乃建中四年趙贊所建議，凡公私買賣和給與，皆按一定比率徵收，但於興元元年明文停止。穆宗時所征除陌錢，其云：「每貫除舊墊陌外」，則應於此之前便又恢復此一交易稅。
〔註40〕 《舊唐書》，卷173，李玨傳，頁4503～4504。

所資，重稅則價必增，貧弱益困，不可二也。山澤之饒，其出不訾，

論稅以售多爲利，價勝踊則市者稀，不可三也。〔註41〕

薄利多銷的觀念，仍隱然存在於傳統士大夫與商人之間，但李珏的這一上疏，顯然並未爲穆宗所接受。武宗時另有撧地錢的徵收，其時「茶商所過州縣有重稅，或掠舟車露雨中，諸道置邸以收稅」，〔註42〕都是屬於對茶的變相徵收。

唐代礦產依楊遠的考訂，九種主要礦產中，約八十六處爲主要產地，共分布於五十四府、州。在這八十六處主要產地中，以鹽產地最多，共四十處，幾占一半。銅次之，二十三處，鐵又次，九處。硃砂五處，金、銀各三處，錫、鉛、水銀各一處。〔註43〕礦產的分布除了表現經濟的發展概況外，同時也可做爲探求人文的分佈，但因與本文研究無關，不再贅述。

初唐以來對於礦稅的記載頗少，除了開元初年「賦晉山之鐵」，及開元十五年（727）「初稅伊陽五重山銀錫」外，〔註44〕未見單獨的稅礦紀錄。舊唐書卷54職官三，記掌冶屬之權云：「天下出銅鐵州府，聽人私採，官收其稅」，則礦稅的徵收權原屬地方。及德宗時户部侍郎韓洄建議：

天下銅鐵之冶，是曰山澤之利，當歸于王者，非諸侯方岳所有。今

諸道節度，都團練使皆占之，非宜也。請總隸鹽鐵使。〔註45〕

這一建議乃是將稅礦冶權由地方轉移至中央，但如何監管賦稅仍不得而知。興元元年（784）德宗於「奉天改元大赦制」中，除停罷墊陌及稅間架等雜稅外，同時也罷除了「榷鐵」等諸色名目。〔註46〕榷鐵的罷除，除了佐證第五琦以來鹽鐵使所掌榷稅主要是指鹽利，同時也說明此後礦稅的徵收，並非採官榷之方式。此後礦稅的徵收仍隸屬於鹽鐵使，直到文宗時才一度將礦稅之利歸州縣，由刺史選吏主之。〔註47〕但礦稅收入卻因，「諸州牟利以自殖，舉天下不過七萬緡」，〔註48〕宣宗時裴休才又請皆復歸鹽鐵使。

晚唐礦冶既改隸鹽鐵使，德宗時一度遂有榷鐵的出現，但又隨之罷去。此

〔註41〕 同註40。
〔註42〕 《新唐書》，卷54，食貨四，頁1382，撧地稅，近代研究茶稅的學者有將其稱作住宿稅者。
〔註43〕 楊遠《唐代的礦產》三唐代礦產的主要產地，頁117。
〔註44〕 《新唐書》，卷54，食貨四，頁1383。
〔註45〕 《舊唐書》，卷129，韓滉傳附洄，頁3606。
〔註46〕 陸贄《陸宣公集》，卷1，奉天改元大赦制，頁3。
〔註47〕 同註44。
〔註48〕 同註44。

後稅礦是採實物徵收或稅錢則不可確知，文宗太和五年（831）鹽鐵使王涯奏：

> 當使應管諸州府坑冶，伏准建中元年九月七日敕，山澤之利今歸於
> 管，坑冶所出並委鹽鐵使勾當者，（中略）伏請勒還當使，准例稅納。
> 又以典功動作法貴均勞，坑冶州府人難並役，其應採鍊人戶，伏請
> 准元敕，免雜差遺，異其便安。〔註49〕

晚唐對礦冶有較嚴格的控制，但其稅礦所得於唐中央賦稅不占重要比率應可
確定。

晚唐榷稅中另有酒稅的徵收，其雖不屬山澤之利，但於兩稅外的徵稅中，
占有重要地位，因此在此一並論述。廣德二年（764）十二月代宗下詔令「天
下州縣各量定酤酒戶，隨月納稅，除此之外，不問官私，一切禁斷」。〔註50〕
這是唐代征收酒稅的最早記載。初唐以來雖不斷的有屠酤、酒酤的禁令，但
似乎並沒有明言徵收酒稅。〔註51〕大曆六年（771）二月才又另訂稅酒，其時
「量定三等，逐月稅錢，並充布絹進奉」。〔註52〕榷酤之利一歲幾何？則不得
而知，但其稅酒權屬地方應可確定。

德宗初即位，曾罷天下榷酒。建中三年（782）以軍費日增，乃更下令：
「天下悉令官釀，斛收直一千，米雖賤不得減二千，委州縣綜領醨薄，私釀
罪有差。以京師王者都，特免其榷」。〔註53〕舊唐書食貨志與冊府元龜記此事
為「初榷酒」，而新書德宗紀和通鑑則稱此為「復榷酤」，張澤咸氏認為，從
榷字的嚴格意義來說，前者的書法正確，因為德宗以前袛有酒禁和酒稅，並
無榷酒。〔註54〕然這一榷酒令尋即因京師及四方所奏而罷榷。

貞元二年（786）度支才又奏：「請於京城及畿縣行榷酒之法，每斗課酒
錢百五十文，其酒戶與免雜差役」。〔註55〕其後因用兵後，費用稍廣，乃又「定
戶店等第，令其納榷」。〔註56〕至於京畿以外地區，則於李錡任鹽鐵使時，「百
姓除隨貫出榷酒錢外，更置官酤，兩重納榷，獲利至厚」。〔註57〕則榷酒權已

〔註49〕《冊府元龜》，卷494，邦計部山澤二，頁5904。
〔註50〕《冊府元龜》，卷504，邦計部榷酤，頁6042。
〔註51〕張澤咸《唐五代賦役史草》第五章工商稅和雜稅、酒稅條，頁208。
〔註52〕《通典》，卷11，食貨十一榷酤條典六二。
〔註53〕同註50。
〔註54〕同註50。
〔註55〕《唐會要》，卷88，榷酤，頁1607。
〔註56〕同註55。頁1608。
〔註57〕《舊唐書》，卷174，李德裕傳，頁4512。

由地方轉移至鹽鐵使。至於其隨貫出榷酒錢，是否即指隨兩稅配錢，抑或另有所指，則不敢確定。但此時度支使、鹽鐵使分理兩稅與榷鹽，〔註58〕且李錡此時又爲浙西觀察使，榷酒不可能隨兩稅上供至京師，後又轉帳於浙西，因此榷酒如隨兩稅配錢，則似乎不可能。元和初年，李巽以鹽利皆歸度支，此後「榷酒錢除出正酒戶外，一切隨兩稅、青苗錢，據貫均配」，〔註59〕榷酒乃成爲兩稅的附加稅。

晚唐行榷酒後，榷利所得史料頗乏記載，主要原因可能是將其配入兩稅中徵收，使得計帳上較少列出實際數字。其如元和十五年（820）元稹等人所上，「中書省議賦稅及鑄錢等狀」內容所載：「榷酒利錢，雖則名目不同，其實出于百姓。今天下十分州府，九分是隨兩稅均配，其中一分置店酤酒，蓋是分外誅求」。〔註60〕如此則不論飲酒與否，一律要攤派酒稅錢。〔註61〕橫斂如此，其榷利所得必多。新唐書食貨志記文宗太和時，「凡天下榷酒，爲錢百五十六萬餘緡，而釀費居三之一，貧戶逃酤不在焉」。〔註62〕文宗時戶部計帳歲入的數字，與元和年間所得並無多大差距。〔註63〕因此，前述榷酒利，應可用以概括晚唐榷酒所得的一般情況。

唐代山澤之利的開採，自第五琦時以榷鹽行於天下，國用以饒，歷代宗時期劉晏的合理化經營，使得鹽利成爲唐中央的重要賦稅收入。兩稅法頒佈時，總無名之暴賦以成的單稅原則，其所得並不能支應國家財政支出的需要，各種雜徵的稅目乃隨告出現。而這一所得中，主要便以鹽、茶、酒等占居首要，因其幾全以間接稅的方式出現，有別於正稅的徵收，而自成一系統。通鑑卷237元和二年（807）國家歲入計帳中，宋白引元和國計簿所載，比較元和與天寶年間賦稅數爲：

> 天寶州郡三百一十五，元和見管總二百九十二，比較天寶應供稅州
> 郡計少九十七。天寶戶總八百三十八萬五千二百二十三，元和見在
> 戶總二百四十四萬二百五十四，比較天寶數稅戶通計少百九十四萬

〔註58〕 楊淑洪《唐代前後期財政權責之研究》第三章唐代後期的中央財政組織及其事權第四節中央財政三司使的組織成員與權責劃分，頁137～142。

〔註59〕 《唐會要》，卷88，榷酤，頁1607。

〔註60〕 元稹《元稹集》，卷36《中書省議賦稅及鑄錢等狀》，頁415。

〔註61〕 同註60。文中規定「兩貫戶以下不在配限」。

〔註62〕 《新唐書》，卷54，食貨四，頁1381。

〔註63〕 全漢昇《唐宋政府歲入與貨幣經濟的關係》二唐代的歲入，頁11。

四千六百九十九（按當為五百九十四萬四千九百六十九）。天寶租
稅、庸、調每年計錢、粟、絹、布、絲、綿約五千二百三十餘萬端、
匹、屯、貫、石，元和兩稅、榷酒、斛斗、鹽利、茶利總三千五百
一十五萬一千二百二十八貫、石，比較天寶所入賦稅計少一千七百
一十四萬八千七百七十貫、石。

元和國計簿所載歲入中並未詳列各種賦稅收入所得，其中兩稅部分則應包括
留使、留州錢數。〔註64〕而元和初年李巽改革鹽法時，其歲收鹽利（實估）
約得七百萬貫左右。〔註65〕茶利則以德宗時五（四）十萬貫計，榷酒則以太
和時百五十餘萬貫計，則間接稅部分約可得九百萬貫左右。另扣除留使、留
州部分，則兩稅上供數約得八百五十餘萬貫。如此，晚唐榷筦歲入則已超過
兩稅上供之數。再以簡單的約數比較天寶與元和間每戶所出賦稅，則元和年
間每戶平均所出賦稅約多出八點二貫，〔註66〕橫斂不可謂不重。

　　劉晏於掌鹽利時除為充足國用外，另計及鹽戶的督導及常平鹽的設置，
他更欲以商人的轉賣四方，及運河的轉輸，帶動整體商業的繁榮。晚唐以後
國用益不足，賦稅名目及變相徵收益增，山澤之利的開採已成唐中央純賦稅
的工具。陸贄於「請以稅茶錢置義倉以備水旱」一文，曾議及稅茶錢貯戶部，
「用救百姓凶饉」，李巽掌鹽法時有常平鹽的設置，另李珏有薄利多銷的觀念
等，晚唐傳統士大夫對於財政，似已無如劉晏般注意及賦稅之外的經濟、社
會精神者。傳統儒家省刑徭、薄賦斂，與民休息的觀念依然矛盾的發展於現
實與理想間。

第二節　制度化過程中的財政三司

　　初唐以來尚書省戶部四司的職掌，經安史之亂前後，財經諸使的侵權，
使其漸成閒廢機構。尤其在代宗時期，財經使的區域二分制，及大曆十四年

〔註64〕《舊唐書》，卷17，記文宗開成二年戶部侍郎王彥威進所撰供軍圖，內云：「今
　　　　計天下租賦一歲所入總不過三千五百餘萬，而上供之數三之一焉」。則中央賦
　　　　入僅約一千一百餘萬貫。元和初年，雖較文宗時國勢較盛，但賦稅所得仍不
　　　　至有太大差距，由此推測兩稅部分應包括留使留州。
〔註65〕同註63。
〔註66〕天寶年間每戶約出六點二貫，元和年間約為十四點四貫，此蓋以簡單的數字
　　　　比較。兩稅法以資產為宗，其率稅數，量定均配權皆在地方刺史、長吏，故
　　　　不可能得出正確數字。

（779）五月劉晏集財經諸使於一身，天下財賦遂歸其統領，戶部更形同虛設。但是劉晏這一掌領全國財賦並未能持續很久，便因與楊炎的政爭，及權力過於集中，建中定稅後，其所領諸使便爲德宗所罷去。與兩稅法頒佈的同時，楊炎曾建議新稅法由度支總統之，並將錢穀之司回歸金、倉二部，戶部四司職權因而暫時恢復。

　　建中元年（780）三月，楊炎所奏罷的度支、轉運等使，卻因「省職久廢，耳目不相接，莫能振舉，天下錢穀無所總領」，〔註67〕乃又以韓洄判度支，財經使職權又獲得全面的開展。雖然如此，諸財經使的職權直到元和年間才有較固定的劃分，終形成晚唐財政三司的制度化形式。而財政三司制度化過程中也隱含著各式的權力運作。由此，本節除將鋪陳各時期使職權責劃分，並將略述其中權力運作的過程。

　　德宗建中元年（780）正月既罷去劉晏所領諸使，乃同時下詔曰：

> 朕以征稅多門，郡邑凋敝，聽于群議，思有變更，將致時雍，宜遵
> 古制。其江淮米准旨轉運入京者，及諸運糧儲，宜令庫部郎中崔河
> 圖權領之。今年夏稅以前，諸道財賦多輸京者，及鹽鐵財貨，委江
> 州刺史包佶權領之。天下錢穀，皆歸金部、倉部，委中書門下簡兩
> 司郎官，準格式條理。〔註68〕

詔命既下，旋以出納無所統，乃又復置使領之。其年三月，便又以韓洄判度支，令金部郎中杜佑權勾當江淮水陸運使。舊唐書謂此一如劉晏韓滉之則也。〔註69〕不論從權力職掌或職權所屬層級來看，恐都有誤。本文前一節中曾引嚴耕望先生「唐僕尚丞郎表」鹽運條考證，認爲包佶亦當於此時充鹽鐵使。唐會要卷58戶部侍郎條，引蘇氏駁曰：

> 故事，度支案：郎中判入，員外郎判出，侍郎總統押案而已，官銜
> 不言專判度支。至乾元元年（758）十月，第五琦改戶部侍郎，帶專
> 判度支，自後遂爲故事，至今不改，若別官來判度支，即云知度支
> 事，或云專判度支。

兩稅法既以度支總統之，未復使職前，又以江淮米轉運由崔河圖、鹽鐵由包佶權領，此後雖復使，但職權層級所屬仍應依此。至其權力執掌與劉晏韓滉

〔註67〕《資治通鑑》，卷226，德宗建中元年，頁7279。
〔註68〕《舊唐書》，卷49，食貨下，頁2117。
〔註69〕《舊唐書》，卷12，德宗本紀，頁325。

時集度支鹽鐵轉運常平諸使於一身，更不可同日而語。另從權力分散的角度分析，更不可能於剛罷去劉晏後，便又迅速的讓某財經使集諸權力於一身。

另從人事佈局來分析，此時新罷劉晏，及楊炎「凡劉晏枝黨無漏」的報復手段，自不可能再由劉晏的故吏掌領財賦。因此，直到建中二年（781）七月楊炎罷相止，其所用財經使皆應是屬元楊黨或與楊炎友善者。其如韓洄，雖爲劉晏故吏，但大曆中便曾坐與元載善，而被貶爲邵州司戶參軍。德宗時復與楊炎友善，故被擢爲判度支。即楊炎得罪，尋被貶爲蜀州刺史。〔註70〕另如包佶，大曆中同坐善元載被貶嶺南，劉晏奏起復財經使，〔註71〕其非堅實的劉黨可知。而楊炎本非財經出身，其更無專業的財經班底，以韓洄、包佶領使仍符合其黨派的權力運作。又如杜佑，除特爲楊炎所擢拔外，史書中並未明確的交代與楊炎的交友情況。但由其所著通典中稱允楊炎兩稅爲：「遂令賦有常規，人知定制，貪冒之吏莫得生姦，狡猾之氓皆被其籍，誠適時之令典，拯弊之良圖」，〔註72〕然卻幾無提及劉晏的任何事蹟，其心態可知。但這一人事佈局旋因楊炎罷相而有所改變。

建中二年（781）十一月，韓洄既貶蜀州刺史，「時方軍興，餽運之務，悉委於佑，遷戶部侍郎，判度支」，〔註73〕然杜佑尋爲盧杞所惡，出爲蘇州刺史。與此同時使職權責及人事行政也有所更動。三年（782）五月，以趙贊爲戶部侍郎判度支。八月又從趙贊奏：「以江淮鹽鐵使崔縱充汴西水陸兩稅鹽鐵使，仍隸度支」。〔註74〕使職區域分掌制有較清楚的劃分，但仍未能施行。兩唐書俱無趙贊傳，但其既爲盧杞所引，又與盧杞同罷，以「杞作相三年，矯誣陰賊，排斥忠貞，朋附者欸唾立至青雲，睚眥者顧盼已擠溝壑」，〔註75〕則趙贊所屬黨派已甚明瞭。

〔註70〕《新唐書》，卷126，韓滉傳附洄，頁4439～4440。

〔註71〕《新唐書》，卷149，劉晏傳附包佶，頁4799。文中謂晏奏起爲汴東兩稅使，當誤。劉晏時未立兩稅然則未知復爲何官。

〔註72〕《通典》，卷7，食貨七歷代盛衰戶口典四二。通典於貞元十七年杜佑自淮南使人詣闕獻上。貞元十年陸贊已屢糾兩稅之弊，兩相觀照，則杜佑所云：適時令典，拯弊良圖云云，皆有言過其實之處。

〔註73〕《舊唐書》，卷147，杜佑傳，頁3978。

〔註74〕《舊唐書》，卷12，德宗本紀，頁334。新書謂兩使仍隸度支，通鑑則謂，度支總其大要而已。然以常理推論，趙贊勢必不可能自己條奏他使來分己之權。何況包、崔二人官職皆不高，應不可能由此位掌控全國財賦，及十二月二人乃遷左右庶子。

〔註75〕《舊唐書》，卷135，盧杞傳，頁3716～3717。

趙贊既罷判度支，建中四年（783）十二月乃繼以京兆尹裴腴判度支，劉晏的屬吏乃正式登場。其後至貞元二年（786）的三年間，財經使的職權又三度變更，先是汴東西水陸運兩稅鹽鐵使的區域分掌制被取消，由戶侍判度支元琇兼領。繼則因宰臣崔造，嫉錢穀諸使罔上之弊乃奏請：

> 天下兩稅錢物，委本道觀察使、本州刺史選官典部送上都；諸道水陸運使及度支、巡院、江淮轉運使等並停；其度支、鹽鐵，委尚書省本司判；其尚書省六職，令宰臣分判。乃以戶部侍郎元琇諸道鹽鐵、榷酒等事，戶部侍郎吉中孚判度支及諸道兩稅事；宰相齊映判兵部承旨及雜事，宰臣李勉判刑部，宰臣劉滋判吏部、禮部，造判戶部、工部。〔註76〕

財經諸使又再一次的遭到停罷。此一時期掌財賦者如裴腴、元琇、判戶部崔造等或為劉晏屬吏，或屬劉黨。吉中孚事蹟則不詳。〔註77〕楊淑洪於其「唐代前後期財政權責之研究」一文中，謂晚唐戶部三司中，判戶部之設，始於崔造，〔註78〕恐有誤。按此時崔造所判之戶部，乃指尚書省轄下六尚書之戶部，非指判戶部本司應可確定。〔註79〕而崔造所奏文中，以度支、鹽鐵委尚書省本司判，其所指「本司」不知是指戶部司，抑或度支、鹽鐵司。由後文中以戶部侍郎元琇判鹽鐵、榷酒；吉中孚判度支，則似應指後者。苟如此，則戶部三司（尤指鹽鐵司）應於此時便已合法化。但崔造所罷諸使，隨因韓滉以「司務久行，不可遽改」，而以韓滉專領度支、諸道鹽鐵轉運等使，崔造所條奏諸法遂皆改。〔註80〕

從建中元年（780）三月復財經諸使，至貞元元年（785）韓滉以鎮海軍節度、江淮轉運使加判度支，充諸道鹽鐵使止，短短六年間財經使職權數易其變，人事行政上更經歷楊炎、盧杞、劉晏屬吏、韓滉等或黨派或個人的綜理財賦，其混亂可知。這一時期，唐中央也由德宗初即位時的勵精圖治，經歷奉天之難，而形成德宗的「方務聚斂」。國家財賦益形倚靠東南地區的結果，使得韓滉於德

〔註76〕《舊唐書》，卷130，崔造傳，頁3626。

〔註77〕《新唐書》，卷203，盧綸傳附吉中孚，頁5786。傳中僅云：鄱陽人，官戶部侍郎。大歷中與盧綸等皆能詩，齊名，號大曆十才子。

〔註78〕楊淑洪《唐代前後期財政權責之研究》第三章唐代後期的中央財政組織及其事權，頁97～98。

〔註79〕嚴耕望《唐僕尚丞郎表》，卷11，輯考四上戶尚條崔造。

〔註80〕同註76。

宗初即位時因「掊克過甚」被罷。至此，反以「江淮漕米大至京師，德宗嘉其功」，〔註81〕而復判使。此時德宗的政策，正是王夫之所謂：「期效迫而不副其所期，則懲往而急於改圖」，〔註82〕無經久制法精神，更無制度規則可循。

韓滉卒後，晚唐財經使職權又面臨新的調整。先是韓滉於判度支，充諸道轉運鹽鐵使時，曾以戶侍班宏充度支鹽鐵轉運副使，此後財經使遂有副使的設置。貞元八年（721）又曾短暫的恢復使職區域分掌制。其時「竇參爲德宗所疏，乃讓度支使，遂以班宏專判而參又不欲使務悉歸於班宏，乃又薦張滂爲戶部侍郎、鹽鐵使、判轉運，尙隸於班宏以悅之」其後因「每署院官，宏、滂更相是非，莫有用者」，由是遵大曆故事，如劉晏、韓滉所分，〔註83〕以班宏爲關內河東劍南山南西道兩稅鹽鐵轉運事，另以張滂爲東都河南淮南江南嶺南山南東道兩稅鹽鐵轉運事。但此區域分掌制施行未久，便因班宏之卒，及裴延齡爲戶侍、判度支而罷，此後度支與鹽鐵乃益殊途而理。

鹽鐵使自王緯以浙西觀察使兼領後，先後有李若初及李錡繼其以地方方鎮兼領。其治所也由京口、朱方而於永貞元年（805）杜佑改理於揚州，此後鹽鐵使或理於長安，或理於揚州漸成定制。其時，若鹽鐵使理於江淮，則副使便爲「上都留後」，如李錡時的潘孟陽。反之，若鹽鐵使理於長安，則副使需長駐或巡行江淮，如元和年間王播之副使程异一般。〔註84〕此蓋因江淮地區爲唐海鹽主要產地，「揚子院，鹽鐵轉運委藏」之地，〔註85〕其又控制運河轉輸樞紐故也。

戶部本司的發展，自安史亂起，戶籍不整，版籍停造後，其功能似乎便陷於停頓。通典卷23職官紀戶部尚書郎中條云：

> 建中三年正月，戶部侍郎判度支杜佑奏：天寶以前戶部事繁，所以郎中員外各二人判署。自兵興以後，戶部事簡，度支事繁，唯郎中員外各一人，請回輟郎中員外各一人，分判度支案，待天下兵革已息，卻歸本曹，奉敕依。

此後有關戶部本司的史料便極缺乏。德宗貞元四年（788）以後，戶部本司才

〔註81〕同註76。
〔註82〕王夫之《讀通鑑論》，卷24，德宗，頁823。
〔註83〕《舊唐書》，卷123，班宏傳，頁3519。
〔註84〕《舊唐書》，卷49，食貨下，頁2120。另王怡辰《中晚唐榷鹽與政局的關係》第三章唐代的鹽政（下），頁111。
〔註85〕同註83。

有正式的經費收入。其時：

> 上以度支自有兩稅及鹽鐵榷酒錢物，以充經費，遂令收除陌錢，及
> 闕官料，並外官闕官職田及減員官諸料，令戶部侍郎竇參專掌，以
> 給京文武官員料錢，及百司紙筆等用。〔註86〕

舊唐書德宗本紀則謂：

> 李泌以京官俸薄，請取中外給用除陌錢，及闕官俸外一分職田，額
> 內官俸，及刺史執刀司馬軍事等錢，令戶部別庫貯之。以給京官月
> 俸，令御史中丞竇參專掌之。歲得錢三百萬貫，謂之戶部別處錢，
> 朝臣歲支不過五十萬，常有二百餘萬以資國用。〔註87〕

嚴耕望先生在「唐僕尚丞郎表」戶侍條考證中，認為竇參此時當以御史中丞
兼戶侍。〔註88〕戶部別處錢於此時雖未明言是由戶部本司掌理，但以其有別
於度支、鹽鐵所掌理錢物，及其後元和年間李絳以戶侍、判本司事時所奏：「請
諸州府闕官職田祿米，及見任官抽一分職田，所在收貯，以備水旱」，〔註89〕
可證此一戶部別處錢乃由戶部本司掌理。而戶部本司也由於此一固定經費收
入而地位益形重要。

貞元十三年（797）王純（紹）以兵部郎中判戶部，是可見史料中最早以
他官判戶部本司者。舊唐書卷123 王紹本傳紀其事曰：

> 貞元中，為倉部員外郎，時屬兵革旱蝗之後，令戶部收闕官俸，兼
> 稅茶及諸色無名之錢，以為水旱之備。紹自拜倉部，便準紹主判，
> 及遷戶部、兵部郎中，皆獨司其務。

其後如衛次公以右丞兼判戶部事，李絳由中書舍人、翰林學士承旨出院為戶
侍，判本司事，皆可見戶部本司地位已愈形重要。元和十三年（818）十月中
書門下奏：

> 戶部度支鹽鐵三司錢物皆繫國用，至於給納，事合分明。比來因循，
> 都不剖析，歲終會計，無以準繩，蓋緣根本未有綱條，所以名數易
> 為盈縮。伏請自今以後，每年終各令具本司每年正月一日至十二月
> 三十日所入錢數及所用數，分為兩狀入，來年二月內聞奏。〔註90〕

〔註86〕《唐會要》，卷58，戶部侍郎條，頁1011～1012。
〔註87〕《舊唐書》，卷13，德宗本紀下，頁364。
〔註88〕嚴耕望《唐僕尚丞郎表》（三），卷12，輯考四下戶侍，頁699。
〔註89〕同註86。
〔註90〕同註86。

以戶部三司之名稱,則應在此之前便已成立。然也在此之後,戶部三司職權才有更明細的畫分。

　　初唐以來尚書省戶部轄下四司,經安史之亂前後,因唐中央適時性的需要,金、倉二部職權或為它使侵及,或以他官為之,〔註91〕漸失其功能。此後史料中,雖仍偶見倉部郎中,員外郎等名目,但其所掌職權已與原倉部職權無關。至於戶部本司,則一度因國家內部動亂,版籍不造,而失其功用。及國內動亂稍安,戶部本司所掌如戶口、籍帳、賦役、孝義、優復、蠲免、婚姻、繼嗣、百官眾庶園宅等,〔註92〕漸又恢復。其後又因戶部別處錢的常費收入,使其地位益增重要,才足以和度支、鹽鐵二司鼎足。至遲度支職務,則由初唐時「掌支度國用租賦多少之數,物產豐約之宜,水陸道路之利,每歲計其所出,而支其所用」。〔註93〕至晚唐時,「以制用惜費,漸權百司之職,廣置吏員」,〔註94〕至其職掌則於兩稅初定時,便以國家正賦收入,由度支總統之。其後諸使職雖復,但度支以其掌理國家賦稅出納,仍占國家財政最重要地位,如權德輿於「論度支疏」中所云:

　　（前略）且度支所務,天下至重,量入為出,從古所難,使物無遺

　　利,而不可竭,竭則害生類;使無隱情,而不可刻,刻則傷人和。

　　調其盈虛,制其損益;上繫邦本,下繫元元。〔註95〕

貞元以後,鹽鐵使雖漸與度支分理。但元和初鹽鐵使李巽又以「累年糶鹽比類錢數具所收錢,除准舊例充鹽本外,伏請度支收管」,〔註96〕使得鹽鐵雖獨立於度支之外,但所收稅錢,仍大部分輸入度支供其出納。憲宗元和以後雖或仍有一人獨領三司者,但戶部三司分由專人掌理,已成財政制度的固定形式。

第三節　小　結

　　德宗即位後,因楊炎建議而罷去財經諸使,但不及三月便又逐漸恢復財經使職權。此後使職不論組織或人事,便不斷的面臨衝突與調整的局面。盧

〔註91〕《通典》,卷23,職官五典一三六。
〔註92〕同註91。
〔註93〕《大唐六典》,卷3,戶部度支郎中員外郎條,頁72。
〔註94〕《唐會要》,卷59,尚書省諸司下度支仗,頁1016。
〔註95〕《全唐文》,卷486,權德輿〈論度支疏〉,頁2229。
〔註96〕《冊府元龜》,邦計部山澤一,頁5898。

建榮先生在其「唐代財經專家之分析 —— 兼論唐代士大夫的階級意識與理財觀念」一文中，曾分別以個案研究的方式，就傳統士大夫的財經觀念與財經專家間的人際衝突作深入的研究。〔註97〕權力衝突是晚唐財政三司制度化過程中，背後潛藏的阻力與助力。而這一權力的運作，不僅包括傳統士大夫與財經專家間的衝突，更包括財經專家彼此所屬不同派系間的衝突，和中央與地方間的權力運作。以下再略就此作一簡單分析，以補前一節之不足。

財經諸使恢復後，職權一度陷於混亂。至貞元元年（785）的六年間，度支使六易其人，而其轄下轉運鹽鐵等使職權也數易其變。此時財經諸使的更替，明顯的是隨著宰臣的起罷而更替，朋黨的遺跡，仍沿襲著劉楊時的政治衝突。但劉晏時集諸使職權與全國財賦於一身的現象已不可復見。制度的混亂，雖不利於行政運作，但卻似可避免劉晏現象的再出現。

安史亂起，唐中央賦稅所由漸倚江南，政治中心與經濟中心的分離，使得唐中央特意經營東南財賦區的控制。及涇師之亂，德宗出幸奉天，其時「軍用既繁，道路又阻，關中饑饉，加之災蝗，江南、兩浙轉輸粟帛，府無虛月，朝廷賴焉」。〔註98〕而此時控制江南、浙西財賦區的便為鎮海軍節度使韓滉。而滉之是否忠心朝廷，曾引起德宗極大疑慮。〔註99〕及崔造條奏諸法，以罷諸財經使罔上之弊，盧建榮先生特指出，此乃造擬訂並執行德宗政策，欲奪久任江淮節帥韓滉控制全國經濟重心之權，並遣元琇任諸道鹽鐵轉運使，冀分韓滉之權以為削弱。〔註100〕中央與地方權力衝突的結果，使得崔造所條諸法皆改，並反以韓滉判度支諸道鹽鐵轉運使，然滉尋徵入朝，方解除了此一中央與地方對立的危機。

經此一變，韓滉卒後，貞元年間，遂又行區域分掌制及度支，鹽運分別條理，以分諸使之權。但江南地區財賦控制，仍隱然威脅著唐中央。貞元十五年（799）又以宗室李錡為浙西觀察使，兼諸道鹽鐵轉運使。但錡既得兼領財賦，遂盛貢獻以固恩澤，鹽鐵之利積於私室，最後謀反誅。〔註101〕元和初

〔註97〕盧建榮〈唐代財經專家之分析 —— 兼論唐代士大夫的階級意識與理財觀念〉，頁157～221。
〔註98〕《舊唐書》，卷129，韓滉傳，頁3601。
〔註99〕《資治通鑑》，卷231，德宗興元元年，頁7447～7448。
〔註100〕同註97，頁175。盧文此處略有錯誤，韓滉此時為鎮海節度，非全控江淮，時陳少遊鎮淮南，但無一物以助軍，反奪包佶財。另崔造所條財經諸法仍罷去諸使，此時元琇當為戶部侍郎判諸道鹽鐵榷酒事。
〔註101〕《舊唐書》，卷112，李國貞傳附錡，頁3341。

第六章　結　論

　　晚唐的財政與稅制，雖直接承自盛唐以來的混亂延續，尤其是使職的出現，及各種新名目的賦稅。但安史之亂，毋寧是更重要更直接的觸媒劑。至德元載（756）第五琦領山南等五道度支使，及作榷鹽法以資國用，更開啓了晚唐財政與稅制的走向。雖然如此，但是第五琦掌財賦時，並未對財政諸法有較合乎理性的改革，至劉晏時才對其所掌財政與稅制，作一通盤的規劃。而晚唐財政走向也非全循著自然時間之軌，平鋪直續的運作著，其間更包含了現實考量、決策需要、權力運作等重要的人爲理性與非理性成分在內。

　　權威性的決策過程中，一直脫離不了價值判斷、事實判斷及後果判斷。用這一標準來檢驗劉晏與楊炎兩者所作的財政改革，則劉晏似乎遠勝於楊炎。但政治的運作過程中同樣也脫離不了權力運作，整體情境轉變的考量，及最終決策者的理念、目的差異等，而這些現象，使得中晚唐，尤其是代宗、德宗二朝轉換之時，財政走向有一番新的開展。

　　兩稅法的產生自有其內在形成過程，除了夏秋兩徵的出現，及地方固定配率的形成，本文另外嘗試透過衝突理論，試圖理出兩稅形成前，背後所隱含的政治權力因素，期使人爲現象能更清晰的呈現。衝突過程中，除個人權力運作外，劉、楊的政治衝突，也牽涉到團體的利益衝突，兩個不同屬性的政治團體，通過核心分子的競爭，而終影響財政稅制的轉變。

　　兩稅法頒布後，楊炎所建議的部份徵稅原則，隨即略有改變。其中如「量出爲入」的原則，由唐中央的計其所出而賦其所入，卻因州縣的固定賦稅數，而演變成上供、留使、留州的分配數。另如徵錢的原則，也因政治、經濟中心的分離，所出與所需的不能調適，使得錢幣流通產生困難，而衍生折納制

的出現。而晚唐稅制，除了兩稅法的重新整齊中唐以來混亂的正稅體制外，山澤之利的開採，也漸成晚唐中央另一重要賦稅收入。這一系統的賦稅大抵以間接稅的方式出現，本文略加分析其徵稅方式，以延續第五琦、劉晏以來新開展出的稅制。

衝突過後的制度整合，使得晚唐財政三司，在制度化過程中，職掌迭經變化。通過不同黨派的權力運作，及地方與中央財政控制權的衝突，更增加了其過程中的變數，而這一切均可視作，劉、楊政治衝突的另一延續。

參考書目

一、重要史料

1. 王夫之：《讀通鑑論》，卷 30，臺北：里仁書局，民國 74 年 2 月出版。

2. 王欽若、楊億等：《冊府元龜》，卷 1000，臺北：臺灣中華書局，民國 70 年 8 月臺 3 版。

3. 王溥：《唐會要》，卷 100，臺北：世界書局，民國 71 年 12 月，第 4 版。

4. 王讜：《唐語林》，卷 8，《附校勘記》，臺北：世界書局，民國 64 年 4 月，第 3 版。

5. 元稹：《元稹集》，卷 60，外集 8 卷，臺北：漢京文化事業有限公司，民國 72 年 10 月初版。

6. 丘濬：《大學衍義補》，卷 160，補前書 1 卷，欽定四庫全書子部一，商務印書館，文淵閣本。

7. 司馬光：《資治通鑑》，卷 294，臺北：世界書局，民國 69 年 10 月，第 9 版。

8. 司馬遷：《史記》，103，臺北：鼎文書局，民國 68 年 2 月，第 3 版。

9. 白居易：《白居易集》，卷 71，外集 2 卷，臺北：漢京文化事業有限公司，民國 73 年 3 月初版。

10. 杜甫：《杜詩詳注》，卷 34，臺北：漢京文化事業有限公司，民國 73 年 3 月初版。

11. 杜佑：《通典》，卷 200，臺北：臺灣商務印書館，民國 76 年臺 1 版。

12. 李吉甫：《元和郡縣圖志》，卷 40，北京：中華書局，1983 年 6 月，第 1 版。

13. 李昉等：《文苑英華》，卷 1000，臺北：大化書局，民國 74 年 5 月初版。

14. 李昉等：《太平廣記》，卷 500，臺北：文史哲出版社，民國 76 年 5 月再版。

15. 李林甫：《大唐六典》，卷 30，臺北：文海出版社，民國 63 年 6 月，第 4版。

16. 沈括：《夢溪筆談》，卷 26，臺北：臺灣商務印書館，民國 72 年 6 月臺 5版。

17. 宋綬：《宋敏求合編》，《唐大詔令集》，卷 130（闕 23 卷），臺北：鼎文書局，民國 69 年 4 月再版。

18. 長孫無忌等：《唐律疏義》，卷 30，臺北：弘文館出版社，民國 75 年 3月初版。

19. 范祖禹：《唐鑑》，卷 34，臺北：臺灣商務印書館，民國 66 年 3 月臺 1版。

20. 柳宗元：《柳宗元集》，卷 45，外集 2 卷，臺北：漢京文化事業有限公司，民國 71 年 5 月出版。

21. 封演：《封氏聞見記》，卷 10，臺北：世界書局，民國 52 年 4 月初版。

22. 洪邁：《容齋隨筆》，卷 74，臺北：臺灣商務印書館，民國 68 年 6 月初版。

23. 馬端臨：《文獻通考》，卷 348，臺北：臺灣商務印書館，民國 76 年 12月臺 1 版。

24. 班固：《漢書》，卷 120，臺北：鼎文書局，民國 72 年 10 月，第 5 版。

25. 桓寬：《鹽鐵論》，卷 10，臺北：臺灣中華書局，民國 74 年 9 月臺 4 版。

26. 陸羽：《茶經》，卷 3，臺北：新興書局，民國 58 年 7 月發行。

27. 陸贄：《陸宣公奏議》，卷 22，臺北：世界書局，71 年 11 月出版。

28. 董誥等：《全唐文》，卷 1000，臺北：大化書局，民國 76 年 3 月初版。

29. 趙翼：《二十二史劄記》，卷 36，臺北：華世出版社，民國 66 年新 1 版。

30. 劉昫：《舊唐書》，卷 203，臺北：鼎文書局，民國 74 年 3 月，第 4 版。

31. 劉禹錫：《劉夢得文集》，卷 30，臺北：臺灣商務印書館，民國 68 年 11月臺 1 版。

32. 歐陽修、宋祁：《新唐書》，卷 225，臺北：鼎文書局，民國 74 年 2 月，第 4 版。

33. 顏眞卿：《顏魯公集》，卷 30，臺北：臺灣中華書局，民國 59 年 4 月臺 1版。

34. 韓愈：《韓昌黎文集校注》，卷 8，文外集上下集，臺北：漢京文化事業有限公司，民國 72 年 11 月出版。

35. 仁井田陞：《唐令拾遺》，卷 33，東京：東京大學出版會，1964 年發行。

二、一般論著

1. 王壽南：《唐代藩鎮與中央關係之研究》，臺北：大化書局，民國 69 年 9 月初版。

2. 王壽南，《唐代宦官權勢之研究》，臺北：正中書局，民國 60 年出版。

3. 王壽南，《唐代政治史論集》，臺北：臺灣商務印書館，民國 72 年 4 月，第 2 版。

4. 王怡辰：《中晚唐権鹽與政局的關係》，臺北：文化大學史學研究所，民國 78 年 6 月碩士論文未刊本。

5. 毛漢光：《唐代統治階層社會變動》，臺北：政大政研所，國家博士論文未刊本。

6. 毛漢光：《中國中古社會史論》，臺北：聯經出版事業公司，民國 77 年 2 月初版。

7. 毛漢光：《中國中古政治史論》，臺北：聯經出版事業公司，民國 78 年 1 月出版。

8. 全漢昇：《中國經濟史研究》，香港：新亞研究所，1976 年 3 月出版。

9. 李劍農：《魏晉南北朝隋唐經濟史稿》，臺北：華世出版社，民國 70 年 12 月出版。

10. 岑仲勉：《隋唐史》，北京：中華書局，1982 年，第 1 版。

11. 吳章銓：《唐代農民問題研究》，臺北：中國學術著作獎助委員會，民國 52 年 12 月初版。

12. 余英時：《中國近世宗教倫理與商人精神》，臺北：聯經出版事業公司，民國 76 年 1 月出版。

13. 易君博：《政治理論與研究方法》，臺北：三民書局，民國 73 年 9 月，第 4 版。

14. 金寶祥：《唐史論文集》，甘肅：人民出版社，1984 年 2 月第 2 次印刷。

15. 胡寄窗：《中國經濟思想史》，上海：人民出版社，1963 年 8 月出版。

16. 侯外盧：《中國封建社會史論》，臺北：谷風出版社，民國 77 年 6 月出版。

17. 郭沫若：《李白與杜甫》，臺北：帛書出版社，民國 74 年 7 月出版。

18. 陳寅恪：《陳寅恪先生文集》，臺北：里仁書局，民國 74 年 2 月出版。

19. 陳欽育：《唐代茶葉之研究》，臺北：文化大學史學研究所，民國 77 年 6 月碩士論文未刊本。

20. 侯家駒：《中國財金制度史論》，臺北：聯經出版社事業公司，民國 77 年 12 月出版。

21. 張澤咸：《唐五代賦役史草》，北京：中華書局，1986 年 10 月初版。

22. 傅築夫:《中國經濟史論叢》,臺北:谷風出版社,民國 76 年 12 月初版。

23. 趙岡、陳鐘毅:《中國經濟制度史論》,臺北:聯經出版事業公司,民國 75 年 3 月初版。

24. 趙岡、陳鐘毅:《中國土地制度史》,臺北:聯經出版事業公司,民國 72 年第二次印行。

25. 楊遠:《唐代的礦產》,臺北:學生書局,民國 77 年 12 月初版。

26. 曾仰豐:《中國鹽政史》,臺北:臺灣商務印書館,民國 76 年 6 月臺 4 版。

27. 楊淑洪:《唐代前後期財政權責之研究》,臺北:文化大學史學研究所,民國 76 年 6 月碩士論文未刊本。

28. 劉道元:《中國中古時期的田賦制度》,臺北:食貨出版社,民國 69 年 12 月臺灣再版。

29. 蔡文輝:《社會學理論》,臺北:三民書局,民國 73 年 3 月,第 3 版。

30. 鞠清遠、陶希聖:《唐代經濟史》,臺北:臺灣商務印書館,民國 57 年 7 月臺 1 版。

31. 鞠清遠:《唐代財政史》,臺北:食貨出版社,民國 69 年 12 月臺再版。

32. 鞠清遠:《劉晏評傳——附年譜》,臺北:臺灣商務印書館,民國 59 年月臺 1 版。

33. 嚴耕望:《唐史研究叢稿》,香港:新亞研究所,民國 58 年 10 月初版。

34. 嚴耕望:《唐僕尚丞郎表》,臺北:中央研就院歷史語言研究所,民國 45 年 4 月初版。

35. 加藤繁:《中國經濟史考證》,臺北:華世出版社,民國 70 年 9 月新版。

36. 池田溫:《中國古代籍帳研究》,臺北:弘文館出版社,民國 74 年 11 月初版。

37. 堀敏一:《均田制研究》,臺北:弘文館出版社,民國 75 年 9 月初版。

38. 日野開三郎:《唐代兩稅法の研究》,東京:三一書房,1982 年,第 1 版。

39. 克萊伯著、廖立文譯:《當代社會學理論》,臺北:桂冠圖書公司,民國 75 年 2 月初版。

40. 唐納著、馬康莊譯:《社會學理論的結構》,臺北:桂冠圖書公司,民國 74 年 10 月出版。

41. 羅素著、涂序瑄譯:《權力論》,臺北:國立編輯館出版,民國 71 年 10 月臺 7 版。

42. 崔維澤編、張榮芳主譯:《劍橋中國史——隋唐篇》,臺北:南天書局,民國 76 年 9 月初版。

43. D. C. TWITCHETT, FINANCIAL ADMINISTRATION under the T'ANG DYNATY, Cambridge University Press, 1970。

三、期刊論文

1. 王仲犖：〈唐代兩稅法研究〉，《歷史研究》，1963 年第 6 期，1963 年 12 月。

2. 毛漢光：〈中國中古賢能觀念之研究〉，《史語所集刊》，第 48 本，民國 66 年 9 月。

3. 吳楓：〈中唐的財政危機及其對策〉，收入《唐史研究會論文集》，陝西：人民出版社，1983 年 9 月，第 1 版。

4. 吳演南：〈劉晏何以能安定中唐經濟〉，《復興岡學報》，第 8 期，1970 年 6 月。

5. 岑仲勉：〈唐代兩稅法基礎及其牽連的問題〉，《歷史教學》，卷 25，第 6 期，1951 年 11～12 月。

6. 邱添生：〈由田制與稅制看唐宋間的歷史演變〉，《師大歷史學報》，第 4 期，1976 年 4 月。

7. 邱添生：〈由貨幣經濟看唐宋間的歷史演變〉，《師大歷史學報》，第 5 期，1977 年 4 月。

8. 邱添生：〈由政治形態看唐宋間的歷史演變〉，《大陸雜誌》，卷 49，第 6 期，民國 64 年。

9. 邱添生：〈論唐宋間的歷史演變〉，《幼獅月刊》，卷 47，第 5 期。

10. 黃國樞：〈劉晏的財政政策〉，《思與言》，卷 5，第 5 期，1968 年 1 月。

11. 楊聯陞：〈原商賈〉，收入余英時著《中國近世宗教倫理與商人精神·序》，臺北：聯經出版事業公司，民國 76 年 1 月初版。

12. 盧建榮：〈唐代財經專家之分析 —— 兼論唐代士大夫的階級意識與理財觀念〉，《史語所集刊》54 本第 4 分。

13. 盧建榮：〈唐代後期戶部侍郎人物的任官分析〉，《史語所集刊》54 本 2 分，民國 72 年 6 月。

14. 曾我部靜雄著，李明譯：〈兩稅法成立的由來〉，《大陸雜誌》，卷 20，第 3 期，1960 年 8 月。

15. 但尼斯推及特（Denis, Twitchett）：〈陸贄 —— 皇帝的顧問和朝廷的官史〉，收入《中國歷史人物論集》，臺北：中山學術文化基金董事會出版，民國 65 年 3 月臺 2 版。

作者簡介

馮藝超，國立政治大學法學碩士，著有《唐詩中和親主題研究》、《特別的字慧》專書及《子不語》、《聊齋》研究等相關論文，並先後在報章雜誌開闢「字裡人生」、「筆劃人生」、「字裡乾坤」及「一字見真章」等專欄。現任教於母校中國文學系，講授古典詩歌、古典小說等課程。

提　　要

　　本論文研究範圍自唐太宗貞觀八年（西元 634 年），吐蕃初次遣使朝唐而後文成公主下嫁起，至玄宗開元二十七年（西元 739 年），金城公主薨，唐蕃和親關係告終止，中間共一百零五年的史事。目的在探究唐朝與吐蕃和親的原因、經過，以及和親對雙方所造成之影響。全文除前言外，共六章十六節。第一章「緒論」，闡述和親的意義、淵源、演變及唐朝對和親政策的態度；第二章「唐蕃和親之背景」，就吐蕃的先世及其種性，唐蕃雙方對峙態勢的形成及基於事實上的需要等加以論析；第三、四章「文成、金城兩公主之和親」，就和親契機陳述吐蕃請婚的經過，與文成、金城兩公主入藏前後的情形探討當時的實際情況；第五章「唐蕃和親之效果與檢討」，就政治、軍事、經濟、文化以及其他方面對唐蕃雙方的影響作評估；第六章「結論」，除就全文作綜合性的總結外，對唐朝與吐蕃和親的得失提出看法。

目

次

前　言

　　根據人類學家、社會學家的研究，婚姻的目的，大體可分爲經濟的、生殖的和愛情的三方面。〔註 1〕雖然每一民族的取向與其所著重的程度不盡相同，但一般而言，仍是以「生殖」爲主。傳宗接代爲婚姻的最大任務，所謂「繁子孫」是也，經濟關係反居於較次的層面。然而國家與國家之間的聯姻，著眼點却在政治上的結合，不但在經濟上，以至於文化上往往亦憑藉婚姻關係的建立而得以推展。

　　又和親是建立政治聯繫的一種橋樑，但若雙方之間產生根本利害衝突時，或一方的力量較爲強大，足以兼併另一方時，則所建立的婚姻關係亦難以阻止彼此間之戰爭與吞併。歷史上記載的和親事件甚多，而在大多數的情況下都可看出已塗上政治色彩。唐朝與吐蕃的和親乃其中一例。

　　吐蕃自贊普松贊幹布登位後，始在西藏高原建立統一的王國。其時，中原的唐廷正值太宗在位，吐蕃的新興勢力，固未足與勢如中天的唐廷相頡頏，但初生之犢亦無所畏忌，反而銳意進取。其與唐廷締交未幾，即藉詞以武力犯邊，以試探唐廷之實力，及其失利後，乃遣使向唐請婚，實行以退爲進的策略。唐廷處於極爲有利的情勢下，竟接納認識未深之遠鄰而許結和親，箇中緣由爲何？乃引發筆者探討本文的動機之一。

　　唐廷先後以兩位公主下嫁吐蕃，但漢籍中有關文成公主的記載極其簡略，反觀藏籍却臚述甚詳；而金城公主則恰好相反，漢籍記載的多，藏籍反而少。其中是否有特別緣由？當時實際情形究竟如何？乃筆者欲探討本文的動機之二。

〔註 1〕阮昌銳：《中外婚姻禮俗之比較研究》，頁 2。

　　吐蕃與唐廷和親之前，仍爲一未完全開化的社會，但在雙方結爲婚媾之後，依附和親而建立的其他關係，對吐蕃政治、經濟、文化等多方面均有極其深切的影響。尤其是文化方面，今日西藏的文化，泰半皆採自中國，只有一小部分採自印度，〔註2〕無庸置疑，此乃唐蕃和親時所奠立的基礎。相對而言，唐廷所受影響雖然較少，但亦有深可注意者。此是筆者欲探討本文的動機之三。

　　此外，如當時人對和親所持的態度，乃至於公主以稚齡遠適異域，與出嫁後的心態，筆者亦極有興趣予以探索。

　　本文的研究範圍，自唐太宗貞觀八年（西元 634 年），吐蕃初次遣使朝唐而後文成公主下嫁起，至玄宗開元二十七年（西元 739 年），金城公主薨，唐蕃和親關係告終止，中間共一百零五年的史事。研究目的在探究唐朝與吐蕃和親的原因、經過，以及和親對雙方所造成之影響。全文除前言外，共六章十六節，約十二萬言。正文第一章「緒論」，就和親的意義、淵源與演變，及唐朝對和親政策的態度作一闡述。第二章「唐蕃和親之背景」，先介紹吐蕃的先世及其種性，再就雙方對峙態勢的形成，以及基於事實上的需要兩方面加以論析。第三、四章「文成、金城兩公主之和親」，就和親契機陳述吐蕃請婚的經過，與文成、金城兩公主入藏前後的情形探討當時的實際情況。第五章「唐蕃和親之效果與檢討」，就政治、軍事、經濟、文化以及其他方面對唐蕃雙方的影響作評估。第六章「結論」，乃就全文作綜合性的總結，並對唐朝與吐蕃和親的得失提出個人的看法。

　　在研究方法方面，主要是採用歷史學的角度，就手邊所蒐集的資料，予以分析、綜合、比較，間亦配合社會學、民族學的觀點。但因筆者未曾接受過有關的專門訓練，認知上難免不夠深入；加上本文標題有欠明確，多少在取向上造成混淆，此無疑是本文的一大缺失。其次在現實環境的限制下，吐蕃的原始資料未能蒐集周全，故不得不參考西方學者及日人的有關著作，但筆者才識俱淺，有關資料雖力求蒐集，但掛一漏萬，仍在所難免，此是本文的缺失之二。而最重要的一點是，吐蕃記述歷史事實失之簡略，甚且付諸闕如，故在有關事件上，未能與漢籍資料相比照，爲筆者最感棘手的一個問題。又吐蕃爲一絕對的宗教社會，藏人本身歷史觀念極爲淺薄，造成其歷史的記述「苟無宗教，則不足以動西藏人之心也」。〔註3〕因而吐蕃歷史多夾雜神話

〔註2〕柏爾著，宮廷璋譯：《西藏之過去與現在》，頁 18。
〔註3〕同前註，頁 17。

傳說，顯得矇昧難明，雖經剔羅爬梳，但扞格仍存，故筆者在撰作過程中，力求守持謹慎客觀的態度，以期求得此段歷史的眞象。

　　本論文能即時完成，首先應感謝林所長恩顯的安排，使筆者在論文大綱口頭報告研討會上，得有機會聆聽王壽南、王吉林兩位教授提出中肯而寶貴的意見，對本論文在架構、資料取向、以及觀念的啓廸上裨益甚多，指導教授蕭師金松的諄諄善誘，在百忙中能費神予以詳細批閱，更使筆者感激萬分，又學友們的熱心幫助，在此亦致上最由衷的謝意。

※　本論文早於民國 74 年完成，爲保留原作面貌，故全文未作一字更動，筆者謹識。

第一章 緒 論

第一節 和親之意義

「和親」一詞，見於《周禮》、《禮記》、《左傳》等書。然其意義僅被解釋爲「和睦相親愛」。

《周禮・地官比長》：「五家相受相和親」。〔註1〕

《周禮・秋官象胥》：「掌傳王之言而諭說焉，以和親之」。〔註2〕

《禮記・樂記》：「是故，……在閨門之內，父子兄弟同聽之，則莫不和親」。〔註3〕

《左傳・襄公二三年》：「中行氏以伐秦之役怨欒氏，而固與范氏和親」。〔註4〕

但除此之外，「和親」尚包含下列幾種意義：如名分的確定、下嫁公主、賜與以及互市等。〔註5〕《資治通鑑》卷一八四〈隋紀八〉載：

義寧元年（西元617年）六月己卯，李建成等至晉陽。劉文靜勸李淵與突厥相結，資其士馬以益兵勢。淵從之。自爲手啓，卑辭厚禮，遺始畢可汗云：「欲大舉義兵，遠迎主上，復與突厥和親，如開皇之

〔註1〕《周禮注疏及補正》：《周禮》十二〈地官司徒〉，頁21。
〔註2〕書同前。《周禮》三八〈秋官司寇下〉，頁28。
〔註3〕《禮記集解》十〈樂記第十九〉，頁946。
〔註4〕《左傳會箋》第十七〈襄二三〉，頁4。
〔註5〕參見林師恩顯：〈中國歷朝與邊疆民族的和親政策研討〉，文載《中央研究院國際漢學會議論文集》，頁326。

時。若能與我俱南，願勿侵暴百姓；若但和親，坐受寶貨，亦唯可汗所擇」。〔註6〕

又卷二三三〈唐紀四九〉載：

德宗貞元三年（西元787年），……臣（宰相李泌）今請以書與之約，稱臣爲陛下子，每使來不過二百人、印馬（互市馬）不過千匹、無得攜中國人及商胡出塞。五者皆能如約，則主上必許和親。……既而回紇可汗遣使上表稱兒及臣，凡泌所與約五書，一皆聽命。〔註7〕

可見早在春秋戰國時期，兩國交好，便已相互結爲姻親。如《左傳·隱公元年》載：「初，鄭武公娶於申，曰武姜」。〔註8〕而夷夏通婚，亦屬常事。如《史記》卷三二〈齊太公世家第二〉載：「齊靈公娶戎姬」。〔註9〕又卷三九〈晉世家第九〉載：「狄伐咎如。得二女，以長女妻重耳」。〔註10〕但在當時並非稱之爲「和親」。至於後來爲一般人所熟知的中原民族與邊疆民族，因和議而諦結爲姻親——即下嫁公主，由岳婿（或舅甥）關係所依附的「和親」，則從漢朝開始。

《史記·劉敬傳》：「（高祖）取家人子名爲長公主，妻單于，使劉敬往結和親約」。〔註11〕

《漢書·汲黯傳》：「與胡和親，毋起兵」。〔註12〕

《後漢書·南匈奴傳》：「單于不忘漢恩，追念先祖舊約，欲修和親」。〔註13〕

就和親的基本思想觀念而言，和親（或稱和番，此乃中原對與結婚媾的邊疆民族自我矜飾之語。番與蕃通，爲當時對邊疆民族的鄙稱。）雙方——中原與邊疆民族各有不同的看法。

中原方面，似乎比較重視政治名分的關係。中原農業社會下的家族親屬制度，是以家族爲核心，而家族則建立在「子嗣」的觀念上，子嗣乃來自婚姻。且中原社會素有「舅甥」、「姑姪」的特權親暱（Joking relationship）的習

〔註6〕《資治通鑑》卷一八四〈隋紀八〉恭帝義寧元年條，頁5737。

〔註7〕《資治通鑑》卷二三三〈唐紀四九〉德宗貞元三年條，頁7504。

〔註8〕《左傳會箋》第一〈隱元〉，頁19。

〔註9〕《史記會注考證》卷三二〈齊太公世家第二〉，頁41。

〔註10〕《史記會注考證》卷三九〈晉世家第九〉，頁39。

〔註11〕《史記會注考證》卷九九〈劉敬叔孫通列傳第三九〉，頁9。

〔註12〕《漢書》卷五十〈張馮汲鄭列傳第二十〉，頁1100。

〔註13〕《後漢書》卷八九〈南匈奴列傳第七九〉，頁1059。

慣，可見婚姻關係在中原社會中非常的重要。〔註14〕因此漢代有劉（婁）敬獻和親計策。而中原人對「和親」觀念的具體表現，是希望藉公主爲橋樑以建立姻親關係，從而產生左右可汗、監視可汗的政治作用，進而達成避戰求和的目的。除下嫁公主，相互結爲姻親外，或相約爲兄弟，或締交爲父子，史書上亦多見記載。倘若名分能夠得到確定，才可以獲得實際的利益。換言之，「和親」是一種羈縻手段——藉以保持雙方的和好關係。使強者不爲害，進而助我；弱者聽命於我，不依附強敵而爲亂。在外交的運用上，亦可藉「和親」以拉攏、排擠、離間，甚至於分化敵國。此外，互結軍事同盟，則爲和親後的義務行動。如唐太宗貞觀二十二年（西元648年），吐蕃助王玄策討平中天竺，以及高宗即位時，弄贊以書貽長孫無忌曰：「天子初即位，下有不忠者，願勒兵赴國共討之」。〔註15〕可爲佐證。

　　邊疆民族方面，則比較重視經濟性的賜與及互市。中原朝廷的和親，爲了誇示大國之風，在妝奩與禮節項目上，非常講究，公主出降，往往饋贈豐厚。如金城公主出降吐蕃，「帝念主幼，賜錦繪別數萬，雜伎諸工悉從，給龜茲樂」。〔註16〕而平常使節的往還，亦多所饋贈，史書上屢有記載。如《全唐文》卷二一〈玄宗親征吐蕃制〉云：「爰自昔年，慕我朝化，申以婚姻之好，結爲甥舅之國。歲時往復，信使相望，繒繡以益其饒，衣冠以增其寵」。〔註17〕可見邊疆民族藉和親關係，在經濟上可獲得豐厚的贈與；在貿易上，亦能確保中原物質的源源供應，以補救其民族在食糧與衣物日用品的不足。〔註18〕所以「和親在經濟意義，或貿易的意義上，有極重大之作用」。〔註19〕

　　除了求經濟性的賜與及互市〔註20〕之外，邊疆民族所以重視和親，一方面也是爲了「名譽」上的追求。亦即在政治外交的策略上，攀附大國，藉大

〔註14〕同註5。
〔註15〕《新唐書》卷二一六〈吐蕃上〉，頁6074。
〔註16〕同前註，頁6081。
〔註17〕《全唐文》卷二一〈玄宗親征吐蕃制〉，頁286。
〔註18〕同註5。
〔註19〕參見札奇斯欽：《北亞游牧民族與中原農業民族間的和平戰爭與貿易之關係》，頁183。
〔註20〕「賜與」一項可包括：公主嫁奩、及賜可汗、大臣之禮物。「互市」一般以中原之絲絹布、金銀器飾、農業食糧等與游牧民族之家畜、方物等互作交易。可參閱《冊府元龜》卷九九九外臣部互市條，或《資治通鑑》卷二一二〈唐紀二八〉玄宗開元九年條。

國的「威靈」以求其內部和諧，進而統率其周邊民族。《新唐書・吐蕃傳上》載：「（弄贊）自以其先未有昏帝女者，乃爲公主築一城以夸後世」。〔註21〕又《舊唐書・突厥傳上》載突厥默棘連請婚於唐，「頻請不得，實亦羞見諸蕃」。〔註22〕便可得知一二。

總而言之，「和親」並非只是中原公主下嫁邊疆民族而締結成的婚姻關係，而是以公主的遠嫁異域爲基礎，再結合雙方確定的名分，以及資送厚賜和特許互市，乃至於締結軍事同盟等親善關係的總稱，此蓋爲較確切的解釋。

第二節　和親政策之淵源與演變

由上節所分析的和親意義，可見和親在政治上的作用甚大。此種依附岳婿、舅甥關係所建立的「和親」，至西漢初年始被採定爲國家政策而加以運用。但早在春秋戰國時期，即有類似的華夷聯姻之邊防觀念產生。周襄王時，曾因狄人助王師伐鄭國，而欲取狄女爲后以爲回報，大夫富辰力諫不可，且陳述七德加以勸止，其言：

> 夫狄無列於王室，鄭伯南也，王而卑之，是不尊貴也。狄，豺狼之德也，鄭未失周典，王而蔑之，是不明賢也。平、桓、莊、惠皆受鄭勞，王而棄之，是不庸勳也。鄭伯捷之齒長矣，王而弱之，是不長老也。狄，隗姓也，鄭出自宣王，王而虐之，是不愛親也。夫禮，新不間舊，王以狄女間姜、任，非禮且棄舊也。〔註23〕

《左傳》對周襄王的聯狄伐鄭，且欲夷夏和親，亦謂：「報者倦矣，施者未厭，狄固貪淋，王又啓之」。〔註24〕此固因其時華夷之防甚嚴，亦因戎狄雖侵擾諸夏，然尚不足以爲患，故和親與否實無關宏旨，遑論制爲政策加以運用。至漢高祖之時，匈奴強盛，與漢遂成兩強並峙之勢。七年（西元前200年），韓王信叛走匈奴，更對漢朝安全構成威脅。高祖爲鞏固漢家基業，乃傾全國之力，親率三十二萬大軍北擊匈奴，未料中埋伏，困於平城之白登七晝夜，內外不得相救援，後幸賴陳平秘計方得以脫身，故深感徒以武力難驅退頑敵，乃問計於奉春君劉敬。《漢書》卷四三〈劉敬傳〉云：

〔註21〕同註15。
〔註22〕《舊唐書》卷一九四〈突厥上〉，頁5176。
〔註23〕《國語》卷二〈周語中〉，頁50～51。
〔註24〕《左傳會箋》第六〈僖二四〉，頁52。

高帝罷平城歸，……當其時，冒頓單于兵彊，控弦四十萬騎，數苦北邊。上患之，問敬。敬曰：「天下初定，士卒罷於兵革，未可以武服也。冒頓殺父代立，妻羣母，以力爲威，未可以仁義說也。獨可以計久遠子孫爲臣耳，然陛下恐不能爲。」上曰：「誠可，何爲不能！顧爲奈何？」敬曰：「陛下誠能以適長公主妻單于，厚奉遺之，彼知漢女送厚，蠻夷必慕，以爲閼氏，生子必爲太子，代單于。……冒頓在，固爲子壻；死，外孫爲單于。豈曾聞外孫敢與大父亢禮哉？可毋戰以漸臣也。若陛下不能遣長公主，而令宗室及後宮詐稱公主，彼亦知不肯貴近，無益也。」高帝曰：「善。」欲遣長公主。呂后泣曰：「妾唯以一太子、一女，奈何棄之匈奴！」上竟不能遣長公主，而取家人子爲公主，妻單于。使敬往結和親約。〔註25〕

高祖採納劉敬計策而與匈奴結爲姻親，故開啓「和親」的先例。至於「和親」的功過，歷代多所爭議，然持論難一，但審時度勢，後世亦有採行者，唐朝尚且視爲經邦治邊的良謀。以兩漢言之，自高祖取家人子爲公主下嫁匈奴，後世沿循其例，先後與匈奴五度和親；對中亞細亞的烏孫，亦曾兩度以宗女下嫁；與西域的鄯善，亦曾互結婚媾。但漢朝與匈奴的和親，於宣帝以前，不無受脅忍辱的意味；而與烏孫和親，則爲政治外交上的運用，藉以結合軍事同盟以加強對匈奴的牽制。〔註26〕

　　南北朝之際，天下成割據之勢，入主中原華北而建立北朝諸王朝者雖爲邊疆民族，然以其多採漢地的制度文化，且甘慕漢化，故對北方各游牧民族亦採用和親之策；再加上北朝君主原爲北地邊民，民族觀念極見薄弱，除樂意與漢族互結姻親外，對其他邊疆民族，更時見「交換式」的婚姻。〔註27〕當時，北方游牧民族代表者爲鮮卑族的柔然，繼之而起者爲突厥。北魏、北齊、北周皆曾積極爭取結好和親。《隋書》卷八四〈列傳四九·北狄突厥傳〉載：「周、齊爭結姻好，傾府藏，以事之」。〔註28〕可知當時中原朝廷以和親

〔註25〕《漢書》卷四三〈酈陸朱劉叔孫列傳第十三〉，頁1030～1031。

〔註26〕同註5。

〔註27〕除中原朝廷下嫁公主予邊疆游牧民族外，也有少數強大之游牧君長自願將公主嫁予中原朝廷者。如雙方相互下嫁公主時，即爲交換或相互式之和親。北魏之與柔然和親，柔然也於延和三年（西元432年）下嫁公主予北魏世祖爲夫人；又北齊以蘭陵公主妻阿那瓌可汗，（柔然）阿那瓌可汗也嫁愛女予北齊獻武王等即是。（參見《魏書·蠕蠕傳》，或《齊書·祖珽傳》）。

〔註28〕《隋書》卷八四〈列傳第四九·北狄突厥〉，頁929。

為手段，引外力以自重自保。

及至隋朝，中原朝廷再見統一，北方強大的突厥則分裂為二，然隋與突厥和親竟亦達七次之多，蓋隋朝為免突厥為害，故利用其內部不和，先行撫馴各部，以達分化離間的目的。而與吐谷渾、高昌的和親，則是欲藉彼等為耳目，進而求西陲的安定。

第三節　唐朝之和親政策

和親政策，於唐朝特見盛行。高祖未定關中，即欲行和親之策以懷柔突厥。曰：「我當用長策以馭之，和親而使之，令其畏威懷惠，在茲一舉」。〔註 29〕然此僅其早年的策劃，和親並未見諸事實。既代隋而有天下，武德五年（西元 622 年），始「遣使賂突厥頡利可汗，且許結婚」。〔註 30〕武德八年（西元 625 年），西突厥統葉護可汗遣使請婚，高祖謂裴矩曰：「西突厥道遠，緩急不能相助，今求婚，何如？」對曰：「今北狄方強，為國家今日計，且當遠交而近攻。臣謂宜許其婚以威頡利；俟數年之後，中國完實，足抗北夷，然後徐思其宜。」遂從之。〔註 31〕此亦只聞許婚，未聞公主下降。唐廷的對外和親，實始自太宗貞觀十三年（西元 639 年）以宗室女弘化公主，下嫁吐谷渾烏也拔勒豆汗慕容諾曷鉢。

考唐世與中原發生關係的周邊民族亦特見隆盛，計北方有東、西突厥、回紇、鐵勒、流鬼、黠戛斯；西方與極西方有高昌、龜茲、党項、吐谷渾、焉耆、疏勒、于闐、罽賓、吐蕃、康國、波斯、大食、拂菻、甘棠、朱俱波、泥婆羅、石國；東方有日本、高麗、新羅、百濟；東北方有靺鞨、渤海、奚、奚（契）丹、霫、室韋、蒙兀；西南方以及海外有南詔、林邑、驃國、真臘、東謝蠻、南平獠、牂牁蠻、婆利、盤盤、陁洹、訶陵、墮和羅、墮婆登等。〔註32〕而與唐廷結為姻親關係者有突厥、吐谷蕃、吐蕃、奚、契丹、回紇、南詔、寧遠國八國。其中與回紇和親八次最多，其次突厥五次、契丹四次、吐谷渾與奚各三次，吐蕃兩次，寧遠國與南詔各一次（參見表一）。

〔註29〕唐溫大雅《大唐創業起居注》，卷一，頁 1～2。轉引自鄺平樟：〈唐代公主和親考〉，文載《史學年報》二卷 2 期，頁 24。

〔註30〕《資治通鑑》卷一九○〈唐紀六〉高祖武德五年條，頁 5948。

〔註31〕《資治通鑑》卷一九一〈唐紀七〉高祖武德八年條，頁 5995。

〔註32〕參見鄧之誠：《中華二千年史》，卷三，頁 133～137。

　　唐初，突厥已分東、西兩部。而唐之所以和親西突厥，實因天下初定，國內亟需息戰以安民，故採遠交近攻，以夷制夷之法，拉攏西突厥以牽制東突厥。至於與吐谷渾的和親，乃因吐谷渾駐牧於青海地區，介於唐與吐蕃兩大國之間，故而相與結納。另奚與契丹均爲東胡族系，處於唐與突厥兩大勢力之間的小部落，其於突厥帝國的內部結構中，常屬於外圍屬部地位，故唐朝亦予拉攏，以求孤立及削弱突厥的勢力。中唐之後，北方的回紇，西方的吐蕃，以及西南的南詔，並爲唐室主要外患。吐蕃的盛衰幾與唐朝相始終，故唐廷於其興起之初即與結和親以爲羈縻。而唐與回紇、南詔的和親，乃欲藉彼此建立的姻親關係，以求共同對抗吐蕃。其中唐、回的和親更是唐朝對邊疆民族和親政策的重點所在，因唐廷曾三度以正式公主下嫁回紇，意義自非尋常。

　　中原朝廷的實施和親政策，一般而言，多於朝代初創之際或內亂發生之時，本「攘外必先安內」的原則，對外便不得不採取和緩、忍耐的政策，以培養國力；或正逢強敵壓境，爲減少戰爭犧牲，乃藉以夷制夷、離間分化、遠交近攻的政治外交手段，以期聯弱敵強、孤立主敵，臻而求得瓦解敵國的契機。〔註 33〕和親的請求，歷次均爲外蕃主動提出，能否成事，則端視中原朝廷的決定。外蕃請婚於唐，唐朝不許者，依據《冊府元龜》卷九七八、九七九中有關外蕃求婚而爲唐朝拒婚事例計達十八次之多（參見表一）。

　　唐朝和親的普遍，實遠勝前時代。考究其原因，乃唐廷夷夏之防的觀念極爲淡薄。影響所及，其民族政策自亦與前朝迥然有異，而太宗尤爲倡議實行最力者，再述如下：

　　先秦以還，夷夏界線極嚴。諸夏視夷狄爲犲狼之德，貪淋無厭。《國語・周語》載：「夫戎、狄，冒沒輕儳，貪而不讓。其血氣不治，若禽獸焉」。〔註 34〕《左傳》中亦見記載：「（閔公元年）管敬仲言於齊侯曰：『戎狄犲狼，不可厭也』」。〔註 35〕又成公四年，季文子反對聯楚叛晉，曰：「史佚之志有之，曰：『非我族類，其心必異，楚雖大，非吾族也，其肯字我乎』」。〔註 36〕縱然是唐太宗的寬厚，也曾說：「戎狄人面獸心，一旦微不得意，必反噬爲害」。〔註 37〕但其夷夏

〔註 33〕參見林師恩顯：〈唐朝對回鶻的和親政策研究〉。文載《國立政治大學邊政研究所年報》第 1 期，頁 266。另參見註 5，頁 328～329。

〔註 34〕同註 23，頁 62。

〔註 35〕《左傳會箋》第四〈閔元〉，頁 1～2。

〔註 36〕《左傳會箋》第十二〈成四〉，頁 41～42。

〔註 37〕《通鑑紀事本末》卷第二十八，頁 1359。

一家的觀念，卻爲往昔所未有。其謂：「朕於戎狄，所以能取古人所不能取，臣古人所不能臣者，皆順眾人之所欲故也。」復謂：「自古皆貴中華，賤夷、狄，朕獨愛之如一，故其種落皆依朕如父母」。〔註38〕觀其對待諸胡，或任用爲邊將，或拜爲朝臣，或與置羈縻府州，至「……其酋長任職中央，五品以上者百餘人，殆與朝士相半，因而入居長安者近萬家」。〔註39〕由此可見太宗所言屬實。或有認爲李唐皇室，乃起源於北朝胡化的漢人，承接異族累葉的政權，故能孕育出此種觀念，亦可謂信而有徵。〔註40〕謝海平氏謂唐代君主對待夷狄的態度皆本乎仁，並將其表現的方式歸納出九點，臚列甚詳，可資參證。〔註41〕

　　明憲宗於御製《貞觀政要・序》中云：「三代而後，治功莫盛於唐，而唐三百年間，尤莫若貞觀之盛」。〔註42〕貞觀四年（西元630年）的降服突厥，乃至於四夷君長詣闕請太宗爲天可汗，〔註43〕誠爲亙古未有的盛事。然太宗有鑑於歷朝亡國之君莫不以武力始，以武力終，故「務靜方內而不求鬪土」。四夷既服，便即依從魏徵建議偃武修文，一意追求以德治夷。太宗帝範曰：「夫兵甲者，國家兇器也。土地雖廣，好戰則人凋；中國雖安，忘戰則人殆，凋非保全之術，殆非擬寇之方，不可以全除，不可以常用」。〔註44〕故此若非外族有意尋釁，犯唐疆土，則太宗必懷之以德。《資治通鑑》卷一九三〈唐紀九〉載：

　　　　（貞觀四年五月）林邑獻火珠，有司以其表辭不順，請討之，上曰：
　　　　「好戰者亡，隋煬帝、頡利可汗皆耳目所親見也。小國勝之不武，
　　　　況未可必乎！語言之間，何足介意」。〔註45〕又（貞觀五年）康國請
　　　　歸附，太宗未許，其謂侍臣曰：「前代帝王，大有務廣土地，以求身
　　　　後之虛名，無益於身，其人甚困，假令於身有益，於百姓有損，朕
　　　　必不爲，況求虛名，而損百姓乎」。〔註46〕

他族自來歸附，太宗却不以鬪土爲喜，反以勞及百姓而憂。由此可知太宗原

〔註38〕《資治通鑑》卷一九八〈唐紀十四〉太宗貞觀二一年條，頁6247。
〔註39〕《資治通鑑》卷一九三〈唐紀九〉太宗貞觀四年條，頁6078。
〔註40〕參見傅樂成：〈唐代夷夏觀念之演變〉，文載《漢唐史論集》，頁210。又王壽南：
　　　　《唐代藩鎮與中央關係之研究》，第七章，第一節「唐人之種族觀念」，頁312。
〔註41〕謝海平：《唐代蕃胡生活及其對文化之影響》，頁228～230。
〔註42〕《貞觀政要・明憲宗序》，頁1。
〔註43〕同註39，頁6073。
〔註44〕《貞觀政要》卷九〈征伐第三五〉，頁10。
〔註45〕同註39，頁6078～6079。
〔註46〕同註44，頁4。

無併吞憑陵他族之心，且其相信若「治安中國，而四夷自服」。〔註47〕太宗薄征伐而喜和親，在位二十三年間，外族請婚者不下八次之多，太宗或許或不許，或許而未予（參見表一）。可見和親政策在太宗之時的確時被採用。《資治通鑑》又載：

> （貞觀十六年冬十月）上謂侍臣曰：「薛延陀屈強漠北，今御之止有二策，苟非發兵殄滅之，則與之婚姻以撫之耳，二者何從？」房玄齡對曰：「中國新定，兵凶戰危，臣以為和親便。」上曰：「然，朕為民父母，苟可利之，何愛一女」。〔註48〕

其析和親政策的作用云：「北狄風俗，多由內政，亦即生子，則我外孫，不侵中國，斷可知矣。以此而言，邊境足得三十年來無事」。〔註49〕故對「諸蕃娶漢婦不加禁止」。〔註50〕若非其對夷夏之防的觀念淡薄，或不能見和親政策的普遍施行。姑且不論和親政策的成效如何，唐廷的對外和親，要皆為恩威之施，以其有堅強的武備作後盾。外族請婚，許與不許，權皆在唐，不似漢朝因受脅迫而屈辱結親。唐高宗即位之初，吐谷渾已見勢弱，加上內亂，且吐蕃伺於境外，高宗竟還以宗女妻諾曷鉢長、次子，〔註51〕此無疑是唐廷為顯示恩德的表現。縱言唐廷之所以與吐谷渾結親，目的是使其掣肘吐蕃，但若非唐廷視和親政策為治邊的良圖，未必便如此施為。此當可歸因於唐廷對夷夏之防的觀念淡薄，而後才能達到「夷夏一家」的境地。

〔註47〕《資治通鑑》卷一九六〈唐三九〉太宗貞觀三年條，頁 6067。
〔註48〕《資治通鑑》卷一九六〈唐紀十二〉太宗貞觀十六年條，頁 6179～6180。
〔註49〕同註 44，頁 6。
〔註50〕《唐會要》卷一百，頁 1796。
〔註51〕《新唐書》卷二二一〈西域上〉，頁 6227。

第二章　唐蕃和親之背景

第一節　吐蕃之先世及其種性

　　吐蕃在唐以前的歷史，學者以為多不可徵信，而視之為神話傳說時代，直到松贊幹布的出現，才轉入信史時期。〔註1〕

　　大凡一民族的起源，莫不與神話傳說相牽連，吐蕃自也不例外。據藏人自述其先世，或是藏文的歷史記載，多稱自己是獼猴與羅刹鬼的苗裔。《西藏紀年史》云：

> 釋迦牟尼圓寂後，觀世音菩薩化身為一猿猴，降臨西藏地方，修道於一黑山中。山中有一女魔，化身為一猿猴，來菩薩處作種種求愛表示。菩薩無動於衷。女魔曰：「汝若不允與我結為夫婦，我將與別一男魔結婚，生無數之幼魔，西藏行將變為魔鬼世界，食盡一切動植物！」菩薩聞言，菩提心發動，遂與女魔同居。產子女六人，父以神穀飼之，體毛漸脫，尾漸消失。此六子中有父之遺傳者，性情溫和，言詞伶俐，修道為善。得母之遺傳者，性情惡劣，舉止野蠻。
>
> 〔註2〕

薩迦瑣南堅參著西藏王統記、高僧沈朗絳村著西藏政教史鑑、及佛典「瑪尼康普穆」等，也有類似的記載。〔註3〕至於其王族的由來，據《西藏紀年史》

〔註1〕李霖燦，〈西藏史〉。文載《邊疆文化論集（三）》，頁345。
〔註2〕同前註，頁340。
〔註3〕福憧著，王沂暖譯：《西藏王統記》，頁10～13。又沈朗絳村著，任乃強譯：〈西

云：

> 印度阿育王之後裔名瑪甲巴與結丁者，二人爲孿生子，因政見不睦，
> 瑪甲巴之太子，被放逐至藏地。或謂太子手腳趾間有璞，眼皮由下
> 向上翻遮，如鳥雀然。其父認爲非人形，不祥，故逐之西藏。由眞
> 塘之貢比拉山下降，爲郊原牧人所見，詢從何處來？太子以手指天，
> 意爲自此山上來。牧人乃以爲神自天降，遂肩回部中，擁之爲王。
> 稱之爲仰賜贊普（意爲肩輿上之霸者）。〔註4〕

無論如何，吐蕃民族一如其他民族，起初分爲許多部落，各有酋長，不相統攝。其由部落結合而爲王國，據史乘所載，殆當南北朝時期。

《舊唐書》卷一九六〈吐蕃上〉：

> 吐蕃，在長安之西八千里，本漢西羌之地也。其種落莫知所出也，
> 或云南涼禿髮利鹿孤之後也。利鹿孤有子曰樊尼，……樊尼乃率眾
> 西奔，濟黃河，逾積石，於羌中建國，開地千里。……遂改姓爲窣
> 勃野，以禿髮爲國號，語訛謂之吐蕃。其後子孫繁昌，又侵伐不息，
> 土宇漸廣。歷周及隋，猶隔諸羌，未通於中國。〔註5〕

《新唐書》卷二一六〈吐蕃上〉：

> 吐蕃本西羌屬，蓋百有五十種，散處河、湟、江、岷間；有發羌、
> 唐旄等，然未始與中國通。居析支水西。祖曰鶻提勃悉野，健武多
> 智，稍并諸羌，據其地。蕃、發聲近，故其子孫曰吐蕃，而姓窣勃
> 野。或曰南涼禿髮利鹿孤之後。〔註6〕

由此亦可見「吐蕃」名稱的由來。又據通典所載，謂吐蕃在魏末，因中華擾亂，招撫群羌，日以強大。〔註7〕惟其歷周及隋，因隔於諸羌的緣故，而未能與中國交通。直至唐太宗貞觀八年（西元634年），贊普松贊幹布遣使向唐廷報聘，始展開其歷史扉頁。松贊幹布(Song-tsen-sGam-Po, སྲོང་བཙན་སྒམ་པོ།)〔註8〕——據李霖燦氏引格桑悅希所編之西藏史講義——爲吐蕃王室第三十

藏政教史鑑〉，第七章「藏族由來」。文載《康導月刊》第三卷第2、3期，頁
19～20。又佛典「瑪尼康普穆」，轉引自王成聖：〈西藏漫談〉。文載《中外雜
誌》第一卷第1期，頁17。

〔註4〕同註1，頁341。

〔註5〕《舊唐書》卷一九六〈吐蕃上〉，頁5219。

〔註6〕《新唐書》卷二一六〈吐蕃上〉，頁6071。

〔註7〕《通典》卷一九〇〈邊防六〉吐蕃條，頁1022。

〔註8〕王忠《新唐書吐蕃傳箋證》頁34引《西藏佛教史》云：「西藏佛教史稱棄宗

二代贊普。乃是吐蕃史上一代令主，十三歲即王位後，開疆拓土，南越喜馬
拉雅山，侵入印度降藍摩、尼波羅（即尼泊爾）；佔據西域諸國；兼併吐谷渾；
憑臨隴右，建立統一王國——吐蕃王國。〔註9〕

　　洪滌塵《西藏史地大綱》：

　　　　若夫憑藉西藏爲根據地，併吞青海全部，包有天山南路及雲南等地

　　　　建立統一王國，獨樹一幟，以與漢族東西對峙，則自唐時之吐蕃起，

　　　　而西藏正史之開演，亦即以此始也。〔註10〕

依此而言，吐蕃建立統一王國的時間，當在《新唐書》所言瘕悉董摩下降至
第七代松贊幹布朝。因其時吐蕃已與中國互通音問，兩方史乘能相互參證，
信而有徵。

　　唐時吐蕃，即今日的西藏地區。《新唐書》云其「地直京師西八千里，距
鄯善五百里，勝兵數十萬」。〔註11〕公元七世紀時，蘇毗（即隋書之女國，亦
即孫波）、大、小羊同、白蘭、党項、附國、吐谷渾諸鄰國先後爲其征服、兼
併。〔註12〕儼然成爲唐室西陲的大國。

　　吐蕃雖是亦牧亦耕的民族，然其種性蓋與採取行國制的游牧民族相近。
《舊唐書·本傳》載「其地氣候大寒，不生秔稻，有青稞麥、礜豆、小麥、
喬麥。畜多犛牛豬犬羊馬。……其人或隨畜牧而不常厥居」。〔註13〕《新唐書》
亦言其「國多霆、電、風、雹、積雪，盛夏如中國春時，山谷常冰。地有寒
瘴，中人輒痞促而不害。其贊普居跋布川，或邏娑川，有城郭廬舍不肯處，
聯毳帳以居」。〔註14〕求證於高宗咸亨三年（西元 672 年）四月，吐蕃大臣仲
琮入朝應對語，則知其民族確實有困苦的一面，其謂：「吐蕃居寒露之野，物
產寡薄，烏海之陰，盛夏積雪，暑氐多裘。隨水草以牧，寒則城處，施廬帳。
器用不當中國萬分一」。〔註15〕《敦煌本吐蕃歷史文書（以下簡稱歷史文書）

　　　　弄贊爲松贊干布。松贊即宗弄贊之異譯，干布，藏語爲 Sgam-Po，「深沈」之
　　　　義。爲棄宗弄贊之稱號，金石刻辭不用此名，想爲通俗之尊號，但此稱號見
　　　　於古藏文寫本，可知確爲當時通稱。

〔註 9〕　參見劉師義棠：《中國邊疆民族史》，頁 401。

〔註10〕　洪滌塵：《西藏史地大綱》，頁 108。

〔註11〕　同註 6，頁 6072。

〔註12〕　王輔仁、索文清：《藏族史要》，頁 5～8。

〔註13〕　同註 5，頁 5220。

〔註14〕　同註 6，頁 6072。

〔註15〕　同註 6，頁 6076。

大事紀年》屢載贊普駐蹕之地時有遷移，且常就其所征服的鄰近諸國徵發戶丁及糧草勞役，此或與其生計有關。〔註16〕

　　恩格倫（O. D. Von Engeln）曰：「游牧民族的生活常是極為艱苦的。各種的需要不斷地壓迫著，資源缺乏常可發生巨大的痛苦；食物的來源非常地有限。肉類的供給不是常常可以得到的。所以當草地荒歉，牛羊銳減或嚴寒侵襲，牲畜死亡時，饑饉的情形便要立刻發生……」。〔註17〕吐蕃雖非純粹的游牧民族，却也仰賴自然天候以定奪其生計，而在艱苦困絕的環境下，造就其剽悍勇武，好勝逞強的本性。故云其「弓箭不離身。重壯賤老」，而「軍令嚴肅，每戰，前隊皆死，後隊方進。重兵死，惡病終。累代戰沒，以為甲門。臨陣敗北者，懸狐尾於其首，表其似狐之怯，……」。〔註18〕故其攻伐刼掠的行為，實屬常事。唐廷在與吐蕃接界處駐紮的軍隊名為「防秋軍」，顧名思義，乃唐廷為防禦吐蕃掠奪秋收而設置的。〔註19〕又因吐蕃隨時遷徙，多畜牧馬，故其動機性及戰鬥性往往較中原農業朝廷為強。因此侵擾時聞。歷史學家看待邊疆民族，但知「其俗，寬則隨畜，因射獵禽獸為生業；急則人習戰攻以侵伐。其天性也。……利則進；不利則退，不羞遁走」。〔註20〕而評之曰「苟利所在，不知禮義」。〔註21〕設若易身而處，就其境遇，或不忍全加以責怪。

第二節　唐蕃對峙態勢之形成

　　李唐一代，與外族接觸特別繁多，而邊患也特別盛行。

　　考唐世二百九十年（西元618～907年）中，幾乎戰事不斷，且烽火遍燃。著名的邊患除東、西突厥、吐蕃、回鶻、南詔外，連東部的高麗、百濟；東北的奚、契丹、室韋；漠北的薛延陀；西域的吐谷渾、焉耆、龜茲、党項、于闐、疏勒等國，也與唐廷互有紛爭。

　　《新唐書》卷二一五〈突厥上〉云：

　　　唐興，蠻夷更盛衰，嘗與中國亢衡者有四：突厥、吐蕃、回鶻、雲

〔註16〕王堯、陳踐譯注：《敦煌本吐蕃歷史文書大事紀年》，頁101～121。

〔註17〕參見恩格倫（O. D. Von Engeln）著，林光徵譯：《民族發展底地理因素》，頁159。

〔註18〕同註5，頁5220。

〔註19〕同註12，頁29。

〔註20〕《史記會注考證》卷一百十〈匈奴列傳第五十〉，頁1184～1185。

〔註21〕同前註，頁1185。

南（南詔）是也。……凡突厥、吐蕃、回鶻以盛衰先後爲次，東夷、

西域又次之，迹用兵之輕重也；終之以南蠻，記唐所緣亡云。〔註22〕

本節所述，旨在闡明吐蕃的興起，以及與當時的亞洲盟主——唐廷成對峙的
由來。

一、李唐獨霸

　　隋末群雄並起，志存逐鹿。及唐承隋祚，天下猶爲割據的局面。直至高
祖武德七年（西元 624 年），始漸底定，但宇內一統仍得待太宗朝。而後，
貞觀之治開啓了亙古未有的盛局，唐廷蔚然而爲亞洲獨霸的盟主，且浸浸乎
創造一世界性的帝國。高宗時賡續之且增大此世界帝國之光而臻至極致。〔註
23〕

　　太宗仁人愛物，甫登大位，即圖蘇解民困，休養生息；厚植國家根本，
恢弘隳墮元氣。因此採納魏徵之議。偃武修文，立綱陳紀。開言路，任賢能，
勵精吏治，整劃州縣，崇尚節儉，嚴懲貪濁。〔註24〕果然，自貞觀四年（西
元 630 年）以後，宇內安謐，「東至於海，南極五嶺，皆外戶不閉，行旅不
齎糧」。〔註25〕而「（是歲）斷死刑二十九人，幾致刑措」。〔註26〕且「……
天下粟價率計斗直五錢，其尤賤處，計斗直三錢」。〔註27〕此時國富民安，
烽燧晏靜，故後世論治者，必稱貞觀。〔註28〕太宗固然內求綏靖，但對外卻
不弛武備，嘗親「引諸衛騎兵統將等習射于顯得殿庭，謂將軍已下曰：『……
兵士唯習兵馬，庶使汝鬥戰，亦望汝前無橫敵』」。〔註29〕於是將卒皆精銳善
戰，而太宗也得發豪語謂：「今中國強，戎狄弱，以我徒兵一千，可擊胡騎
數萬」。〔註30〕

　　又以其時馬政齊肅，由牝牡三千，增殖至七十萬匹，以一縑易一馬。〔註31〕

〔註22〕《新唐書》卷二一五〈突厥上〉，頁 6023、6027～6028。
〔註23〕參見姚大中：《中國世界的全盛》，頁 25。
〔註24〕參見李震：《中國歷代戰爭史》，第十二卷，頁 5～6。
〔註25〕《資治通鑑》卷一九三〈唐紀九〉太宗貞觀四年條，頁 6085。
〔註26〕《舊唐書》卷三〈太宗本紀〉，頁 41。
〔註27〕《貞觀政要》卷八，頁 3。
〔註28〕藍文徵：《隋唐五代史》，頁 110。
〔註29〕同註 26，頁 30～31。
〔註30〕《資治通鑑》卷一九七〈唐紀十三〉太宗貞觀十七年條，頁 6201。
〔註31〕《唐會要》卷七二〈軍雜錄〉，頁 1302。

關係國防軍事的利器——馬的繁殖興盛，對唐廷國勢的擴展，影響甚鉅。因此，貞觀四年（西元 630 年）得遣李靖帥師十萬討平東突厥，擒頡利可汗，威震四夷。致有「諸蕃君長詣闕，請太宗為『天可汗』。乃下制，今後璽書賜西域北荒之君長，皆稱『皇帝天可汗』。蕃渠帥有死亡者，必下詔冊立其後嗣焉。統制四夷，自此始也」。〔註32〕八年（西元 634 年），遣段志玄擊破吐谷渾，追奔八百餘里。十四年（西元 640 年）侯君集平高昌，以其地置西州。十八年（西元 644 年），郭孝恪滅焉耆。十九年（西元 645 年），李勣率兵奮擊高麗，敵大潰。二十年（西元 646 年），李勣擊破薛延陀，前後斬首五千餘級。二十二年（西元 648 年），先後破天竺、服契丹、平龜茲等。〔註33〕至高宗即位，秉承太宗遺業，經略異域，拓土更廣。其中尤以顯慶二年（西元 657 年）滅西突厥，擒沙鉢羅可汗賀魯一役，更使諸蕃震服。〔註34〕彼時「絕域遐荒，莫不來賓」。唐廷武功，臻於極盛。而天可汗（Tangri Khagh）的制度——一種近於維繫國際和綏關係的組織遂得擴充並發展。〔註35〕此時的天可汗為名實相符的世界共主，威令所及，北越大漠直抵貝加爾湖，西越中亞遠達伊朗高原，當時的外夷，不過是中國政治勢力範圍的一環而已。〔註36〕

　　唐初國勢之所以能達此盛境，一方面固然是太宗的雄才偉略，諸賢竭忠輔弼所致；另方面則由當時其他諸國的衰微不振，予唐有可乘之機。〔註37〕是故，唐廷才得以成為亞洲獨霸的盟主，在諸邊族之地，遍置羈縻府州，形成「守在四夷」，利用降附外族協助邊防而獲得絕對的優勢。〔註38〕但此種獨霸局面，却只維持了短暫的時日。有學者自高祖武德元年，至玄宗天寶十四年（西元 618 至 755 年），凡一百三十八年，劃歸為唐的極盛時期。〔註39〕實則唐廷在高宗顯慶二年（西元 657 年）平西突厥以前，固然是東征西討，所向無敵。但嗣後即見突厥餘部、吐蕃、大食等崛起與之競勢；周邊民族，

〔註32〕《唐會要》卷一百〈雜錄〉，頁 1796。又同書卷七三安北都護府條，頁 1312，語略同。

〔註33〕同註 26，頁 44～62。

〔註34〕《資治通鑑》卷二百〈唐紀十六〉高宗顯慶二年條，頁 6306～6307。

〔註35〕參見羅香林：〈唐代天可汗制度考〉。文載《唐代文化史》，頁 54～56。

〔註36〕康樂：《唐代前期的邊防》，頁 26。

〔註37〕陳寅恪：〈唐代政治史述論稿〉。文載《陳寅恪先生論文集》，頁 275。另見呂思勉：《隋唐五代史》，頁 185。

〔註38〕同註 36，頁 44～48。

〔註39〕藍文徵：《隋唐五代史》，頁 4。

也都叛服無常，唐廷雖予以征剿，且大體仍維持上風，然已遠遜於昔時的兵威。〔註40〕

二、吐蕃盛起

通典載：吐蕃於魏末，因中華擾亂，招撫群羌，日以強大。〔註41〕因此，吐蕃強大約始於六世紀中葉。〔註42〕在此以前，西藏高原上小邦林立，堡塞遍佈，「各地小王子，各據一城寨，治理所部，又各有其家臣」。〔註43〕是仍處於封建割據的局面。〔註44〕後來各邦間相互剿滅，侵伐不息。強者向外擴張，專事兼併；弱者為求生存，依附強權。混爭之中，吐蕃、蘇毗及西部的羊同，號稱最盛。至六世紀末葉，大略以雅魯藏布江為界，北部統一於蘇毗，南部統一於吐蕃。〔註45〕其後蘇毗內亂，吐蕃藉機滅之而有其地。但吐蕃成為西陲大國，且與唐廷相互頡頏，仍要在松贊幹布登位後。

起先，吐蕃在達布聶西（ སྟག་བུ་སྙ་གཟིགས | sTag Bu sNa gZigs《新唐書·吐蕃傳》作詎素若，松贊幹布之祖）時已定都於羊啊西疋播城，與北面的蘇毗同為西藏高原兩大勢力。當時的吐蕃，農牧業已頗為發達，據拉達克王世系云：「當棄諾頌贊（ཁྲི་སྙ་ཟུང་འབྲན | Khri sNa Zung drTsan《唐書》作揭利失若，松贊幹布四世祖）時，牧地與農田相接，串連湖泊，引水廣作溝渠以利灌溉；淳瀦坡地之水以作池；將山間泉水引導外出」。〔註46〕而蘇毗雖以畜牧為主，却也重視農業。吐蕃與蘇毗之有爭鬪，即在爭奪農業區土地。但蘇毗實力較為強大，在其盛時的疆域，在今新疆維吾爾之南，西接印度，東北伸入青海玉樹一帶。吐蕃似亦曾臣服於蘇毗。〔註47〕然情勢不久即起變化，因蘇毗王的柔懦昏庸，以致眾叛親離，有小貴族娘氏、韋氏、農氏等心懷不滿，遂密謀投奔吐蕃，與達布聶西共立盟誓，共抗蘇毗。正擬發兵之際，達

〔註40〕參見林冠群：《李唐、回紇、吐蕃三邊關係之探討——以肅、代德宗時期為中心》，頁3、頁9。

〔註41〕《通典》卷一九〇〈邊防六〉吐蕃條，頁1022。

〔註42〕王忠：《新唐書吐蕃傳箋證》，頁22。

〔註43〕同前註，頁17。

〔註44〕Giuseppe Tucci, "Tibet, Land of Snow", PP.24. David Snellgrove, Hugh Richardson, "A Cultural History of Tibet," PP.22～26.

〔註45〕同註42，頁17。

〔註46〕同註42，頁19～20。

〔註47〕同註42，頁22。

布聶西升遐，其子朗日松贊（ ᠵᠠᠯ ᠂ ᠵᠠᠯ ᠂ ᠵᠠᠯ ᠂ ᠵᠠᠯ ｜ gNam ri Srang bTsan《新唐書》作論贊索，松贊幹布之父）繼位，復與盟誓，云：

> 自今而後：
>
> 定將森波杰（蘇毗王）棄于背後，
>
> 定將悉補野（論贊率弄贊）摟于胸前，
>
> 決不背叛悉補野贊普，
>
> 決不使其丟臉，
>
> 決不施放蠱毒黑咒，
>
> 決不把外人當自己人，
>
> 決不三心二意，
>
> 決定要拼命忘己，
>
> 決定要聽從贊普命令，
>
> 決不受他人甘言誘騙，
>
> （若有違者，即為違誓。）如此盟誓。〔註48〕

因而相約作嚮導並為內應，朗日松贊乃親率精兵萬人北征，攻破王城宇那堡寨，蘇毗王亡走突厥，吐蕃漸次完成統一大業，〔註49〕時當七世紀初葉（西元610～629年），為唐高祖武德年間。

朗日松贊雖統一西藏高原，但初創的吐蕃王國基業却不穩固，未幾即出現分崩離析、內外交侵的危機。主要原因在於新舊大臣間發生極其嚴重的權力衝突。「當時吐蕃中心部落為父王六臣與母后三臣，是為舊臣；滅蘇毗後所征服諸小王，是為新臣」。〔註50〕朗日松贊所以能兼併蘇毗，無疑是借助了蘇毗降臣韋氏、娘氏及農氏的力量，故事成後引彼等為心腹。除予土地、奴隸的封賜外，更更任命娘氏之子尚囊為大論（《通鑑考異》卷二一引補國史：吐蕃國法不呼本姓，但王族則曰論，官族則曰尚。按「論」為「官」（ᠵᠠᠯ）之通稱，「尚」為「舅」（ᠵᠠᠯ）之通稱，外戚是也，故「尚」可以為「論」，「論」未必是「尚」。），而舊臣非但不能從戰勝蘇毗中分享利益，且原有的地位也無形中被降低，於是心懷怨恨，陰謀叛變，朗日松贊遂遭毒害身喪。

〔註48〕王堯、陳踐譯注：《敦煌本吐蕃歷史文書・贊普傳記四》，頁130～131。

〔註49〕同前書，〈贊普傳記三、四〉，頁127～136。

〔註50〕同註42，頁17。

〔註51〕吐蕃局勢大亂，松贊幹布即於此時以年僅十三的稚齡嗣位。時當西元629 年，唐貞觀三年。〔註52〕

松贊幹布的爲人，「慷慨才雄，驍武英略」，〔註53〕即位之初，雖內有父王諸臣及母后諸族公開叛變，外則羊同、蘇毗、達布、工布、娘波等亦趁勢分四路起兵。〔註54〕猶幸得新臣們的全力支持與擁護，先對陰謀進毒者進行追究，查出爲首諸人等斷然進行斬滅，令其絕嗣。〔註55〕內亂由是平息。而後命尚囊往撫蘇毗，竟能不發兵卒，用有如「種羊領群」的方法，以舌劍唇槍服之，且不損失戶數，歸爲編氓。〔註56〕對另一擁有勝兵八、九萬的西邊強敵羊同，則一面與之聯姻結好，一面却公開交兵征戰，據《歷史文書大事紀年》載吐蕃于貞觀十八年（西元 644 年）滅羊同，並將其一切部落收于治下，列爲編氓。〔註57〕《唐會要》則載：「（羊同）至貞觀末，爲吐蕃所滅，分爲部眾，散至隙地」。〔註58〕羊同，據上引書云：

〔註51〕同註48，〈贊普傳記六〉，頁 139。
〔註52〕王忠《新唐書吐蕃傳箋證》頁 24 引《德格版・布頓佛教史》頁 118 下云：「朗日松贊之王后哲蚌女支薩脫噶於陰火牛年生松贊干布。」以此言之，則松贊幹布十三歲即位時爲唐太宗貞觀三年。今就王忠之說錄之於後，以爲參考。上引箋證頁 24～25 云：「陰火牛年爲丁丑，即隋煬帝大業十三年，公元 617年，陰土牛年即位，即唐太宗貞觀三年，公元 629 年。另一說松贊干布生於陰土牛年，死時已八十二歲。但第一蘇毗內亂前，女王達甲瓦於大業中曾遣使入隋朝貢；第二，西藏現存有關漢藏關係之較古記載，皆言朗日論贊與唐高祖同時，故以布頓之說最爲可信。或疑松贊干布生於陰火牛年，死時僅有三十四歲，其子已死，由其孫繼承王位，似不可能。但第一，松贊干布累娶而無子嗣，史有明文，而文成公主入吐蕃後十年松贊即去世，史文自相矛盾，何止一端？松贊之父論贊與其弟論科耳共稱神聖贊普兄弟，松贊亦得以其叔父之孫爲嗣，不必一定爲親生之子。第二，蒙古源流言松贊干布娶文成公主時年二十五歲，正與布頓之說相合，而舊唐書言其弱冠嗣位，必是其與唐通使嗣位未久，若已老耄，追記嗣位時年齡即無任何意義。有關松贊幹布之生卒年，薄文成著〈吐蕃王朝歷代贊普生卒年考〉一文，有極詳盡之解說。文載《西藏研究》總第 8 期，頁 92～105。又上引期刊頁 88～90，載巴桑旺堆著〈關於吐蕃史研究中幾個『定論』的質疑〉。及法尊〈西藏前弘期佛教〉兩篇可共時參閱。另日人楠基道《西藏上古史考》第七章：弄讚國王在世年代，頁 41～52。亦有詳細說明，可供參校。
〔註53〕同註6，頁 6073。同註5，頁 5221。
〔註54〕王忠：同註42，頁 23。
〔註55〕王堯、陳踐譯注：《敦煌本吐蕃歷史文書・贊普傳記六》，頁 139。
〔註56〕同前註，頁 139～140。
〔註57〕同前註，〈贊普傳記八〉，頁 145。
〔註58〕《唐會要》卷九九大羊同國條，頁 1770～1771。

大羊同，東接吐蕃，西接小羊同，北直于闐，東西千里，勝兵八、
九萬。辮髮氈裘，畜牧爲業。地多風雪，冰厚丈餘，物產與吐蕃同。
〔註59〕

蘇毗、羊同而外，泥婆羅（今尼泊爾）王那陵提婆，在松贊幹布之時，
借吐蕃的力量而得復國，故亦臣服於吐蕃。《舊唐書》卷一九八〈泥婆羅傳〉
云：

那提陵婆之父，爲其叔父所篡，那陵提婆逃離於外，吐蕃因而納焉。
克復其位，遂羈屬吐蕃。〔註60〕

《歷史文書》更載明其時爲貞觀十五年（西元 641 年）。〔註61〕至此，吐蕃外
患敉平，國力更勝疇昔，西藏高原遂正式統一，而國內各大家族，亦不得已
承認其至高無上的威權。〔註62〕松贊幹布除致力於內亂外患的平定，更時刻
不忘內治，積極從周邊諸國，汲取文化與技術：東自中國木雅，輸入工藝、
曆算；南自印度，翻譯正法；西自梭保、尼泊爾，開食寶受用之藏；北於霍
爾、與乳格惹，則取效其法律與事業。〔註63〕爲便於統治，松贊幹布指派六
位總督（Khospon）前往衛藏、羊同、蘇毗、康（喀木）、安多及朱孤（突厥）
等地，實施土地分配與階級劃分。每位總督有自己的軍隊，且其轄下軍區，
均有各自不同的制服、旗幟，而馬匹的顏色也各有區別。〔註64〕此外，行政
組織亦得確立：所有臣佐，依其權力，劃分爲三大部門。那勤日桑等一百大
臣，專司藏王起居飲食之事；窮薄奔桑贊等一百大臣，鎮守四方；屯彌三補
札等一百大臣，管理政治、賞、罰、昇、降、治田、灌漑、審定衡量、教育
民眾等。〔註65〕並選派屯彌三補札率領十七青年，赴西北印度的克什米爾習
梵文語、求佛經，遂仿照笈多（Gupta）字體剙製西藏文字。〔註66〕翻譯佛經，
廣弘佛教。依佛教的十善，〔註67〕制定法令二十條〔註68〕爲民遵守。於是教

〔註59〕同前註。
〔註60〕《舊唐書》卷一九八〈西戎傳〉，頁 5290。
〔註61〕同註 16，頁 101。
〔註62〕Giuseppe Tucci, "Tibet, Land of Snow" PP.24.
〔註63〕福憧著，王沂暖譯：《西藏王統記》，頁 29。
〔註64〕Shakabpa, W. D., "Tibet, A Political History," PP.26～27.
〔註65〕法尊：《西藏民族政教史》卷一，頁 8。
〔註66〕同前註，頁 7。
〔註67〕佛教十善業，乃對十惡而言。一、不殺生；二、不偷竊；三、免除不貞潔行
　　　爲；四、不說謊；五、不讒言；六、不凌人；七、不多言；八、不可貪；九、

化大行，內政外事皆卓然可觀，《歷史文書・贊普傳》記九載：

> 吐蕃古昔並無文字，乃于此王之時出現也。吐蕃典籍律例詔冊，論、
> 相品級官階，權勢大小，職位高低，爲善者予以獎賞，作惡者予以
> 懲治，農田耦耕一天之畝數，牧場一件皮褐所需之皮張，食貨之均
> 衡流通，乃至升、合、斤等一切量度，舉凡吐蕃之一切純良風格，
> 賢明政事，均爲此墀松贊王者之時出現也。一切民庶感此王之恩德，
> 乃上尊號曰「松贊幹布」。又在上者深沈要數墀松贊普（松贊幹
> 布），……統轄權勢至爲巨大之故，一切均已具足，外部政令遍及四
> 境邊鄙，內部事務不減光彩。黔首民庶高下尊卑不逾不越，輕徭薄
> 賦，安居樂業。〔註69〕

故一躍而爲亞洲強權之一，陳寅恪氏云：「吐蕃之盛起於貞觀之世」。〔註70〕
誠是。而蘇毗、羊同的征服，蓋其盛起的先由。〔註71〕

三、唐蕃對峙

座落於拉薩大昭（招）寺門前公主柳下的唐蕃會盟碑，其背面刻文曰：

> 聖神贊普鶻提悉補野自天地渾成，入主人間，爲大蕃之首領。……
> 此威德無比雍仲之王威嚴煊赫，是故，南若門巴天竺，西若大食，
> 北若突厥拔悉蜜等雖均可爭勝于疆場，然對聖神贊普之強盛威勢及
> 公正法令，莫不畏服俯首，彼此歡汴而聽命差遣也。〔註72〕

所載不免過於浮誇，按《新唐書・吐蕃傳》謂鶻提勃悉野（即鶻提悉補野）
雖健武多智，也不過「稍幷諸羌」而已。〔註73〕而吐蕃於松贊幹布以前，猶
爲割據的局面，且內憂外患交煎，實無餘力向外擴展。故《西藏王統記》云：
「於此王（朗日松贊，即論贊率弄贊）時……征服支那（中國）與朱孤（突
厥）」。〔註74〕殆亦不足徵信。蓋吐蕃於太宗貞觀八年（西元634年）始遣使

> 不遷怒；十、不狐疑。此十者順於正理，故曰十善。轉引自劉師義棠：《中國
> 邊疆民族史》，頁467註228。
> 〔註68〕同註65，頁7～8。
> 〔註69〕同註55，〈贊普傳記九〉，頁150。
> 〔註70〕陳寅恪：《唐代政治史述論稿》。文載《陳寅恪先生論文集》，頁278。
> 〔註71〕參見王吉林：《唐代南詔與李唐關係之研究》，頁80。
> 〔註72〕見王堯編著：《吐蕃金石錄》，頁43。
> 〔註73〕同註6。
> 〔註74〕同註63，頁21。

朝唐，在此之前仍未得相互交通。《資治通鑑》載：

> 吐蕃在吐谷渾西南，近世浸強，蠶食他國，土宇廣大，勝兵數十萬，然未嘗通中國。……棄宗弄贊有勇略，四鄰畏之。上遣使者馮德遐往慰撫之。〔註75〕

前文已敘述吐蕃盛起於貞觀之世。但太宗於貞觀四年（西元 630 年）平復東突厥後，西北諸蕃詣闕請奉爲「天可汗」，唐廷已儼然爲亞洲的盟主，吐蕃雖在西藏高原完成統一霸業，但其力量尚未足與唐廷相爭衡。然因其地理形勢隔絕，因此能逐漸壯大其勢力，而唐廷似乎並未注意到其發展，直至其「四鄰畏之」之時，吐蕃已成爲西徼大國，儼然與唐廷東西相對峙。《西藏宗教源流考》記曰：

> 贊普棄宗弄贊，……是時，贊普之地，東接涼、松、茂、崔等州，南鄰天竺，西并龜茲、疏勒等四鎮，北抵突厥，地方萬餘里，勝兵數十萬，西藏之疆于斯爲極。〔註76〕

所言雖非完全切合實際，但吐蕃的國力已不可輕忽。觀吐蕃的遣使朝唐，唐廷即遣使前往答禮，可見太宗已注意及此。松贊幹布聞突厥、吐谷渾皆尚唐公主，遂多賚金寶，遣使隨德遐入朝請婚，太宗未許。松贊幹布疑爲吐谷渾所阻，怒而發兵攻擊，吐谷渾未能抵擋，遁亡于青海之北；復進破党項、白蘭諸羌，陳兵二十餘萬於松州（今四川松潘縣）西境，命使者貢金甲迎公主，並謂左右曰：「公主不至，我且深入」。〔註77〕吐蕃王朝世系明鑑云：「致送朱砂寶石之鎧甲以求婚」，又云：「贊普致書唐主曰：『若不許嫁公主，當親提五萬兵，奪爾唐國，殺爾、奪取公主』」。〔註78〕吐蕃如非握有實力，何敢出此狂悖之言。唐蕃通婚後有一短時期雙方關係維持友好，羅香林氏且謂吐蕃曾參加唐廷天可汗的組織。〔註79〕但吐蕃自始至終以爲與唐廷爲對等國關係。近世藏人自身亦有認爲吐蕃與唐廷爲權力相等之敵體，文成公主之下嫁爲當時一種尊崇的體制，亦爲吐蕃犯唐廷所得的結果。〔註80〕故在唐蕃會盟碑背面刻文復言：「東方之地曰唐，地極大海，日之所出，此王與蠻貊諸國

〔註75〕《資治通鑑》卷一九四〈唐紀十〉太宗貞觀八年條，頁 6107～6108。

〔註76〕張其勤撰：《西藏宗教源流考》，頁 55。

〔註77〕同註 6，頁 6073。

〔註78〕同註 42，頁 29。

〔註79〕羅香林：〈唐代天可汗制度考〉。文載《唐代文化史》，頁 221。

〔註80〕Rin-Chen-Lha-Mo 口述，Louis King 執筆，汪今鸞譯：《西藏風俗志》，頁 5。

迴異，教善德深，典笈豐閎，足以與吐蕃相頡頑」。〔註81〕《歷史文書·贊普傳》記且載：「其後贊普（松贊幹布）親自出巡在北道，既未發一兵抵禦，亦未發一兵進擊，迫使唐人及吐谷渾人，歲輸貢賦。……」。〔註82〕下引王吉林氏之言適可爲此段文字作結：

> 其時吐蕃國強盛，與唐並爲大國，處於對等關係，並不臣屬於唐。兩唐書每言其「來朝」，而「吐蕃歷史文書」亦言「唐與吐谷渾皆來朝貢」。可見吐蕃未將唐視爲上國，而唐亦無法屈服吐蕃，因成並大之局。〔註83〕

第三節　雙方事實之需要

一、唐朝方面

　　吐蕃在貞觀之世已建立成強有力的統一王國，故在貞觀八年初次遣使朝唐，太宗即予厚撫，更命行人馮德遐下書報聘。隨後吐蕃松贊幹布因聞突厥、吐谷渾皆尚唐公主，也來請婚，太宗或許尚未了解此西徼強鄰的虛實，未允。使者妄語稱受吐谷渾所阻，於是松贊幹布怒而伐之，且攻党項及白蘭諸羌，又勒兵二十餘萬，屯松州西境以示威，而後松州一役，唐軍敗績，或謂因都督韓威輕出而致，然由此亦可見吐蕃實有與唐廷相抗衡的力量。

　　松州役敗，屬羌皆叛而應和吐蕃，邊人大擾，太宗並不因脅迫而許和親，更令出兵，敗吐蕃，使謝罪而後許婚。或謂當時太宗正著意於東方的高麗，不想與吐蕃起更大的衝突，所以牛進達敗吐蕃於松州城下，得雪前恥後，就許締結和親。〔註84〕蓋先示之以威，再撫之以德，易收羈縻之效。雖唐廷「天可汗」的威望，正如日在中天之盛，太宗却未趁勢對吐蕃犁庭掃穴，有學者認爲此舉實有違當時攻勢戰略的原則。〔註85〕考究其實却不盡然。《新唐書》謂吐蕃「初東冠也，連歲不解」。〔註86〕知吐蕃確屬強頑，徒以武力，難朝一

〔註81〕同註55，頁140。
〔註82〕同註72。
〔註83〕同註71。
〔註84〕同註36，頁63。
〔註85〕同註36，頁63。
〔註86〕同註6，頁6074。

時靖綏；此外，吐蕃英主松贊幹布慷慨才雄，使「西域諸國共臣之」，〔註87〕故在輕挫吐蕃銳鋒後，許其請婚以羈縻之，既可平息干戈，又可藉此使服屬於吐蕃的西方諸國效忠朝廷。使西陲得此強盟，藉而鞏固西邊的國防，擴大有形或無形的政治實力。

前文曾提及，唐廷的種族觀念極其薄弱，通婚異國，在當時被視爲常事。外族請婚，唐若允許，便視爲無上的恩典；〔註88〕或不許，必待威服後才許其請，不啻爲唐廷對外的一貫政策。康樂氏云：「自太宗始，利用歸附外族構成邊防屏障或緩衝之方式，實爲唐帝國邊防政策中重要的一環」。〔註89〕誠然。又和親遠域，復可示「天可汗」的恩威並濟，名實相符，且是無遠弗屆，難怪太宗樂意爲之，且言「朕於戎、狄所以能取古人所不能取，臣古人所不能臣者，皆順眾人之所欲也」。〔註90〕苟非有利可圖，未必即如此施爲，故和親吐蕃，實有其事實的需要。

二、吐蕃方面

貞觀十七年（西元643年）太宗絕婚於薛延陀，曰：「……今以女妻之，彼自恃大國之壻，雜姓誰敢不服，……今吾絕其婚，殺其禮，雜姓知我棄之，不日將瓜剖之矣」。〔註91〕若此「將倚大國，用服其眾」的心態，實爲諸所婚外族所共有，吐蕃殆亦不能免。但因其初通中國，雖已聞知大唐威名，却未了解唐的實力，故藉請婚加以試探。蓋吐蕃的種性勇武好戰，而其艱苦的生活環境亦造就其向外發展，擴張領土的野心，唐廷稍有不察，即予其有可乘之機。

而最重要者，吐蕃請婚不遂，不惜引發連歲不解的戰爭，實是藉此以吸引其國內的注意力，使內外能團結一致。按吐蕃政權所以能維繫鞏固，除憑藉武力外，一賴會盟，一賴聯姻。《新唐書》載「其君臣自爲友，五六人曰共命。君死，皆自殺以殉，所服玩乘馬皆瘞，起大屋冢顛，樹眾木爲祠所。贊普與其臣歲一小盟，用羊、犬、猴爲牲；三歲一大盟，夜有諸壇，用人、

〔註87〕同註6，頁6073。
〔註88〕王壽南：〈唐代的和親政策〉。文載《中華文化復興月刊》第十二卷第3期，頁39。
〔註89〕同註71，頁64。
〔註90〕《資治通鑑》卷一九八〈唐紀十四〉太宗貞觀二一年條，頁6246。
〔註91〕《資治通鑑》卷一九七〈唐紀十三〉太宗貞觀十七年條，頁6201。

馬、羊、閻爲牲。凡牲必折足裂腸陳于前，使巫告神曰：『渝盟者有如牲』」。〔註92〕《舊唐書》又載：「爾等咸須同心戮力，共保我家，惟天神地祇，共知爾志。有負此盟，使爾身體屠裂，同於此牲」。〔註93〕可見會盟實爲吐蕃政治制度中，藉以加強各小邦、部落聯盟及勳臣貴戚之間關係的一種重要形式。松贊幹布即位之初，內亂外患接踵而至，若非松贊幹布的雄才，以及相與盟誓的「新臣」願效死的團結擁戴，西藏高原能否統一不無可慮。既而大局底定，吐蕃王國得以建立，松贊幹布却未與民休息，反尋釁於唐廷，或爲解決內外新舊大臣間長久以來存在的矛盾。又自松贊幹布時起，吐蕃王室與周邊諸族甚或被征服的小邦王室也多見通婚，如泥婆羅、突厥、吐谷渾、勃律、象雄（羊同）等。〔註94〕正因如此才可加強彼此的聯繫，甚而援引以爲助力，增大自己的聲勢。故吐蕃請婚於唐，實具有多重意義，豈只是爲物質的賜予與聲名的追求而已。

〔註92〕同註6，頁6074。

〔註93〕同註5，頁5220。

〔註94〕同註16，頁101～121。

第三章　文成公主之和親

第一節　吐蕃請婚之波折

一、請婚年代之考訂

　　吐蕃與唐的正式接觸，據史乘所載，爲太宗貞觀八年（西元 634 年）；而其請婚事，《舊唐書》、《新唐書》、《資治通鑑》、《冊府元龜》、《通典》等雖見記述，卻未有明示時日。

　　《舊唐書·吐蕃傳》云：

> 貞觀八年，其贊普棄宗弄讚始遣使朝貢。……太宗遣行人馮德遐往撫慰之。見德遐，大悅。聞突厥及吐谷渾皆尚公主，乃遣使隨德遐入朝，多齎金寶，奉表求婚。〔註1〕

其餘各書所記略同，俱云吐蕃初次請婚，是在「聞突厥及吐谷渾皆尚公主」後才開始進行的。

　　《新唐書·阿史那社爾傳》云：

> 突厥處羅可汗之次子，……十年入朝，授左驍衛大將軍，處其部于靈州，詔尚衡陽長公主。〔註2〕

又《新唐書·吐谷渾傳》云：

> 詔封諾曷鉢河源郡王，號烏地也拔勒豆可汗，遣睢陽郡王道明持節

〔註1〕《舊唐書》卷一九六〈吐蕃上〉，頁 5221。
〔註2〕《新唐書》卷一一〇〈阿史那史那社爾傳〉，頁 4114。

冊命，賜鼓纛。諾曷鉢身入朝，遂請婚，獻馬牛羊萬。比年入朝，

乃以宗室女爲弘化公主妻之。〔註3〕

按《舊唐書・太宗本紀》：

（十年）十二月壬申，吐谷渾河源郡王慕容諾曷鉢來朝。〔註4〕

由此可知突厥與吐谷渾的請婚尙唐都是在貞觀十年（西元 636 年）。《舊唐書・吐蕃傳》下文有「會吐谷渾王入朝」之言，因此王忠氏認爲「吐蕃與吐谷渾請婚約爲同時之事」。〔註5〕根據此點，則吐蕃的請婚也是在貞觀十年。若以當時的行程推斷，吐蕃於八年遣使來朝，太宗命馮德遐往報聘，而後吐蕃再遣使隨德遐入朝，其來回往返約需時兩年，所以說吐蕃的請婚爲十年事應屬合理。另據《藏籍西藏政教史鑑》（以下簡稱史鑑）載：

於是臣噶（祿東贊）携王所賜，驅趕驟馬，偕同大臣百人，於陽火

猴年（丙申年）四月初八日勝曜之日，向中華出發。〔註6〕

按陽火猴年（丙申年）即爲貞觀十年。上引吐谷渾王入朝爲此年的十二月，吐蕃使臣雖於四月初八日始啓程，但仍能與之相遇，便足以證明當時蕃使已經抵京，時間上並無抵觸，請婚爲十年事大致上可確定。「聞突厥及吐谷渾皆尙公主」而後吐蕃才有請婚之舉一說不妥，又其後吐蕃攻擊吐谷渾，更無懷疑的只是藉口而已。

二、請婚過程

吐蕃的初次請婚並未爲唐朝所接受，因爲唐朝對和親的處理極爲愼重，於政治上的利害得失勢必先作縝密思慮。故而在未確知對方是否眞心歸附或誠意友好，且對唐朝所控御的邊疆地區能夠起相當的作用時，未必便予許婚。唐與吐蕃締交伊始，接觸未深，對其虛實自亦難以明瞭；加上吐蕃僻處西陲，其時唐朝似仍未有向此處擴展的計劃，故與結納的作用不大，因此，拒婚在唐朝而言，實爲自然之舉，當無敵視或輕視吐蕃之意。但吐蕃使臣以有辱使命而無法交代於贊普，於是造妄語謂吐谷渾王相離間，致唐廷未許議婚，贊普怒而發兵攻吐谷渾，破党項及白蘭二羌部，陳兵二十餘萬於松州西境，欲

〔註3〕《新唐書》卷二二一〈吐谷渾傳〉，頁 6226。

〔註4〕《舊唐書》卷三〈太宗本紀〉，頁 46。

〔註5〕王忠：《新唐吐蕃傳箋證》，頁 27。

〔註6〕沈朗絳村著，任乃強譯：〈西藏政教史鑑〉，第十三章「迎娶文成公主」。文載《康導月刊》第三卷第 8、9 期，頁 38。

以武力脅迫唐廷許婚。《舊唐書・吐蕃傳》備載此事，曰：

> 使者既返，言於弄讚曰：「初至大國，待我甚厚，許嫁公主。會吐谷
> 渾王入朝，有相離間，由是禮薄，遂不許嫁。」弄讚遂與羊同連，
> 發兵以擊吐谷渾。吐谷渾不能支，遁於青海之上，以避其鋒，其國
> 人畜並爲吐蕃所掠。於是進兵攻党項及白蘭諸羌，率其眾二十餘萬，
> 頓於松州西境。遣使貢金帛（甲），云來迎公主，又謂其屬曰：「若
> 大國不嫁公主與我，即當入寇」。〔註7〕

唐廷自然是不受威脅，吐蕃遂進攻松州，都督韓威因輕出敗績，引致邊人大
擾，羌酋閣（潤）州刺史別叢臥施、諾州刺史把利步利並以州叛應之。吐蕃
聲勢大張，其後卻因連兵不息，致其大臣諫不聽而自縊者有八人，時當貞觀
十二年（西元 638 年）八月。〔註8〕

　　對吐蕃的侵擾，太宗亦頗以爲憂，因而命吏部尚書侯君集爲當彌道行營
大總管，右領軍大將軍執失思力爲白蘭道行軍總管，左武衛將軍牛進達爲潤
水道行軍總管，右領軍將軍劉蘭爲洮河道行軍總管，率步騎五萬分四道擊吐
蕃。進達爲先鋒自松州夜襲其營，斬千餘級。〔註9〕松贊幹布以內部既生矛盾，
對外又遭逢挫敗，故懼而退兵，遣使謝罪；而依附大國，求相結納之心更切，
於是再次請婚。

　　《史鑑》所引學圖汗青（ཡི་གེ་རིན་ཆེན།）記載與《舊唐書・吐蕃傳》大
致相合，但略去吐蕃攻唐事，其云：

> 藏王遣使，求娶漢王公主。未得唐帝允許，願（？）返藏地。謅報王
> 云：唐王甚悅我藏，將許公主。乃有胡色吐魯漢（吐谷渾）者，爲讒
> 於王，遂至於此。藏王大怒，即率藏兵十萬，至松州地。另派臣雅地
> （當爲羊同，此處誤爲人名），率領士卒，使大掠吐蕃漢地。吐蕃漢
> 眾退守藏喀青海。兵敗後，所餘人財，悉掠歸西藏。於是藏王又以諸
> 種珍寶，付與大臣色烈董貞（祿東贊），使求唐帝公主。〔註10〕

其餘藏籍所載則與漢籍不盡相同。大多謂贊普乃受神示才向唐廷請婚。如《西
藏王統記》（以下簡稱王統記）云：

〔註7〕　同註1。
〔註8〕　《資治通鑑》卷一九五〈唐紀十一〉太宗貞觀十二年八月條，頁 6139。
〔註9〕　同註1。
〔註10〕　同註6，第十八章「松贊岡布以後史事」。文載《康導月刊》第五卷第 5 期，
　　　　　頁 40。

（松贊幹布）遂禱於自現栴檀佛像之前，自佛像胸間放出二光，一往東方，一往西方。……循往東方之光視之，見支那王唐太宗，有女名公主，色青而紅，口出青烏巴拉香氣，通達一切文字典籍，若迎娶之，可將薄伽梵十二歲時身像，及一切大乘佛法輸入西藏。〔註11〕

更有謂贊普是以神變威嚇唐廷許婚，《西藏王臣記》（以下簡稱王臣記）云：

于是松贊王從左眼放出光明，如同往昔變出轉輪王與七寶等，來至中原大唐皇宮白色寶石門前，由變化之大臣寶以漢語曰：「我乃大悲觀音所化現之藏王，前來聘娶爾救度母所化現之文成公主。且要迎供爾所賜送之釋迦牟尼像，以及各種寶物。如不應允所求，我即進攻中原。如允所求，爾後漢藏和睦，不起爭端。」如此說後，中原之君臣人等心中甚是懼怕，遂答應藏王之要求，而命（文成）公主出嫁至西藏。〔註12〕

但過程並非完全順遂，同書的下文謂當時實另有內幕。除吐蕃外，尚有印度法王、波斯財王、格薩軍王、美色市王等遣使臣入唐請婚。唐廷君臣因不屬意藏王，不過礙於法理，未便顯露其憎愛偏私之心，遂有「五難婚使」的情事發生。〔註13〕莊學本氏曾根據藏戲劇本，記述松贊幹布請婚唐文成公主事（參見附錄）。而《西藏政教史鑑》的記載更見詳細，謂藏使噶（祿東贊）於出發前，松贊幹布曾援予三錦囊，指示其如何解決將遭遇的難題。其後祿東贊再憑其聰明機智，戰勝他國婚使，得到太宗許婚。但文成公主此時卻又提出條件，謂：

1. 須鑄一釋迦牟尼佛像，入藏供奉，藏本無佛殿，藏民亦不供奉，願為彼等供之。
2. 藏王娶我，此後必須倡導文化，廣傳佛教。
3. 藏無文字，不能普惠文教，此後必須造文字，使民皆得潤澤之。〔註14〕

經允許後，公主始欣然就道，而祿東贊亦得以完成使命，因為心中喜悅，便作讚美詩一首，歌詠此事，同行諸藏使則吹簫相和。〔註15〕

〔註11〕福憧著，王沂暖譯：《西藏王統記》，頁35。
〔註12〕第五輩達賴喇嘛著，郭和卿譯：《西藏王臣記》，頁23～24。
〔註13〕五難婚使故事各書所記微有差異，詳見前引書，頁30～31。另參見附錄。
〔註14〕見李符桐著《邊疆歷史》，頁141。轉引自宋龍泉：〈唐朝對吐蕃文化的影響〉。文載《中國邊政》第26期，頁6。
〔註15〕見桑布札著〈文成公主下嫁吐蕃說〉。轉引自黃次書：《文成公主與金城公主》，

按上所引諸藏籍記載，大多語涉荒誕，殆爲多事者所附麗，固然不足以採信，視之爲神話傳說則可。其於請婚過程中，所述雖與漢籍迥然有異，但是波折迭生，似爲不爭的事實。

三、許婚決定

太宗在松州一役戰勝吐蕃後，因兵威已立，再加上此次接觸，便知吐蕃雖爲西鄰強國，於諸部中有舉足輕重的地位，爲保障西境安寧，也就改變態度，允許締結和親以相羈縻。《新唐書‧吐蕃傳》載：

> ……至是弄贊始懼，引而去，以使者來謝罪，固請婚，許之。〔註16〕

其餘漢籍所記大略相同，可惜都未指明年月，只有《資治通鑑》將此事繫於貞觀十二年（西元638年）條下，其曰：

> 九月，辛亥，……敗吐蕃於松州城下，斬首千餘級。弄讚懼，引兵
> 退，遣使謝罪，因復請婚。上許之。〔註17〕

但《舊唐書‧太宗本紀》載：

> （十四年冬閏十月）丙辰、吐蕃遣使獻黃金器千斤以求婚。〔註18〕

又《資治通鑑》太宗貞觀十四年（西元640年）條載：

> （冬閏十月）丙辰，吐蕃贊普遣其相祿東贊獻金五千兩及珍玩數百，
> 以請婚。上許以文成公主妻之。〔註19〕

若據上述兩處記載，則吐蕃在貞觀十四年（西元640年）以前的請婚都未獲允許。然細加推論，唐廷的許婚，在貞觀十二年九、十月之間便已確定；十四年的獻禮，應是納聘。《新唐書‧吐蕃傳》下文續曰：

> 遣大論祿東贊獻黃金五千兩，它寶稱是，以爲聘。〔註20〕

正說明吐蕃是於唐廷許婚之後，才得前來下聘。十五年（西元641年）春正月，太宗詔以宗室女封文成公主下嫁吐蕃贊普。

文成公主──唐蕃舅甥關係的建立者，兩唐書都未有爲其立傳，除知其身份爲宗室女外，其餘所載極尠；反觀藏籍卻記述甚詳。雖說有關公主的事

頁10～12。
〔註16〕《新唐書》卷二一六〈吐蕃上〉，頁6074。
〔註17〕《資治通鑑》卷一九五〈唐紀十一〉太宗貞觀十二年條，頁6139～6140。
〔註18〕同註4，頁52。
〔註19〕《資治通鑑》卷一九五〈唐紀十一〉太宗貞觀十四年條，頁6157。
〔註20〕同註16。

蹟大多涉及神話，不足稱述，但亦有可供參考之處。

松贊幹布在迎娶文成公主時，似乎不知公主的身份為宗室女，今藏人仍有以為公主乃太宗之妹或太宗之女者。〔註21〕

關於公主的出身，只可從藏籍找到一些資料，但都摻雜有宗教色彩。藏史謂公主為「救度母」的化身。〔註22〕其誕生始末及形像，《史鑑》云：

> （尊者）目中流淚。……又由左眼落淚一滴墮地，化為救度母。亦作聲云：「善男子，汝為饒益雪國邊荒諸有情眾，勿過憂損。為利有情，我將為汝臂助。」隨復合入於左眼中。是即後來之漢公主也。〔註23〕

《王統記》則記載：

> 復次，聖觀自在，知度雪國有情之時正至，乃由己身放四種光。……一光自左目出，射至支那，……入支那王后胎，歷時九月又十日，生一勝妙公主。此公主亦冠絕世間，青而紅潤，口有綠蓮花之香，通諸文史，此即漢后文成公主也。〔註24〕

《蒙古源流箋證》更謂公主乃甲申年（即高祖武德七年，西元624年）所生。〔註25〕入藏與松贊幹布完婚時，年方二八，與松贊幹布實相匹配，下文當再述之。

第二節　文成公主入藏

一、聘禮與嫁粧

兩唐書吐蕃傳俱載吐蕃致送的聘禮為黃金五千兩，及寶玩數百種。〔註26〕但藏籍的記載卻大有不同，如《王臣記》所記為「吠琉璃的頭盔」；〔註27〕《王統記》則記為「嵌珠砂寶石的具馬惹伽甲」一襲，另有金錢七枚作為覲見之

〔註21〕引見鄺平樟：〈唐代公主和親考〉。文載《史學年報》二卷2期，頁31。鄺氏云：「曩於友人處得見一書，為藏中某喇嘛所撰，稱公主為太宗之妹。又《新亞細亞月刊》二卷5期有李慰蒼譯〈藏王松贊幹布迎娶文成公主記〉一文，卻稱公主為太宗之女。」

〔註22〕同註12，頁21、24。

〔註23〕同註6，第五章「觀世音度脫藏土願業」。文載《康導月刊》第三卷第2、3期，頁12～13。

〔註24〕同註11，頁23。

〔註25〕沈曾植箋證，張爾田校補：《蒙古源流箋證》，頁68～69。

〔註26〕同註1及註16。

〔註27〕同註12，頁31。

禮，金砂一升以備不時之需。〔註28〕

　　此與《新唐書‧本傳》載吐蕃在陳兵松州西境後，命使者貢金甲云來迎娶公主，〔註29〕藉示武備；同樣是具有威嚇的意味。任乃強氏謂松贊幹布以金甲爲聘禮，實隱約暗示武力脅婚之意，〔註30〕確實有其道理。因爲，在今天藏人的觀念中，仍有認爲公主乃是以武力得來的。

　　《西藏風俗志》云：

　　　　蓋太宗認藏王桑贊甘普爲其權力相等之敵體，而以公主嫁之，爲當時一種尊崇之體制，亦爲侵犯中國所得之結果。〔註31〕

若依漢籍所載吐蕃的聘禮可算是相當的厚重，唐朝爲表示大國，賜贈粧奩，理應更爲隆盛。可惜《兩唐書》、《冊府元龜》等典籍卻不見記載，僅提到任命江夏王李道宗持節護送。故不得不求諸其他史編及傳記色彩極濃的藏籍。

　　《蒙古源流箋證》中有一段文字記載，謂

　　　　（太宗）以公主平日供奉之釋迦牟尼佛及元秘術等各經，觀心如意十三史，復將種種寶玩錦繡財帛分給萬萬。〔註32〕

如此，則粧奩不可謂不豐厚。佛像固然是公主於許婚時所要求的，而携帶進藏的其餘物事，依藏籍所載，似乎也是出於公主的要求。如《王臣記》云：

　　　　文成公主因復請求，曰：「若命兒出嫁西藏，兒請求賜我釋迦牟尼佛像，又爲鎮守野地邊荒之藏地，及所有凶惡之神魔鬼怪，故需要占卜、曆法、星算等諸術之圖書；並請賜兒能滿意願之財物與用之不盡之珍寶等。」唐皇允如所請。〔註33〕

《王統記》且記公主曾商詢於祿東贊，問藏地所缺物事，而後一一遂其所求。又公主於入藏後，因受尼國公主嫉妒而作的答語云：「……寶金銀緞等，馬騾駱駝等，粧奩亦相敵。世間諸工巧，妝飾與亨飪，耕稼紡織等，技藝亦相敵」。〔註34〕可知公主的嫁奩，幾是無一不全。此外，藏人桑博查（桑布札）所著〈藏王迎娶文成公主記〉中，有關公主嫁奩的記述更見詳盡，可供參照。

〔註28〕同註11，頁38。

〔註29〕同註16。

〔註30〕參見任乃強：〈松贊岡布年譜〉。文載《康導月刊》第六卷第1期，頁16～17。

〔註31〕藏婦 Rin-Chen-lha-Mo 口述，英人 Louis King 執筆，汪今鸞譯：《西藏風俗志》，頁5。

〔註32〕同註25。

〔註33〕同註12，頁29。

〔註34〕同註11，頁39、42。

〔註35〕《史鑑》謂太宗「賜公主嫁奩極富，直不可思議」。〔註36〕由上看來，非盡為妄語。

二、迎送儀節

　　吐蕃國相祿東贊於貞觀十四年（西元 640 年）冬入唐致聘，唐廷隨於十五年（西元 641 年）春正月，詔以宗室女封文成公主下嫁吐蕃贊普。〔註37〕當時吐蕃迎娶的使節除祿東贊外，尚有大臣百人，陣容堪稱鼎盛，但名字見於記載的僅有吞米（吐彌，或作讓、土彌）及娘（雅）二人。〔註38〕唐廷則派遣禮部尚書——江夏王李道宗護送公主。李道宗，高祖從父兄子，兩唐書均有傳。初，從高祖起兵，繼隨太宗殲滅群雄，定天下，後又討突厥，平吐谷渾。戰功卓著，位望尊隆，宗室諸王中最為當時所重。〔註39〕太宗命其送行，於禮亦甚隆厚。

> 迎娶送嫁等一行人眾於貞觀十五年（西元 641 年）正月十五日，自唐京城長安出城西行，在同一年即抵藏地。〔註40〕途中，公主曾築館於河源（河源乃郡名，隋置，唐廢。故城在今青海南，即吐谷渾赤水城），松贊幹布帶領兵馬到柏海親自迎接。見道宗時，執子壻之禮極是恭謹。〔註41〕

唐蕃第一次和親的迎送情形大致如上。唐朝著名人物畫家閻立本，曾就祿東贊至長安迎娶文成公主，蒙太宗接見的事蹟繪「步輦圖」一幅；吐蕃方面，松贊幹布時期所建的布達拉宮，經火災及兵燹而得倖存的觀音堂，後經重建為「白宮」，其松廓廊道內即繪有唐京都長安城及「五難婚使」的故事；又文

〔註35〕轉引自宋龍泉：〈唐朝對吐蕃文化的影響〉。文載《中國邊政》第 26 期，頁 7～9。

〔註36〕同註6，頁 46。

〔註37〕《通典》卷一九〇〈邊防六〉吐蕃條，頁 1023。

〔註38〕同註 11，頁 38～39。

〔註39〕《舊唐書》卷六十〈宗室列傳〉，頁 2354。另見《新唐書》卷七八〈宗室列傳〉，頁 3514。

〔註40〕《敦煌本吐蕃歷史文書大事紀年》有「……贊蒙文成公主由噶爾、東贊域宋迎至吐蕃之地」之語，下文又云「此後九年贊普升遐」事。按松贊幹布崩於貞觀二十三年（西元 649 年）與高宗永徽元年（西元 650 年）之間，以此推算，文成公主抵建吐蕃時，應是太宗貞觀十五年（西元 641 年）時事。見上引書頁 101 載。

〔註41〕同註1。

成公主進藏與抵達拉薩時，沿途的偉大場面也被一一描繪於上。〔註42〕足證
唐蕃雙方對此次和親的重視。

三、入藏經過

　　前已述及，漢籍中有關於公主事蹟的記載甚尟；至於公主是如何入藏，
更是盡付闕如。但藏籍對此事的記述卻頗為詳盡，雖然文多乖謬，且地名又
難考定，亦不得不於此探求線索。

　　按唐朝於貞觀元年（西元627年），就山河形勢，分全國為十道，即關內、
河南、河東、河北、山南、隴右、淮南、江南、劍南、嶺南十道。〔註43〕其
中隴右道：東接秦州，西踰流沙，南連蜀及吐蕃，北界沙漠；劍南道：東連
牂牁，西界吐蕃，南接群蠻，北通劍閣，〔註44〕與吐蕃有所關連。吐蕃入唐，
若由隴右道，得先經赤嶺（今日月山隘道，為河湟流域與青海湖之分水嶺，
開元時始劃定為唐蕃國界），入鄯州，自此以後，或沿原、涇、邠州，或沿渭、
隴、歧州，均可抵達長安。如經由劍南道，則先至維州，入茂州，自此可南
經霸、蜀，下成都，或北由松州、扶州、宕州、疊州、洮州、河州、廓州至
鄯州，再循上述隴右道兩路即可抵京。〔註45〕文成公主入藏，大致不出以上
諸路線。可惜公主入吐蕃境後的行程無法確知。

　　有謂公主乃由打箭鑪入藏者，任乃強氏曾列舉證據予以辨駁，並引藏籍
會合考訂公主入藏的路線，謂當時唐與吐蕃惟松州接界。故贊普寇邊脅婚，
松州自是首當其衝遭受侵擾。因此，邏些（拉薩）與長安之間的往來，應以
松州為最合。公主亦應由（一）松州經由今西康的石渠，再經今青海的玉樹
入藏；或（二）自今貴德渡黃河，由青海的大河壩經玉樹入藏；或（三）自
今蘭州經西寧日山大道入藏亦可。除以上三路線外再無合理的路徑。〔註46〕

　　《新唐書・本傳》載公主入藏，曾築館河源王之國。〔註47〕查吐谷渾王
慕容諾曷鉢，貞觀中入朝，封河源郡王。〔註48〕則此處所指的河源，應該在

〔註42〕參見江道元：〈世界屋脊的明珠〉。文載《西藏研究》總第6期，頁108。
〔註43〕《舊唐書》卷三八〈地理志〉，頁1384。
〔註44〕參見鄧之誠：《中華二千年史》，卷三，〈唐世系〉，頁87～91。
〔註45〕參見謝海平：《唐代蕃胡生活及其對文化之影響》，頁12。
〔註46〕見任乃強：〈文成公主下嫁考〉。文載《康導月刊》第三卷第8、9期，頁58。
〔註47〕同註16。
〔註48〕同註4，頁45。

當時的吐谷渾境內。其後吐谷渾為吐蕃所滅，諾曷鉢與弘化公主奔唐。唐蕃相攻，高宗時取鄯州地，亦即今天的西寧。公主入藏，乃假道當時吐谷渾境，築館在今西寧之地。如此，松贊幹布才能率其部兵駐於柏海，且得親迎於河源。故任乃強氏便據此確定公主實由西寧日月山大道入藏，並謂此道沿途地名，可作稽考。亦即穆宗長慶二年（西元 822 年），大理卿劉元鼎入藏會盟路線。〔註49〕

《新唐書》載劉元鼎「踰成紀，抵河廣武梁（今甘肅省地，當時並陷吐蕃）……蘭州……龍支城……過石堡城（今湟源縣西南日月山下）……赤嶺（即日月山）……赤嶺距長安三千里而贏，蓋隴右故地也」。〔註50〕故而說，公主是先經由隴右道至吐蕃邊界。但其後的路線，卻未再詳列經過，幸賴藏籍的記述，適可補其闕漏。《王統記》云：

> 此時公主與諸臣正抵丹馬岩（或作鄧馬岩），即將慈氏七肘之像，與普賢行願品，刻於岩上，等候經月，大臣噶爾（祿東贊）未至。進抵彭波山（或作彭保山），諸臣或開山築路，或獵獸取乳，大臣仍未至。復前行抵康之北馬鄉（或作白馬鄉），墾地種田，安置水磨，相候兩閱月，大臣仍未至。於是復前抵郭冬門（或作郭洞門），……滯此兩閱月，大臣乃至。……復前進至九沙山，繞冰而進，……於是一路無阻，而至西藏。〔註51〕

參照元鼎日記所載劉元鼎入藏會盟路線，任乃強氏考證出今日的公主佛堂，即上引文的「丹馬岩」，其地應在大河壩之北，呼裕云河之南。而自此至拉薩，玉樹恰居全線之中，乃適當的休息地點，兼籌備途間糧秣之處。若偏東，則路線過於紆曲而崎嶇；偏西，則中途糧食無從籌備。因此，玉樹確為唐蕃往來的必經地。文成公主一行，勢必也取道於此。又其地東南有一班青寺，內有依崖鑿建高達二丈的文成公主大石像。唐代鑿崖造像之術頗為盛行，公主入藏，隨行中有鑱石工匠，則此崖像，或即為公主自造像。故謂公主入藏時曾經此地。又所謂「彭波山」，即今巴顏喀喇山脈的柏穹拉，而「康」即藏人以為乃西康省地及玉樹一帶。「郭冬門」即鶻莽驛，在鶻莽峽側，其地當在當拉嶺南，哈喇烏蘇上游索克河近源部分。「九沙山」，即雅魯藏布江流

〔註49〕同註46。
〔註50〕《新唐書》卷二一六〈吐蕃下〉，頁 6102～6103。
〔註51〕同註11，頁 40。

域的北方緣山，羌塘荒原的南界。據此，與今日自西寧經玉樹入藏路線盡皆吻合。〔註52〕唐書所傳公主入藏事，藏籍所記公主入藏路線，也得銜接而不生矛盾。見圖三「文成公主入藏示意圖」。

第三節　文成公主入藏後之事蹟

漢籍中關於公主下嫁吐蕃後的事蹟，幾乎不曾留下任何的記載。還好吐蕃方面保存有相當多的資料，雖然大多出於附會，可信度極低，但仍可藉此勾勒出公主的大概輪廓，有一定的參考價值。本節各目即就所參校漢藏有關的史料，鈎索綜合，比次論述公主入藏後的種種情事。

一、有關疑點之澄清

西藏史中最易引起學者爭議的一個問題，是吐蕃王國的創建者松贊幹布的生、卒年。由於《歷史文書》的出現，松贊幹布的卒年已可肯定是在貞觀二十三年（西元649年）年底。〔註53〕至於其生年則仍未見有定論。《布敦佛教史》、《紅史》、《王統記》、《白史》、《賢者喜宴》、《倫主佛教史》等均主張松贊幹布生于丁丑年（即隋煬帝大業十三年，西元617年）；《青史》主張在己丑年（即陳宣帝太建元年，西元569年）；《王臣記》、《西藏歷史》引言則主張另一個己丑年（即唐太宗貞觀三年，西元629年）。〔註54〕若純粹就西藏本身的資料，與松贊幹布卒于西元617年的說法相印證，則松贊幹布的享壽也有三個不同答案，即三十三歲、八十一歲、二十一歲。依松贊幹布有生之年所立的事功來看，二十一歲的說法很顯然的無法成立，若起爭議的是另外兩個主張。

近人王沂暖氏提出新的觀點，認爲松贊幹布是生于癸丑年「即隋文帝開

〔註52〕同註46，頁58～61。
〔註53〕《歷史文書大事紀年》載：「……贊蒙文成公主由噶爾、東贊域宋迎娶來吐蕃之地，……。此後三年，赤松贊贊普（松贊幹布）之世，……此後六年，赤松贊贊普升遐，……及至狗年（高宗永徽元年、西元650年），秘厝贊普祖父赤松贊之遺骸于瓊瓦靈堂。」按公主入藏爲貞觀十五年（西元641年），以此時間爲定點，則此後三年即西元643年，此後六年，則指西元649年，接續提到的狗年爲西元650年，故贊普卒年可確定爲西元649年。至於說贊普在當年冬天去世，可參見蒲文成〈吐蕃王朝歷代贊普生卒考（一）〉一文的解說。文載《西藏研究》總第8期，頁97。
〔註54〕法尊：〈西藏前弘期佛教〉。文載《西藏佛教史略》附錄（四），頁278。

皇十三年、西元 592 年」。〔註 55〕此外日人楠基道氏也歸納出四種說法，其中除所引東蒙古史及 Schlagintwcit 主張松贊幹布生于西元 617 年的說法是重覆外，其餘三種主張均與上引諸說有所差異。〔註 56〕楠基道氏所贊成的是西元 617 年的說法，〔註 57〕再是群培（僧法增）也採取一致的態度。〔註 58〕薄文成氏亦有類似的主張，且對有關的疑點一一予以澄清：如松贊幹布是否能在三十三歲之前完成偌大事功，以及在子孫嗣立的問題上，都有極其詳盡的解說，〔註 59〕本文所採用的即為楠基道、薄文成的意見，另外，王忠氏的說法亦為本文參考之資（見本文第二章註 52）。

　　除上述有關松贊幹布生、卒年問題的提出外，公主是否曾改嫁一事，亦有可探討之處。日人山口瑞鳳氏謂公主入藏所嫁為松贊幹布之子貢松貢贊（ གུང་སྲོང་གུང་བཙན ），貢松貢贊於貞觀十七年（西元 643 年）卒，公主於三年後改嫁松贊幹布。〔註 60〕按公主改嫁的問題未見有其他學者特別將之提出討論，漢藏文史籍中也未見有關於此事的記載，山口瑞鳳氏究竟據何資料而有此主張，未免教人懷疑。若說此事有損唐人自尊，故漢文史料有意將之略去，〔註 61〕但藏人自身史料何以未載？按歷代和親公主的改嫁，朝廷多詔命公主從其烝報婚俗，〔註 62〕如漢解憂公主之下嫁烏孫先後事岑陬軍須靡、肥王翁歸靡、狂王泥靡三代君王，〔註 63〕隋義成公主先後下嫁突厥啓民、始

<hr>

〔註 55〕薄文成：〈吐蕃王朝歷代贊普生卒年考（一）〉。文載《西藏研究》總第八期，頁 95。

〔註 56〕楠基道：《西藏上古史考》，頁 41～42 歸納關於松贊幹布生年的四種說法，茲錄如下：

　　　　1. A.D.627 年　　Csoma 說。

　　　　2. A.D.617 年　　東蒙古史及 Schlagintweit 說。

　　　　3. A.D.616 年　　Huth 說。

　　　　4. A.D.600 年　　Rockhill 說。

〔註 57〕同前註，頁 42。

〔註 58〕同註 54，文中所引根敦群培（僧法增）所編「西藏政治史冊」語。

〔註 59〕同註 55，頁 95～105。

〔註 60〕Zuiho YAMAGUCHi： "Matrimonial Relationship between the Tu-fan and the T'ang Dynasties, P.83-85.

〔註 61〕山口瑞鳳：《吐蕃王國成立史之研究》，頁 68。

〔註 62〕烝報婚為收繼婚中的一種。父死，子收其庶母，在古代稱為烝或報。亦有夫死從亡夫的兄弟的「夫兄弟婚」，亦被納入為烝報婚的。參見阮昌銳：《中外婚姻禮俗之比較研究》，頁 215。

〔註 63〕《漢書》卷九六下〈西域傳〉，頁 984。

畢、處羅、頡利四代可汗；〔註64〕唐小寧國公主相繼嫁給迴紇英武、英義二可汗，〔註65〕均爲明顯例子。

《蒙古源流箋證》記公主十六歲入藏，「時汗年二十五歲，歲次辛丑（即太宗貞觀十五年，西元 641 年），迎唐朝文成公主於土伯特完姻」。〔註66〕此說不但證明松贊幹布的生年在西元 617 年，亦可推知其與公主兩人的年齡差距不大。今拉薩大昭（招）寺、布達拉宮等寺廟內所立的塑像，從外貌來看，松贊幹布與文成公主的年齡實相彷彿。按漢族傳統習慣爲早婚，如文成公主般的王室閨秀出嫁時的年齡應不超過二十。〔註67〕更有一個說法是公主下嫁時，松贊幹布才只二十歲。〔註68〕由此看來，文成公主與松贊幹布的年齡應該相當接近。甚且可以說是相當匹配的一對。公主再嫁的說法，在未有確切的證據出現之前，暫時可以擱置一旁。

二、贊普築城及甘慕漢化

松贊幹布在唐廷許以文成公主下嫁後，所表現出的喜悅，除親赴河源迎接公主，對護送公主的大唐使臣江夏王李道宗施以態度極其恭謹的子壻禮外；爲公主建造一城事，可視爲贊普興奮心情的持續，〔註69〕《舊唐書・本傳》載：

> 及與公主歸國，謂所親曰：「我父祖未有通婚上國者，今我得尚大唐公主，爲幸實多。當爲公主築一城，以誇示後代。」遂築城邑，立棟宇以居處焉」。〔註70〕

按其所築城邑即布達拉宮，〔註71〕除此以外，又爲公主建小招寺。〔註72〕《兩唐書・吐蕃傳》雖載吐蕃「有城郭廬舍不肯處，聯毳帳以居」。〔註73〕但卻是不甚確實。按吐蕃每逢夏、冬兩季都有固定的宮殿居住，此點在吐蕃《歷史

〔註64〕《舊唐書》卷一九四〈突厥傳〉，頁 5153。
〔註65〕《舊唐書》卷一九五〈迴紇傳〉，頁 5210。
〔註66〕同註 25。
〔註67〕同註 55，頁 102。
〔註68〕同註 60，頁 82 所引："dPaho gtsung lag hphren ba and hJigs med rdo rjes：History of Mongolian Lamaism P.7."
〔註69〕佐藤長：《古代チベット史研究》，頁 281。
〔註70〕同註 1，頁 5221～5222。又《新唐書》、《唐會要》、《通典》等所記略同。
〔註71〕同註 35，頁 7。
〔註72〕《衛藏通志》卷六寺廟條，頁 134。
〔註73〕同註 16，頁 6072。

大事紀年》文書中可找到證明，〔註74〕但吐蕃在其餘的時間裡似仍隨移動的
帳幕而作居停，贊普能為公主築一城作為居所，縱然背後有誇示後世又或有
其他的意義在，其待公主亦不能不說是優厚。〔註75〕

公主入藏對吐蕃的另一明顯影響，是贊普的甘慕漢化。贊普先是「歎大
國服飾禮儀之美，俯仰有愧沮之色」。〔註76〕繼而「釋氈裘，襲紈綺，慕華風，
革猜曠」，〔註77〕更遣諸豪子弟入國學研習詩、書，〔註78〕又請中國識文之人
典其表疏，〔註79〕凡此漢代的行動，贊普莫不積極進行。

吐蕃俗以赭色塗面為飾，但公主入藏後，見而惡之，贊普即令國人罷其
俗。〔註80〕公主篤信佛教，蒙古源流記載贊普與公主完婚後，「建立廟宇，不
可勝數」，〔註81〕又據《衛藏通志》載：「布達拉、大招，皆與文成公主有關」。
〔註82〕另有傳說謂，贊普曾派遣使臣入唐請求於山西（Shansi）境內建廟，獲
得允許，五台山（Wu-tai-Shan）的廟宇因此而得建立。〔註83〕上述種種作為，
莫不是因為文成公主的緣故，唐蕃之間親善關係自此趨於緊密。

三、贊普傾誠唐室

自從吐蕃與唐朝建立姻親關係後，經由公主的管道，吐蕃大量輸入中原
的文物。但贊普亦因此而加深其仰慕中原之心，傾誠擁戴唐室，下述三個例
子可資證明：

1. 貞觀二十一年（西元647年），太宗以龜茲王訶黎布失畢浸失臣禮，侵
犯鄰國，便詔使持節阿史那社爾、契苾何力、郭孝恪等將兵擊之。吐
蕃與鐵勒十三州、突厥、吐谷渾等皆受命連兵進討。〔註84〕

〔註74〕《敦煌本吐蕃歷史文書大事紀年》部份，頁101～121。
〔註75〕同註69。
〔註76〕同註1，頁5222。
〔註77〕《冊府元龜》卷九七八外臣部和親一條，頁11496。
〔註78〕同註16。
〔註79〕同註1，頁5222。
〔註80〕同註1，頁5222。註77。註16。
〔註81〕同註25，頁69。
〔註82〕同註72，頁131。
〔註83〕Tsepon W.D. Shakabpa："Tibet A Political history" P.28.
〔註84〕《資治通鑑》卷一九八〈唐紀十四〉太宗貞觀二十一年十二月條，頁6250～
6251。

2. 同年（西元 647 年），太宗伐遼東還，吐蕃遣祿東贊來賀，奉表曰：「聖天子平定四方，日月所照之國，並爲臣妾，而高麗恃遠，闕於臣禮。天子自領百萬，度遼致討，隳城陷陣，指日凱旋。夷狄纔聞陛下發駕，少進之間，已聞歸國。雁飛迅越，不及陛下速疾。奴忝預子壻，喜百常夷。夫鵝，猶雁也，故作金鵝奉獻」。〔註85〕

3. 二十二年（西元 648 年），右衛率府長吏王玄策奉使至天竺，諸國皆遣使入貢。遇中天竺王尸羅逸多卒，國中大亂，其臣阿羅那順自立，發胡兵攻玄策。玄策領隨從三十人與戰，力弱不敵，悉數被擒。阿羅那順便藉機盡掠諸國貢物。玄策伺機乘夜逃脫，至吐蕃西境，以書向吐蕃求援。吐蕃即遣精銳一千兩百人，另知會泥婆羅派七千餘騎赴陣。與阿羅那順連戰三日，大破之。吐蕃隨遣使入唐獻捷。〔註86〕

四、贊普卒後唐蕃關係之演變

　　公主入藏未及十年而贊普卒，對唐蕃之間親善關係的維繫，不啻說是一大衝擊。公主下嫁至贊普死前九年（西元 641～649 年），唐蕃兩國並無發生任何的戰事；甚至吐蕃因爲與唐朝友好的緣故，與其大敵吐谷渾也不曾干戈相向。然而贊普死後，吐蕃對唐的態度便逐漸轉變。

　　當太宗崩，高宗嗣位之際，贊普致書于長孫無忌等云：「天子初即位，臣下有不忠者，當勒兵赴國討除之。」胡三省作注曰：「吐蕃以太宗晏駕，因有輕中國之心矣」。〔註87〕然而在高宗龍朔三年（西元 663 年）以前，雙方仍無明顯的衝突，侯林柏氏自文成公主於貞觀十五年（西元 641 年）正月下嫁吐蕃起，至龍朔三年（西元 663 年）止，共二十三年，劃爲吐蕃歸附和平時期。〔註88〕實質唐與吐蕃間親善關係的建立應向前推至唐朝許婚之時，亦即貞觀十二年（西元 638 年）秋冬之交，而此關係的維繫至高宗顯慶五年（西元 660 年）已起變化，因爲當年八月，吐蕃祿東贊以吐谷渾內附故，牽銳兵擊之，〔註89〕唐蕃雙方間接上已有衝突。不過，在這以前——尤其是太宗在位時，吐蕃對唐朝所表示的態度的確是相當恭順，筆者以爲有三個原因：

〔註85〕同註 1，頁 5222。
〔註86〕《資治通鑑》卷一九九〈唐紀十五〉太宗貞觀二十二年五月條，頁 6257～6258。
〔註87〕《資治通鑑》卷一九九〈唐紀十五〉高宗永徽元年條，頁 6270。
〔註88〕侯林柏：《唐代夷狄邊患史略》，頁 108。
〔註89〕《資治通鑑》卷二百〈唐紀十六〉高宗顯慶五年八月條，頁 6321。

1. 當時唐帝國國威隆盛，吐蕃則是內憂外患頻仍，論國力自不足與唐爭持。既得和親結好，恃此則內可促成團結，外可傲視諸蕃，故而樂意為之。

2. 藉與公主和親之便，得以吸納中原文化，並得到豐厚的物事賜與，可以改善其人的生活，加速國內的經濟建設。

3. 太宗英明神武，贊普或是懾於「天可汗」的威名而未敢造次。上引贊普致書長孫無忌事，胡三省所作注語便可偵知。

其後雙方關係的轉變亦是其來有自，首先認清的是吐谷渾為唐與吐蕃之間的緩衝國。吐蕃種性強悍，「侵略土地以資強大」〔註90〕又是既定國策。加上繼位贊普年幼，國事委諸國相祿東贊。〔註91〕祿東贊力求擴張，遇上唐高宗的庸懦，一再失策。遂有後來因為吐谷渾統治權的爭奪，雙方發生正式衝突，及至咸亨元年（西元 670 年）大非川一役，唐蕃原來的親善友好亦轉變為對抗的態度，自此日趨明顯。下章當詳加說明。

五、公主婚姻生活之臆測及其薨逝

高宗永隆元年（西元 680 年）冬十月丙午，文成公主薨。〔註92〕計公主在藏四十年。由於漢籍中缺乏有關資料的記載，故公主在藏的生活僅賴藏籍而得知一二。若純就婚姻生活而言，公主雖與松贊幹布結褵九年（西元 641～649 年），但《歷史文書大事紀年》載：「（贊普）與贊蒙文成公主同居三年耳」。〔註93〕日人佐藤長氏以為公主入藏後，有好幾年的時間，由於吐蕃內部有叛亂事件發生，贊普親往遠征，公主並未隨同前往，因此，公主獨守閨闈，較諸與贊普共聚的時間為多。〔註94〕

松贊幹布在迎娶文成公主時，未必知道公主的真正身份。公主而外，贊普另納有尼泊爾公主等數位王妃，其姓氏及迎娶先後次序，各書所記略有不同。《王統記》云：

漢公主與尼泊爾公子（主）俱無子。又納香雄妃，亦無子，……又

〔註90〕湯承業：《李德裕研究》，頁 326。

〔註91〕松贊幹布卒，其嫡子早死，孫年幼嗣位，故政事皆委決於國相祿東贊。見《兩唐書・吐蕃傳》載。

〔註92〕《資治通鑑》卷二百二〈唐紀十八〉高宗永隆元年冬十月丙午條，頁 6399。

〔註93〕同註 74，頁 101。

〔註94〕同註 69，頁 284。

　　納乳密妃，亦無子，……又納木雅妃，亦無子，……此後，從上方
　　芒域，納芒妃尺姜，彼有授記，將生一子。〔註95〕

又據《印度藏民學校藏文教科書五》——一冊載：

　　松贊幹布諸妃，有從上阿里三區娶象雄妃，從下哆康六崗娶木雅爲
　　容妮，從中衛藏四茹娶兌隆瑪后，連同尼、唐共五妃。〔註96〕

此外，《王臣記》與日人楠基道著《西藏上古史考》所引傳記的記述，大致上
無甚差異。〔註97〕

　　如依據《王統記》、《王臣記》的記載，謂贊普是爲了求取子嗣而納妃的
說法。文成公主並無所出，則所受寵幸不無可議之處。藏史每謂祿東贊入唐
請婚時屢受刁難，其後更被覊留作人質，因而記恨在心。故於公主入藏後，
對公主施以百般留難，使公主與贊普不得晤面達一月之久。公主一面因遠嫁
異國而愁苦，一面受尼泊爾公主的妒忌而嗟怨，遂彈琵琶而作歌以抒懷。歌
罷，即欲辭歸漢地。祿東贊始引贊普與之相見，贊普亦以歷時一月，未與公
主會晤而感到歉悔。〔註98〕但若據漢籍所載，公主入藏後，贊普爲其築城，
罷赭面俗，襲華風，甘慕漢化等種種施爲看來，贊普對公主實在是鍾愛萬分，
佐藤長氏也認爲漢籍記載應可採信。〔註99〕又祿東贊在唐廷非但未受歧視，
且極得太宗賞識。《舊唐書·本傳》載：

　　初，太宗既許降文成公主，贊普使祿東贊來迎。召見顧問，進退合
　　旨，太宗禮之，有異諸蕃。乃拜祿東贊爲右衛大將軍，又以琅邪長
　　公主外孫女段氏妻之。〔註100〕

此與藏史所記迥然有異。公主受尼泊爾公主的嫉妒，以至於公主因受冷落，
而借琵琶歌怨，或眞如作任乃强氏所言「贊普以娶上國貴女，或將慮其驕傲
難制，故避不見，縱令臣妾挫抑其氣而後撫之，事或有也」。〔註101〕但祿東贊

〔註95〕同註 11，頁 52。
〔註96〕《印度藏民學校藏文教科書五》——一冊，頁 10。
〔註97〕同註 12，頁 42 載：「唐、尼兩妃因未生育子女，故松贊王復娶汝容妃、相熊
　　　　妃、茂妃等。」楠基道：《西藏上古史考》，頁 62 載：「松贊幹布自所征服之
　　　　四部落中，各娶王妃一人。此四部落爲 Ang Ung 族、Ruyung 族、Minyak
　　　　（=Tanghuts）族、以及 Sdad ung mong 族。」
〔註98〕同註 11，頁 42～43。
〔註99〕同註 69，頁 285。
〔註100〕同註 1，頁 5223。
〔註101〕同註 46，頁 63。

所言「一切漢人，皆輕視我」，「尤以漢王待人不公，即公主本人，亦厭惡西藏也」，〔註102〕以及吐蕃所施於公主的一切報復行爲，應該不是事實。

至於公主的薨逝，藏史云其與尼泊爾公主均化爲優婆羅花，分別融入松贊幹布的左右肩中，松贊幹布隨又融入於本尊之身，〔註103〕荒誕至極，無庸置信。可惜在其他的史籍中也未見有關的記載，但今日藏人每年還在特地規定的兩個節日中紀念公主，〔註104〕而在舞蹈、歌謠、戲劇等各方面也都借用公主作爲題材，由此可見公主在藏人心中地位的重要。

〔註102〕同註11，頁44。

〔註103〕同註11，頁57。

〔註104〕王輔仁、索文清：《藏族史要》，頁24。按兩個紀念節日，一爲正月十五公主入藏日，另一爲十月十五公主誕辰。參見焦應旂：《西藏誌歲節條》，頁94。

第四章　金城公主之和親

第一節　和親關係之再建立

一、兩次和親間唐蕃關係之演變

　　吐蕃與唐交結未久，即圖以軍事行動作為對唐實力的試探，但於松州一役失利後，松贊幹布便以求和親的方式向唐廷表示屈服。太宗貞觀十五年（西元641年）文成公主入藏後，唐蕃雙方關係日趨親善，終松贊幹布之世（西元617～649年），西線無警，吐蕃對唐的態度極見恭順。羅香林氏且以為吐蕃曾參加天可汗的組織。〔註1〕法國學者 Grenard 亦認為吐蕃雄主松贊幹布承認了唐廷的宗主權。〔註2〕雖則王忠氏提出懷疑，謂松贊幹布與唐通婚將近十載而未出兵攻唐，乃由於羊同未服，吐蕃力量被吸引於西部有關。〔註3〕或謂松贊幹布因仰慕中原文物，故力求修好以利吸納；更兼此時正逢唐廷英主太宗在位，吐蕃亦難有可乘之機。但在太宗至高宗初期，唐蕃關係融洽，洵為不爭的事實。

　　貞觀二十三年（西元649年）太宗崩逝，同年末，松贊幹布卒，唐蕃之間的關係漸生變化。唐廷方面，高宗「儒仁無遠略」，〔註4〕不類乃父。太宗晚年

〔註1〕　參見羅香林：〈唐代天可汗制度考〉，文載《唐代文化史》，頁65～66。
〔註2〕　Grenard, F. "Le Tibet, Le Pays et les Habitants." p.242 轉引自 TIEH-TSENG LI, "The Historical Status of Tibet." p.12
〔註3〕　王忠：《新唐書吐蕃傳箋證》，頁27。
〔註4〕　《新唐書》卷二一六〈吐蕃上〉，頁6077。又高宗本紀贊更言高宗為「昏童」，謂其「溺愛衽席，不戒履霜之漸，而毒流天下，貽禍邦家。」見《新唐書》

之所以連番用兵，或許就是因爲李治庸懦，故要及其身之未老，徹底解決邊疆問題。但對東北高麗的迭次征討，未能即時奏功。高宗時，秉承乃父遺志，其後雖討平高麗，却也大大損耗了唐廷的國力，且形成高宗避戰的心理，[註5] 以致後來吐蕃的寇邊，唐廷徒有招架之功，而無還擊之力。吐蕃方面，因「弄贊子早死，其孫繼立，復號贊普，時年幼，國事皆委祿東贊」，[註6] 而形成一由大相統治王朝的局面。在大相攝政期間，贊普本身反無實權，留居在位只作爲政府的一個象徵而已。[註7] 祿東贊頗富才略，且極具領土野心。當其入唐迎娶文成公主時，甚得太宗的禮遇。及總攬吐蕃軍政大權，對外即一意採行擴張政策。唐廷邊境亦從此多事。王吉林氏謂「吐蕃與唐關係之惡化，始於唐高宗時，其原因爲人事上之因素」，[註8] 不無道理。

《歷史文書大事紀年》載祿東贊在大相任內，曾各處奔走，或出獵，或擊敵，或考察，或作其他政治上的活動，[註9] 而其中有七年的時間都留駐在吐谷渾，爲吞併吐谷渾作積極的部署。[註10] 高宗顯慶年間，吐蕃的侵略行爲漸次顯露，甚而不惜觸犯唐廷。元年（西元 656 年），祿東贊率兵一十二萬擊白蘭氏；[註11] 四年（西元 659 年），達延莽布支與唐將蘇定方交戰於烏海之東岱（今青海冬給措納湖）；[註12] 五年（西元 660 年），藉口吐谷渾內附，祿東贊遣其子起政（尊業多布 mGar-bCan-Sña-ldom-Bu）將兵往擊。[註13] 其

卷三〈高宗本紀〉，頁 79。

〔註5〕 高宗曾言：「……往者滅高麗、百濟，比歲用師，中國騷然，朕至今悔之。」見《新唐書》卷二一六〈吐蕃上〉，頁 6077。

〔註6〕 《舊唐書》卷一九六〈吐蕃上〉，頁 5222。

〔註7〕 Hoffmann Helmut, "Tibet：A Handbook," p.42

〔註8〕 王吉林：《唐代南詔與李唐關係之研究》，頁 84。

〔註9〕 參見《敦煌本吐蕃歷史文書大事紀年》，頁 101～103。

〔註10〕 參見李方桂：〈吐蕃大相祿東贊考〉，文載《國際漢學會議論文集》，頁 372～373。

〔註11〕 《冊府元龜》卷九九五外臣部交侵條，頁 11687。

〔註12〕 此次戰事見載於《敦煌本吐蕃歷史文書大事紀年》高宗顯慶四年（羊年、己未，公元 659 年）條，其下文續曰：「達延亦死，以八萬之眾敗于一千。」（按達延莽布支爲吐蕃大相，《賢者喜宴》一書有其故事。見《歷史文書》頁 207 載）惟翻檢新、《舊唐書·蘇定方傳》及其他史冊，卻未見有關記錄。如依《資治通鑑》二百〈唐紀十六〉，高宗顯慶四年十一月癸亥條載：「以左驍衛大將軍蘇定方爲安撫大使討（思結俟斤都曼）軍至業葉水……次年春正月，定方獻俘。」則定方與達延莽布支戰烏海似不可能。但如此事屬實，則唐蕃之間的正面衝突便得往前推移，文成公主和親吐蕃的效果亦要大打折扣。但勿論如何，唐蕃雙方的正式決裂，仍當在咸亨元年（西元 670 年）的大非川一役。

〔註13〕 《資治通鑑》卷二百〈唐紀十六〉高宗顯慶五年條，頁 6321。

時唐廷正銳意經營東北之高麗，並未省察吐谷渾所居青海地區戰略地位的重要。因吐蕃一旦控有此區，則唐帝國的西部邊境：包括西域、河西、隴右、劍南一帶，完全暴露在吐蕃兵鋒威脅之下。〔註14〕且吐谷渾可爲唐蕃之間的勢力緩衝帶，唐廷却未知引以爲助力以抗吐蕃擴展，而於龍朔、麟德年間，吐蕃與吐谷渾遞相表奏，各論曲直，更來求援之際，〔註15〕竟謂「國家依違，未爲與奪」，〔註16〕致令吐谷渾輕易落入吐蕃的掌握。唐廷雖曾於此時表示關切，詔以涼州都督鄭仁泰屯守涼、鄯二州，備禦吐蕃。另派遣蘇定方爲安集大使，節度諸軍支援吐谷渾，〔註17〕但實際上並無採取任何的行動。吐蕃羽翼既豐，惟對唐廷似仍心存顧忌，故一方面雖積極進行併略，一方面則遣使請和。〔註18〕藉此，一則可引開唐廷的注意力，再者可窺知唐廷的意向。毋怪湯承業氏云：「侵略土地以資強大，乃是吐蕃既定國策；而以和盟掩護偷襲，又是吐蕃之傳統技倆」。〔註19〕惜唐廷一再失策，吐蕃乃得於麟德二年（西元665年）侵佔于闐；〔註20〕乾封二年（西元667年），破生羌十二州，〔註21〕同年，祿東贊死，其家族繼掌國政，更圖謀向西域發展。因爲「吐蕃必須取得西域，然後才能成其大；而欲侵略中國，又須越過吐谷渾，方至河西之地」。〔註22〕故吐蕃於咸亨元年（西元670年）夏四月陷西域十八州後，隨率于闐取龜茲撥換城，以致龜茲、于闐、焉耆、疏勒四鎮並廢。〔註23〕由是給予唐廷極大的震撼。唐廷歷來十分重視安西四鎮，因爲四鎮爲「絲綢之路」必經之處。四鎮被吐蕃攻佔，唐廷到西北一線以至中亞的交通便被切斷，此對唐廷西北地區構成了嚴重的威脅。而吐蕃於掠取富庶的安西四鎮後，除可鎮儦羌人諸部，復可把住通商要道上的商旅稅收，加上四鎮距離吐蕃本部不遠，比較方便控制。因此，吐蕃早就蓄謀與唐廷爭奪此地。〔註24〕唐廷有鑑於此，

〔註14〕康樂：《唐代前期的邊防》，頁64。

〔註15〕《資治通鑑》卷二百一〈唐紀十七〉高宗龍朔三年條，頁6335。

〔註16〕同註6，頁5223。

〔註17〕同註15，頁6336。

〔註18〕《通鑑紀事本末》卷二九吐蕃請和條，頁1427。

〔註19〕湯承業：《李德裕研究》，頁326。

〔註20〕《資治通鑑》卷二百一〈唐紀十七〉高宗麟德二年條，頁6344。

〔註21〕《資治通鑑》卷二百一〈唐紀十七〉高宗乾封二年條，頁6351。

〔註22〕同註19，頁319。

〔註23〕《資治通鑑》卷二百一〈唐紀十七〉高宗咸亨元年條，頁6363。

〔註24〕王輔仁、索文清：《藏族史要》，頁25～26。事實上，吐蕃與唐廷爲爭奪安西四鎮，早在麟德年間（西元664、665年）已有間接的衝突。《冊府元龜》卷九九

遂令征東長勝名將薛仁貴，率同阿史那道真、郭待封往討吐蕃。其目的，當在求四鎮的恢復，與護送吐谷渾回故地。孰料將帥不和，貽誤戎機，大非川（今青海共和縣境）一役，唐軍大敗，幾致全軍覆沒，吐谷渾全國則盡沒於吐蕃手中。〔註25〕因文成公主的和親而建立的親善關係，自是破壞無遺。

由於雙方交惡，以致兵禍連年。大非川一役戰敗，唐帝國的聲威為之大大折損，而吐蕃擴張的意念則愈形加強。自此年（咸亨元年，西元 670 年）起，直至中宗景龍元年（西元 707 年）唐蕃二度和親，唐廷許以金城公主下嫁吐蕃贊普，彼此關係重新修好止，三十七年間，吐蕃幾無時不為邊患。侵擾唐境，謀掠西域以外，更欲與唐爭奪雲南西洱河區的統治權。此時期，祿氏家族仍掌理吐蕃軍政大權，故侯林柏氏將之專劃為「祿東贊論欽陵專政寇邊時期」。〔註26〕據《歷史文書》載，松贊幹布之後的三位贊普：芒孫芒贊、都松芒薄結（Dus-Srong-Mang-Po-rje）（器弩悉弄）、墀得祖敦（Khri-lDe- gTsug-brtan）（棄隸蹜贊）皆年幼立位，祿氏家族乃得接連攝政。祿東贊於高宗乾封二年（西元 667 年）卒，西元 667～685 年間，其子尊業多布任大相，西元 685 年起，孫欽陵任大相。〔註27〕欽陵頗知兵，居中用事，弟贊婆等則分據各方。〔註28〕吐蕃即在此段祿東贊論欽陵祖孫〔註29〕兄弟攝政期間，積極對外發展。呂思勉氏云：「吐蕃之大為中國患，一在高宗、武后之世。」而「高宗、武后時之邊禍，祿東贊父子為之。」〔註30〕權臣擅國，邊事紛擾，似亦勢所不能免。

高宗咸亨三年（西元 672 年）夏四月，吐蕃遣大臣仲琮入貢，唐廷隨遣都水使者黃仁素往報聘，〔註31〕翌年（西元 673 年）十二月，弓月、疏勒來

五外臣部交侵條載：「麟德二年（西元 664 年）閏三月，疏勒、弓月兩國共引吐蕃之兵，以侵于闐，詔西川都督崔知辨及左武衛將軍曹繼叔率兵救之。」而先前一年，吐蕃贊普即已巡行北境（具體而言，北境乃指新疆南部地區，即從于闐到沙州一線），想當與此事有關。（見《歷史文書大事紀年》頁 103 載）

〔註25〕《新唐書》卷二一六〈吐蕃上〉，頁 6076。

〔註26〕侯林柏：《唐代夷狄邊患史略》，頁 110～111。

〔註27〕同註9，頁 103～105。

〔註28〕同註6，頁 5225。

〔註29〕《張說之文集》卷十七〈撥川郡王碑〉云：「撥川王論弓仁者，源出於疋末城，吐蕃贊普之王族也。曾祖贊，祖尊，父陵，代相蕃國。」又《新唐書》卷一百一十〈諸夷蕃將論弓仁傳〉云：「論弓仁，本吐蕃族也。父欽陵，世祖其國。」以之與《歷史文書》相參照，則祿東贊與論欽陵，實為祖孫關係。

〔註30〕呂思勉：《讀史札記》，頁 1071。

〔註31〕《冊府元龜》卷九九八外臣部奸詐條，頁 11711。

降。〔註32〕吐蕃或以此故，而於上元二年（西元 674 年），再遣大臣論吐渾彌來請和，且求與吐谷渾修好，帝未許。〔註33〕吐蕃「戰有利則戰，和有利則和」，〔註34〕主動權全然操於手中。儀鳳元年（西元 676 年）後，連歲東下，唐軍與戰，累戰累敗，尤其青海一役，唐軍竟以十八萬之眾敗北，更是唐帝國的一次嚴重挫折。〔註35〕俄而吐蕃得生羌為嚮導，攻陷安戎城，西洱諸蠻盡皆降歸。此時為吐蕃強盛時代。《資治通鑑》卷二百二〈唐紀十八〉載稱：

> 吐蕃盡據羊同、党項及諸羌之地，東接涼、松、茂、巂等州，南鄰
>
> 天竺，西陷龜茲、疏勒等四鎮，北抵突厥，地方萬餘里，諸君之盛，
>
> 莫與為比。〔註36〕

唐廷與之相較，似猶有所不及。陳伯玉〈上西蕃邊州安危事〉三條之三云：「伏惟吐蕃桀黠之虜，自為邊寇，未嘗敗衄」。〔註37〕又〈諫雅州討生羌書〉云：「……邇來二十餘戰，（吐蕃）大戰則大勝，小戰則小勝，未嘗敗一隊，亡一矢」。〔註38〕吐蕃武力實確然可觀。高宗且曾因吐蕃犯塞，而停封中嶽。〔註39〕也曾博咨近臣，求制馭之策，然終亦無功。據《資治通鑑》云：

> 上以吐蕃為憂，悉召待臣謀之，或欲和親以息民；或欲嚴設守備，俟
>
> 公私富實而討之；或欲亟發兵擊之。議竟不決，賜食而遣之。〔註40〕

調露元年（西元 679 年）二月，高宗聞吐蕃贊普卒，〔註41〕而嗣主未立，詔裴行儉乘間經略。行儉以「欽陵為政，大臣輯睦」，〔註42〕難有間隙，遂止。此正如仲琮所言，吐蕃所以久而彊，實因國法嚴整，上下齊力；議事自下，能因人所利而行。〔註43〕故雖逢政局變革，用事大臣仍能掌持變局，外敵便

〔註32〕《資治通鑑》卷二百二〈唐紀十八〉高宗咸亨四年條，頁 6371。

〔註33〕《通鑑紀事本末》卷二九吐蕃請和條，頁 1428。

〔註34〕同註 3，頁 41。

〔註35〕《資治通鑑》卷二百二〈唐紀十八〉高宗儀鳳三年條，頁 6385。

〔註36〕《資治通鑑》卷二百二〈唐紀十八〉高宗永隆元年條，頁 6396。

〔註37〕《陳伯玉文集》卷八〈上西蕃邊州安危事〉三條之三，頁 75。

〔註38〕《陳伯玉文集》卷九〈諫雅州討生羌書〉，頁 78。

〔註39〕《資治通鑑》卷二百二〈唐紀十八〉高宗儀鳳元年條，頁 6379。

〔註40〕同註 35，頁 6386。

〔註41〕《冊府元龜》卷六六二奉使部便宜條，頁 7919。

〔註42〕據《歷史文書大事紀年》載，吐蕃贊普實死於高宗儀鳳元年（西元 676 年）。疑其時吐蕃與唐正進行大戰準備，故秘其喪。儀鳳四年（西元 679 年）戰事結束，吐蕃使入唐報喪。見王忠：《新唐書吐蕃傳箋證》，頁 46。

〔註43〕《新唐書》卷二一六〈吐蕃上〉，頁 6076。

難以圖謀。文成公主於同年十月，遣大臣論塞調旁來告喪，並請和親。帝未許。遣郎將宋令文往吐蕃會贊普之葬。〔註44〕翌年（永隆元年，西元680年）冬十月丙午，公主薨。〔註45〕計公主在吐蕃四十年，漢文典籍有關公主事蹟的記載幾乎是一無所有。〔註46〕就當時唐蕃雙方交惡的情形看來，公主居中似未能發生任何的調解作用。吐蕃的寇犯，幾乎是無時或止。

至武后主政，一反前朝的被動，但前此作為唐北方邊防屏障的突厥、契丹、奚等外族，已紛紛宣告獨立；而西南方面，洱海諸蠻亦在吐蕃膨脹的勢力下，歸附吐蕃。迫使唐廷將在此地的據點姚州廢置。〔註47〕故真正對唐構成威脅的仍屬吐蕃。據《歷史文書》載吐蕃在此期間的盟會，並向其週邊臣屬諸國徵集兵丁，收納貢稅的次數相當頻密。〔註48〕吐蕃之所以長期積極的充實戰力，其目的當在侵軼唐境。武后識見深遠，用將專精且嚴於獎懲，自不願守成而亟欲打敗吐蕃，以解決西徼的大患。從下列的一些記載，可以看出武后的專決。垂拱三年（西元687年），命韋待價將兵擊吐蕃；〔註49〕四年（西元688年），武后欲發梁、鳳、巴、蜑，自雅州開山通道，出擊生羌，因襲吐蕃，後以工程過於浩大而作罷。〔註50〕永昌元年（西元689年）七月，韋待價與吐蕃戰于寅識迦河，敗績。安西副都護唐休璟收餘眾，安撫西土。〔註51〕天授二年（西元691年），命岑長倩討擊吐蕃。〔註52〕長壽年間，吐蕃內部似有不穩，元年（西元692年）二月己亥，吐蕃党項部落萬餘人內附；同年五月，吐蕃酋長曷蘇率部來降，事雖不成，却使唐廷得有間隙，王孝傑大破吐蕃，收復四鎮。〔註53〕此

〔註44〕《冊府元龜》卷九七九外臣部和親二，頁11498。

〔註45〕同註36，頁6399。

〔註46〕同註3，頁49。又王氏引義淨：《大唐西域求法高僧傳》卷上〈玄照傳〉云：「到吐蕃國，蒙文成公主送往北天。……路次尼婆羅國，蒙國王發遣，送至吐蕃，重見文成公主，深致禮遇，資給歸唐。」此殆為一般人所知曉的一條資料，其他有關的記載概未得見。藏文典籍雖則記錄甚多，但多語涉神話，惟經爬梳，當亦具參考價值。

〔註47〕北方突厥等族叛亂在高宗調露元年（西元679年），而姚州之廢，據王吉林氏言，當在儀鳳三年（西元678年）之前；再置姚州，則在垂拱四年（西元688年）或稍後。見《唐代南詔與李唐關係之研究》，頁89～92。

〔註48〕同註9，頁104～109。

〔註49〕《資治通鑑》卷二百四〈唐紀二十〉則天后垂拱三年條，頁6446。

〔註50〕《資治通鑑》卷二百四〈唐紀二十〉則天后垂拱四年條，頁6455～6456。

〔註51〕《資治通鑑》卷二百四〈唐紀二十〉則天后永昌元年條，頁6459。

〔註52〕《冊府元龜》卷九八六外臣部征討五，頁11581。

〔註53〕《資治通鑑》卷二百五〈唐紀二一〉則天后長壽元年條，頁6482～6488。

對唐蕃雙方士氣的影響甚大，往後吐蕃雖仍不斷寇邊，但唐廷已由被動變為主動，故彼此交戰是互有勝負。萬歲通天元年（西元 696 年），唐軍兩敗於吐蕃，然未幾，吐蕃復遣使者請和，並提出條件。一為唐罷四鎮戍兵，一為分十姓突厥之地。〔註 54〕考吐蕃之所以如此，疑因吐蕃內部仍處於矛盾當中。其時祿氏家族掌政已有半世紀之久，〔註 55〕其他官族自難免心生妒恨，遂起而與之抗爭，又「（贊普）器弩悉弄既長，欲自得國，漸不平，乃與大臣論巖等圖去之」。〔註 56〕郭元振亦自有先見，《資治通鑑》載其上武后疏云：

> 吐蕃百姓疲於傜戌，早願和親，欽陵利於統兵專制，獨不欲歸款。
> 若國家歲發和親使，而欽陵常不從命，則彼國之人怨欽陵日深，望
> 國恩日甚，設欲大舉其徒，固亦難矣。斯亦離間之漸，可使其上下
> 猜阻，禍亂內興矣。〔註 57〕

果然，於武后聖曆二年（西元 699 年），吐蕃贊普都松茫薄結以欽陵提兵居外，乃藉言出獵，先勒兵執殺其親黨二千餘人，繼而親討欽陵。未戰，欽陵已兵潰自殺。〔註 58〕王忠氏謂欽陵得罪原因之一當與經營四鎮無功有關，並引通鑑考異十一萬歲通天元年（西元 696 年）吐蕃請和親條云：「御史台記論欽陵必欲得四鎮及益州通市乃和親，朝廷不許。……欽陵入寇，果無功，由是得罪於其國」。〔註 59〕但勿論如何，祿氏家族專政的局面，因欽陵的被誅而宣告結束。而唐蕃二度和親之機却自此開啟。呂思勉氏云：「苟非此等權臣擅國之時，修好尋盟之使，固亦相繼於道」。〔註 60〕若依吐蕃種性，則此說尚有可商榷處，〔註 61〕但

〔註 54〕同註 6，頁 5225。
〔註 55〕祿東贊於太宗朝已相其國，其子尊業多布於西元 667～685 年任大相。尊業之子欽陵復於西元 685 年繼其任，祖孫三代掌權，直至西元 699 年欽陵為吐蕃贊普討伐，兵敗自殺，祿氏家族之權勢方止。見《歷史文書》頁 101～108。
　　　　另：Hoffmann Helmut, "Tibet：A Handbook," p.43
〔註 56〕同註 43，頁 6080。關於此書，《歷史文書》頁 222 有頗詳盡的記載，謂贊普於西元 695 年即藉故將祿氏家族重要成員「恭頓」殺死，並公開定判，公布罪狀，先在吐蕃社會上造成輿論。西元 696 年，免去欽陵主持盟曾之權。西元 697 年，贊普親自主盟，事實上已做好誅刈祿氏家族的一切準備。
〔註 57〕《資治通鑑》卷二百五〈唐紀二一〉則天后萬歲通天元年條，頁 6509。
〔註 58〕同註 56。惟《歷史文書》繫此事在武后聖曆元年（西元 698 年），或謂唐以得消息之日記錄其事，遂相差一年。見頁 108 載。
〔註 59〕同註 3，頁 55～56。
〔註 60〕呂思勉：《讀史札記》，頁 1072。
〔註 61〕吐蕃是雖居城郭而又不失遊牧本性的軍國主義民族，具有農業民族注重土地控制權的性格，考其擴張與征服行動之帶有領土野心，地理上的因素催使其

也不失爲知論。

二、唐蕃二度和親

在祿氏家族掌政時期（西元 650～699 年），吐蕃雖頻歲寇邊，但仍不時派遣使者入唐，且曾數度向唐廷請求和親。如高宗顯慶三年（西元 658 年）冬十月庚申，吐蕃贊普遣使來請婚，獻金球闕及牦牛尾。〔註62〕龍朔三年（西元 663 年）六月，祿東贊遣使人論仲琮入朝，除表陳吐谷渾之罪外，仍請和親。〔註63〕調露元年（西元 679 年）冬十月癸亥，吐蕃文成公主遣大臣論塞調旁來告贊普芒松芒贊之喪，並請和親。〔註64〕以及武后萬歲通天元年（西元 696 年）時，吐蕃復遣使請和親。〔註65〕前後四次，唐廷以吐蕃時和時寇，反覆無常，故皆不予允許。然久經戰禍，思治求安之心，唐廷亦一如吐蕃。郭元振上武后疏所云「每歲發和親使」，〔註66〕固然爲離間之策，但武后在吐蕃請求和親之際，命郭元振「往察其宜」，〔註67〕殆爲日後唐蕃二度結親的先聲。

論欽陵被誅滅後，未幾，吐蕃遣將麴莽布支寇涼州，圍逼昌松縣，隴右諸軍大使唐休璟敗之于洪源谷。〔註68〕洪源谷爲欽陵弟贊婆所守，贊婆於欽陵敗後，即率所部千餘人及其兄子莽布支（即論弓仁）等來降，極得唐廷禮遇，〔註69〕故王忠氏認爲吐蕃此次出兵，其目的乃在消滅欽陵的殘餘勢力。〔註70〕武后長安二年（西元 702 年）九月乙卯，吐蕃遣其臣論彌薩來求和，〔註71〕此或是吐蕃爲掩飾其內部的紛亂而作出的舉動；同年十月戊申，贊普自將萬騎攻悉州，但爲都督陳大慈所敗。〔註72〕吐蕃之所以和而復戰，疑是藉此以

向外發展外，當與其帝國內部的問題有關。湯承業：《李德裕研究》，頁 315、326；及康樂：《唐代前期的邊防》，頁 9～10，註 9 有極詳盡説明可供參考。

〔註62〕《冊府元龜》卷九七九外臣部和親二，頁 11498。《新唐書・吐蕃傳》載吐蕃貢獻之物爲金盎、金頗羅等，見頁 6075。

〔註63〕《冊府元龜》卷九九六外臣部責讓條，頁 11696。

〔註64〕《資治通鑑》卷二百二〈唐紀十八〉高宗調露元年條，頁 6392。

〔註65〕《資治通鑑》卷二百五〈唐紀二一〉則天后萬歲通天元年條，頁 6508。

〔註66〕《舊唐書》卷九七〈郭元振傳〉，頁 3044。

〔註67〕同註 65。

〔註68〕同註 6，頁 5226。

〔註69〕同註 6。

〔註70〕同註 3，頁 56。

〔註71〕《資治通鑑》卷二百七〈唐紀二三〉則天后長安二年條，頁 6560。

〔註72〕同註 43，頁 6080。另見卷四〈則天皇后本紀〉，頁 103。

吸引其國內的注意力，冀求團結。事實上唐蕃雙方使節在此數年間已時相往
還，〔註73〕二度和親之局漸次形成。故長安三年（西元 703 年）四年，吐蕃
遣使獻馬千匹，金二千兩，奉表求婚，便爲武后所接受。但是回許婚却未果
行，原因是吐蕃南屬諸帳皆叛，迫使贊普不得不親率大軍前赴征討。《歷史文
書大事紀年》載贊普於長安三年（西元 703 年）冬「赴南詔，攻克之。……
明年（西元 704 年）冬，其牙帳赴蠻地，薨」。〔註74〕此時吐蕃政局又見紛亂，
《新唐書‧吐蕃傳》載其事云：

> 諸子爭立，國人立棄隸蹜贊爲贊普，……使者來告喪，且求盟。又
> 使大臣悉董熱固求昏，未報。〔註75〕

吐蕃的固請求婚，誠如郭元振所言：

> 今吐蕃不相侵擾者，不是顧國家和信不來，直是其國中諸豪及泥婆
> 羅門等屬國自有攜貳。故贊普躬往南征，身殞寇庭，國中大亂，嫡
> 庶競立，將將爭權，自相屠滅。兼以人畜疲癘，財力困窮，人事天
> 時，俱未稱愜。所以屈志，且共漢和。〔註76〕

又陳伯玉〈上西蕃邊州安危事〉亦云：

> 頃緣其國有亂，君臣不和，又遭天災，戎馬未盛，所以數求和好，寢
> 息邊兵。其寔本畏國家，乘其此弊，故卑辭詐僞，苟免天誅。〔註77〕

唐廷以吐蕃國亂，未予允婚固是理所當然，更且可以乘其凋弊，徵發大軍將
之一舉殲滅，而徹底解決此西徼大患。惜唐廷未作此圖，任令良機錯失，吐
蕃之得以死裏逃生，爾後局勢穩定，復賡續其滋擾寇略的一貫擴張政策，不
能不歸究於唐廷是次的失算。吐蕃贊普都松芒薄結（器弩悉弄）之喪，中宗
且爲之舉哀，並廢朝一日。〔註78〕

　　棄隸蹜贊以穉齡繼贊普位，政事由祖母祿沒氏（歷史文書作墀瑪蔞）掌管。
〔註79〕中宗景龍元年（西元 707 年）三月庚子，祿沒氏遣大臣悉薰熱來獻方物，

〔註73〕同註9，頁108～109。及《新、舊唐書‧吐蕃本傳》。
〔註74〕同註9，頁109。又漢籍記載吐蕃贊普於長安三年（西元703年）即因南征而
　　　　卒于軍中，時間上有所差異，今採其自身之歷史似較爲恰當。
〔註75〕同註43，頁6081。
〔註76〕同註66，頁3045～3046。
〔註77〕《陳伯玉文集》卷八〈上西蕃邊州安危事〉三條之三，頁75。
〔註78〕《冊府元龜》卷九七四外臣部褒異條，頁11443。
〔註79〕祿沒氏久以太后地位主持政事，誅欽陵之謀當亦曾參與。《敦煌本吐蕃歷史文
　　　　書大事紀年》部份對她有許多記載，在提到贊普的駐地後接著就是母后、王

並為其孫請婚。〔註80〕中宗以復位未久，正患北方突厥默啜可汗勢力的日趨強盛，雖欲招募勇士前去抗禦，但恐吐蕃乘機侵擾，適巧吐蕃前來請結和親，便於同年夏四月辛巳，以所養雍王守禮女金城公主妻其贊普。〔註81〕景龍二年（西元708年），唐廷還吐蕃婚使。三年（西元709年）八月，吐蕃遣使勃祿星奉進國信，〔註82〕祿沒氏又遣宗俄請婚，〔註83〕十一月，大臣尚贊咄名悉臘等迎公主。〔註84〕四年（西元710年，同年六月，中宗崩，睿宗嗣位，七月，改元景雲）正月，公主出降吐蕃。〔註85〕唐蕃二度和親至是方告確定。

第二節　金城公主入藏

　　史籍中有關於金城公主的記載頗多，無論家世及出降前後的情形，俱不似文成公主的穩秘不彰。以下即就公主之家世，出降情形，以及公主入藏分目說明如次：

一、公主之家世

　　《通典》稱公主為「所養嗣雍王女」，〔註86〕按雍王李守禮即注解《後漢書》的章懷太子賢之子。其關係概見下表：

```
            （六子）章懷太子 ── 雍王守禮 ── 金城公主
   ①高宗      ②（七子）中宗
              ③（八子）睿宗 ── ── ④玄宗
```

章懷太子因不稱武后意而被廢為庶人。據《舊唐書》云：

　　太后（俱指祿沒氏，即墀瑪蕓）的駐地。這或由於都松芒薄結和棄隸蹜贊普都是幼年繼位，國政的權力有一部份是由祿沒氏所掌握。《通典》亦謂此時的吐蕃「祖母祿沒氏攝位」。見卷一九○〈邊防六〉吐蕃條。頁1024。

〔註80〕同註6，頁5226。
〔註81〕《資治通鑑》卷二百八〈唐紀二四〉中宗景龍元年條，頁6610。
〔註82〕《舊唐書》卷七〈中宗本紀〉，頁144。
〔註83〕《新唐書》卷二一六〈吐蕃上〉，頁6081。
〔註84〕同前註。
〔註85〕《資治通鑑》卷二百九〈唐紀二五〉睿宗景雲元年條，頁6639。
〔註86〕《通典》卷一九○〈邊防六〉吐蕃條。頁1024。

章懷太子賢，字明允，高宗第六子也。……調露元年，崇儼爲盜所
殺，則天疑賢所爲。……於東宮馬坊搜得皂甲數百領，乃廢賢爲庶
人，幽於別所。〔註87〕

而守禮以父得罪，與睿宗諸子閉處宮中十餘年。〔註88〕是故，金城公主亦被
託養於宮中。中宗待之，較諸宗女隆厚，神龍二年（西元 706 年）閏正月一
日，當太平、長寧、安樂公主等敕置官屬、儀比親王之時，公主亦與妃所生
之宜城、新都、安定公主等同時進封，更因公主行將出降吐蕃而特敕置司馬。
〔註89〕睿宗時，公主雖已入藏，但仍被冊爲長女，如舊封號，〔註90〕故其與
玄宗爲從兄妹之關係，觀《全唐文》所錄公主上玄宗諸書便可知之。公主每
上書訴說胸臆愁苦，玄宗似頗能體念，對遠嫁異域的從妹亦竭盡心力的予以
照應，下文將更述之。

二、公主出降情形

中宗許嫁金城公主予吐蕃贊普爲景龍元年（西元 707 年）夏四月事，但
公主入藏時爲景龍四年（西元 710 年）正月，其所以遲延而未早婚，蓋由於
公主與贊普的年齡幼小。公主爲中宗姪孫女，中宗曾於制書中云：「金城公
主，朕之小女，長自宮闈，言適遠方，豈不鍾念」；〔註91〕故當公主啟行之
日，特命吐蕃使前進，諭以公主孩幼，割慈遠嫁之旨，〔註92〕其不捨之情概
可想見。吐蕃贊普棄隸蹜贊，若依漢文典籍所載，娶公主之時，亦不過年僅
十四；〔註93〕而《歷史文書大事紀年》却載：（武后長安四年，西元 704 年）
春，宮苑內王子野祖茹誕生。〔註94〕野祖茹即棄隸蹜贊。如依此，則金城公

〔註87〕《舊唐書》卷八六〈高宗中宗諸子列傳〉，頁 2831。
〔註88〕《新唐書》卷八一，〈三宗諸子列傳〉，頁 3591。又《舊唐書》卷八六，頁 2833
　　　所載略同。
〔註89〕《唐會要》卷六，頁 69。
〔註90〕《全唐文》卷二三五〈冊金城公主文〉，頁 3009。
〔註91〕《冊府元龜》卷九七九外臣部和親二，頁 11499。
〔註92〕同註 6，頁 5228。
〔註93〕《資治通鑑》卷二百七〈唐紀二三〉則天后長安三年（西元 703 年）條載：
　　　吐蕃南境諸部皆叛，贊普器弩悉弄自將擊之，卒於軍中。諸子爭立，久之，
　　　國人立其子棄隸蹜贊爲贊普，生七年矣。又《舊唐書》卷一九六〈吐蕃上〉，
　　　頁 5226 所載略同。
〔註94〕同註 9，頁 109。關於棄隸蹜贊的年齡，筆者以爲應採用吐蕃本身的資料較當。

主年歲較棄隸蹜贊爲長。一些藏文資料謂棄隸蹜贊原爲其子向唐求婚，未料公主入藏途中，其子已墜馬而死，棄隸蹜贊遂自納公主爲妃，〔註95〕此說自是不足採信。

金城公主以出降吐蕃之時猶爲童騃，中宗甚覺憐惜。《新唐書·吐蕃傳》云：「帝念主幼，賜錦繒別數萬，雜伎諸工悉從，給龜茲樂」。〔註96〕《政教史鑑》也載公主的嫁奩有萬匹綾，及諸種工藝，凡至王前所需之具，皆有攜備。〔註97〕中宗縱有不捨，但以和親之義，乃御宇長策，經邦茂範，爲恤黎元，敦和好，且求邊上寧晏，兵役休息，故而忍割深慈，與吐蕃互結姻親。除予公主上述豐厚的妝奩外，並下制書謂當親自送行。〔註98〕《冊府元龜》記當時送別的盛況頗詳：

> （景龍四年正月）丁丑，命驍衛大將軍楊矩充送金城公主使；己卯，幸始平縣，以送金城公主。辛巳，設帳殿於百頃泊，則引王公宰臣及吐蕃使人入宴，中坐。酒闌，命吐蕃使前進，諭以公主騃幼。割慈遠嫁之日，帝悲泣歔欷久之。因命從臣賦詩餞別，改始平爲金城，又改其地爲鳳池鄉愴別里。〔註99〕

《舊唐書·吐蕃傳》亦繫此事，更云中宗感傷之餘，「曲赦始平縣大辟罪已下，百姓給復一年」。〔註100〕當日賦詩送別的群臣如徐堅、張說、蘇頲、李嶠、沈佺期等，均爲一時知名之士，今檢閱《全唐詩》中所存有關此次應制而作的餞別詩，計得一十七首。應制詩雖以詩歌方式寫出，但亦可視爲官方的文章。固然，詩是爲逢迎帝意而作，但詩人們的感受各有不同，所記亦自有差異，觀此，或可補史文記載的闕失，故予悉數轉錄，更稍加綜合並闡述如次：

其一　崔日用（一作趙彥昭詩）

　　聖后經綸遠，謀臣計畫多；受降追漢策，築館計戎和。俗化烏孫壘，

〔註95〕參見福幢著，王沂暖譯：《西藏王統記》，頁61。另見第五世達賴喇嘛著，郭和卿譯：《西藏王臣記》，頁47。惟其記棄隸蹜贊子之死乃爲人所殺，與上書稍有不同。

〔註96〕同註43，頁6081。

〔註97〕沈朗絳村著，任乃強譯：〈西藏政教史鑑〉，文載《康導月刊》第五卷第5期，頁40。

〔註98〕《冊府元龜》卷九七九外臣部和親二，頁11498～11499。

〔註99〕同前註，頁11499。

〔註100〕同註90。

春生積石河；六龍今出餞，雙鶴願爲歌。〔註101〕

其二　崔湜

懷戎前策備，降女舊因修；簫鼓辭家怨，旌旃出塞愁。尚孩中念切，
方遠御慈留；顧乏謀臣用，仍勞聖主憂。〔註102〕

其三　李嶠

漢帝撫戎臣，絲言命錦輪，還將弄機女，遠嫁織皮人。曲怨關山月，
妝消道路塵；所嗟穠李樹，空對小榆春。〔註103〕

其四　閻朝隱

甥舅重親地，君臣厚義鄉；還將貴公主，嫁與耨檀王。鹵簿山河暗，
琵琶道路長；迴瞻父母國，日出在東方。〔註104〕

其五　韋元旦

柔遠安夷俗，和親重漢年，軍容旌節送，國命錦車傳。琴曲悲千里，
簫聲戀九天；唯應西海月，來就掌珠圓。〔註105〕

其六　唐遠悊

皇恩曉下人，割愛遠和親；少女風遊兌，姮娥月去秦。龍笛迎金榜，
驪歌送錦輪；那堪桃李色，移向虜庭春。〔註106〕

其七　李適

絳河從遠聘，青海赴和親；月作臨邊曉，花爲度隴春。主歌悲顧鶴，
帝策重安人；獨有瓊簫去，悠悠思錦輪。〔註107〕

其八　劉憲

外館踰河右，行營指路岐；和親悲遠嫁，忍愛泣將離。旌斾羌風引，
軒車漢月隨；那堪馬上曲，時向管中吹。〔註108〕

其九　蘇頲

〔註101〕《全唐詩》卷四六，頁560。
〔註102〕《全唐詩》卷五四，頁662。
〔註103〕《全唐詩》卷五八，頁691。
〔註104〕《全唐詩》卷六九，頁771。
〔註105〕《全唐詩》卷六九，頁772。
〔註106〕《全唐詩》卷七十，頁774。
〔註107〕《全唐詩》卷七十，頁776。
〔註108〕《全唐詩》卷七一，頁780。

帝女出天津，和戎轉屬輪；川經斷腸望，地與析支鄰。奏曲風嘶馬，銜悲月伴人；旋知偃兵革，長是漢家親。〔註109〕

其十　徐彥伯

鳳宸憐簫曲，鸞閨念掌珍；羌庭遙築館，廟策重和親。星轉銀河夕，花移玉樹春；聖心悽送遠，留蹕望征塵。〔註110〕

其十一　張說

青海和親日，潢星出降時；戎王子壻寵，漢國舅家慈。春野開離讌，雲天起別詞；空彈馬上曲，詎減鳳樓思。〔註111〕

其十二　薛稷

天道寧殊俗，慈仁乃戢兵；懷荒寄赤子，忍愛鞠蒼生。月下瓊娥去，星分寶婺行；關山馬上曲，相送不勝情。〔註112〕

其十三　馬懷素

帝子今何去，重姻適異方；離情愴宸扆，別路遶關梁。望絕園中柳，悲纏陌上桑；空餘願黃鶴，東顧憶迴翔。〔註113〕

其十四　沈佺期

金榜扶丹掖，銀河屬紫闈；那堪將鳳女，還以嫁烏孫。玉就歌中怨，珠辭掌上恩；西戎非我匹，明主至公存。〔註114〕

其十五　武平一

廣化三邊靜，通煙四海安；還將膝下愛，特副域中歡。聖念飛玄藻，仙儀下白蘭；日斜征蓋沒，歸騎動鳴鸞。〔註115〕

其十六　鄭愔

下嫁戎庭遠，和親漢禮優；笳聲出虜塞，簫曲背秦樓。貴主悲黃鶴，征人怨紫騮；皇情春億兆，割念俯懷柔。〔註116〕

〔註109〕《全唐詩》卷七三，頁800。
〔註110〕《全唐詩》卷七六，頁823。
〔註111〕《全唐詩》卷八七，頁942。
〔註112〕《全唐詩》卷九三，頁1007。
〔註113〕《全唐詩》卷九三，頁1008～1009。
〔註114〕《全唐詩》卷九六，頁1030～1031。
〔註115〕《全唐詩》卷一百二，頁1084。
〔註116〕《全唐詩》卷一百六，頁1105～1106。

其十七　徐堅

　　星漢下天孫，車服降殊蕃；匣中詞易切，馬上曲虛繁。關塞移朱帳，

　　風塵暗錦軒；簫聲去日遠，萬里望河源。〔註117〕

詩中可明確的看到詩人們各有各的立場。或敘事、或抒懷，亦有慷歎之餘出
語諷喻的，但多少都透露有幾分無奈。送行君臣的哀感，遠嫁公主的悲戚，
似乎帶給參與賦詩餞別的詩人們相當大的衝擊。就當時的情形來說，和親之
策的確是其來有自，十七首詩中直接提到「和親」二字的就有七首之多，所
謂「懷戎前策備，降女舊因修」，故公主出降不過是遵循舊例而已。何況唐蕃
二度結為姻好，早在武后時便已應允，「廟策重和親」，正因為和親可以「安
夷俗」、「撫戎臣」，為示皇恩浩蕩，便有不捨，也只好忍愛割慈，藉以懷柔。
寄望婚媾之後，戎王能偃息兵革，作漢家親。但邊荒路遙，虜庭與漢地風俗
殊異，公主幼弱，為家國計，亦無畏於跋涉遠嫁，縱然出塞愁苦，也惟有「曲
怨關山月」、「悲纏陌上桑」，訴諸管絃或可稍解對故國的思念，而「聖心悽送
遠」、「相送不勝情」卻又奈何。就算是慷慨陳言謂「西戎非我匹」，難堪將艷
若桃李的貴公主，嫁與虜庭戎王，然「顧乏謀臣用」，聖主憂勞之餘，仍得「驪
歌送錦輪」，將膝下愛，副域中歡。《白虎通》云：「嫁娶必春和，春者天地交
通，方物始生，陰陽交接之始也」，〔註118〕詩中亦見點出公主出降之時為正、
二月間（按公主於春間下嫁，實顧及入藏途程，因為春夏秋便於行走，冬季
之前到藏可免受冰封雪阻），更且借公主嬌好的容顏作比喻，謂公主遠嫁將象
徵一切美好的春天也帶到邊地，「俗化烏孫壘，春生積石河」，希望自今而後
邊境寧謐，虜庭能移風易俗，進而胡漢一家。古時婚禮不用樂，〔註119〕公主
和親遠適乃家國大事，故放行儀仗一節接一節的導引公主的錦車前行自不待
言，但在日暮黃昏下，儀隊或不易看到，而不舉樂似乎又顯得不夠隆重，因
而樂聲喧天奏起自是理所當然，詩中有關於儀隊的描寫較少，提到音樂（包

〔註117〕《全唐詩》卷一百七，頁1112。

〔註118〕班固：《白虎通德論》卷九嫁娶條，頁72。事實上，班氏之記已滲入陰陽家思
　　　　想，未可盡信。不若解釋為生活環境所造成的影響較為合理。我國以農立國，
　　　　春耕、夏耘、秋收、冬藏為一定的程序，故人民在秋收冬藏以後，方有空閒思
　　　　及婚嫁，行其六禮，其時又不得遲於春耕，是以婚禮舉行常在正、二月間。

〔註119〕禮記郊特牲云：「昏禮不用樂，幽陰之義也。樂，陽氣也。」鄭注：「欲使婦
　　　　深思其義（上以事宗廟，下以繼後世），不以陽散之也。」見孫希旦：《禮記
　　　　集解》，頁649。

括胡樂、唐樂）則較多，其理在此。另外，值得注意的一點是，十七首詩中
有五首是將金城公主與漢朝的烏孫公主（按烏孫公主有兩位，前者爲細君，
後者爲解憂，以嫁於烏孫故而名之，見《漢書》卷九六下〈西戎傳〉）並提，
較爲一般人所認識的王昭君却未提及。原因之一，相信是昭君出塞時並無作
品，而烏孫公主（細君）則曾作歌，其歌曰：

> 吾家嫁我兮天一方，遠託異國兮烏孫王。穹廬爲室兮旃爲牆，以肉
> 爲食兮酪爲漿。居常土思兮心内傷，願爲黃鵠兮歸故鄉。〔註120〕

因有作品故較易引起詩人的關注，加上金城公主是以宗室女冒充帝女的身份
下嫁吐蕃，過去弘化公主嫁至吐谷渾時，送嫁使臣淮陽郡王李道明即曾因洩
露弘化公主的眞正身份而被撤去王位，〔註121〕王昭君僅爲良家女，詩人們自
然有所避忌的將之與金城公主相提並論。烏孫公主的和親在政治外交上曾發
生相當大的作用，金城公主的出降實際上亦想達到羈縻吐蕃的目的，彼此無
論就任務抑是純粹的個人心情來看都差相近似，這或是詩人將金城公主譬喻
爲烏孫公主的最大緣由。張籍有詩一首頗能道出和蕃公主的景況，詩云：

> 塞上如今無戰塵，漢家公主出和親。
> 邑司猶屬宗卿寺，冊號還同虜帳人。
> 九姓旗旛先引路，一生衣服盡隨身。
> 氈城南望無迴日，空見沙蓬水柳春。〔註122〕

三、公主入藏

送迎儀隊終究在離情別緒中護送公主緩緩向吐蕃進發。吐蕃派遣來迎娶
的使者爲名悉臘，《舊唐書·吐蕃傳》謂其頗曉書記，才辯亦爲朝廷所稱道，
〔註123〕《唐詩紀事》更言名悉臘曾參與中宗等柏梁體聯句。〔註124〕開元中奉
表入朝也深得玄宗嘉許。唐廷派遣護送公主入藏的使臣爲左衛大將軍楊矩。
關於充任和親使一事亦頗有波折，《冊府元龜》有詳盡記載：

> 帝（中宗）乃召侍中紀處訥謂曰：「昔文成公主出降，則江夏王送之；
> 卿雅識蕃情，有安邊之略，可爲朕充此使也」。處訥拜謝；既而以不

〔註120〕《漢書》卷九六〈西域傳下〉，頁3903。
〔註121〕《新唐書》卷七八〈宗室列傳第三〉，頁3519。
〔註122〕《張司業詩集》卷四，頁30。
〔註123〕同註6，頁5231。
〔註124〕計有功：《唐詩紀事》卷一，頁13～14。

練邊事固辭。帝又令中書侍郎趙彥昭往；昭以爲既充外使，恐其失
權，殊不悅。司農卿趙履溫私之曰：「公，國之宰輔，而爲一介之使，
不亦鄙乎？彥昭曰：「計將安出？」履溫因爲陰託安樂公主密奏留
之。丁丑，命驍衛大將軍楊矩充送金城公主使。〔註125〕

其時朝野之士，恥於爲和親使，未知以家國爲念，反以己身利益爲先。中宗
的庸懦，好漫游而荒於政事，實令致乏。當吐蕃使入朝迎娶公主時，中宗尚
於梨園觀戲毬。《封氏聞見記》曰：

景雲中，吐蕃遣使迎金城公主。中宗于梨園亭子賜觀打毬。吐蕃贊
咄奏言：「臣部曲有善毬者，請與漢敵。」上令仗內試之，決數都，
吐蕃皆勝。〔註126〕

前已言及，吐蕃於武后末年因內亂而漸趨衰弱，唐廷縱然故示仁德未即發兵
向吐蕃攻擊，也無須急切與吐蕃言和，更且與之重結姻親。誠如呂思勉氏所
云：「此時中國實不必呶呶與和」，又和親之舉，更無任何的不得已。〔註127〕
此當歸因於中宗的昏憒，所謂「上有所好，下更甚焉」，爲君者尚不知積極進
取，作臣子的自亦苟且因循。

有關於金城公主的入藏情形，漢文典籍幾無記載。《新唐書・吐蕃傳》記
穆宗長慶二年（西元822年），大理卿劉元鼎入藏會盟時所行路線中有寥寥數
語，謂其度悉結羅嶺時，鑿石通車，而此正爲「逆金城公主道也」。〔註128〕
藏文典籍於文成公主入藏一節記述頗多，但對金城公主卻絲毫未見提及。則
金城公主所行或即爲文成公主入藏舊路。至於吐蕃爲迎公主，特在悉結羅嶺
鑿石以利行車，當是舊道中新闢的一條支線。伍非百氏云：「公主由今陝西入
青海，經西寧，始達吐蕃」。〔註129〕劉元鼎入藏會盟時曾路過金城公主所經之
處，任乃強氏考證謂文成公主當日乃自西寧經玉樹入藏者（文成公主入藏路
線請參閱文後附圖），與劉元鼎所行路線兩相吻合，〔註130〕如此，則金城公主
與文成公主、劉元鼎入藏所經，實爲同一路線。

〔註125〕《冊府元龜》卷九七九外臣部和親二，頁11499。
〔註126〕封演：《封氏聞見記》卷六打毬條，頁344。
〔註127〕呂思勉：《隨唐五代史》，頁196～197。
〔註128〕《新唐書》卷二一六〈吐蕃二〉，頁6103。
〔註129〕伍非百：〈唐代文成金城兩公主下嫁吐蕃史略〉。見黃次書：《文成公主與金城
　　　　公主》，頁24。
〔註130〕任乃強：〈文成公主下嫁考〉，文載《康導月刊》第三卷第8、9期，頁61。

第三節　金城公主入藏後之事蹟

　　唐蕃再度結為姻好，雙方使者的往還日見頻繁。自中宗景龍四年（西元710年）金城公主入蕃起，至玄宗開元二十七年（西元739年）公主薨止，二十九年間，蕃使來唐不下二十七次，而唐使入藏亦有十五次。出使任務有朝貢、告哀、弔祭、求和、議盟、修好、宣慰、報聘、封贈、責讓等（詳見附表三：唐蕃和親期間使者交往表）。公主居中所扮演的角色既複雜且重要，史籍中記載其事蹟甚多，茲擇其要者臚述如次：

一、築城及受冊封

　　金城公主於睿宗景雲元年（西元710年）秋、冬之交，抵達吐蕃都城邏些之鹿苑。〔註131〕《舊唐書‧吐蕃傳》記載：「公主既至吐蕃，別築一城以居之」，〔註132〕《新唐書‧吐蕃傳》則載公主乃「自築城以居」。〔註133〕兩者說法並不一致，但築城應屬事實。吐蕃為半牧半耕的民族，其贊普「有城郭廬舍不肯處，聯氈帳以居」。〔註134〕文成公主入藏時，松贊幹布為公主建造一城，其目的乃在「誇示後代」，未必就認真的以此作為居室，縱然是，也只能算是特例。贊普居處既是隨季候而遷移，和親公主理應從其俗的隨之而行，不過就實際的情形來看，在生活的適應面上，較諸過往，公主無疑是會感到不便，故若能保有城寨，無論是公主自築的，或是由吐蕃方面代建的，都能讓公主在心理上得到相當的滿足。其次，金城公主與贊普棄隸蹜贊年齡俱幼，未必就在公主入藏後馬上完婚，公主縱是「別居一室」以為調適，於理並無不合。由此，概可見此處所謂的「築城」，其背後應有如上所言的特別意義。

　　在金城公主入藏途中，中宗崩，睿宗嗣立。翌年，公主受冊封。《全唐文》卷二三五〈記冊金城公主文〉云：

> 維景雲二年（西元711年），歲次辛亥，二十日癸亥，皇帝若曰：咨爾金城公主，幼而敏惠，性質柔明，徽藝日新，令容天假。……今猶子屬愛，何異所生。然叔父繼恩，更思敦睦。是用命……甘昭充使，

〔註131〕同註9，頁111。
〔註132〕同註6，頁5228。
〔註133〕同註43，頁6081。
〔註134〕同註43，頁6072。

　　……沈皓仙爲副，持節往冊爾爲朕長女，依舊封金城公主。〔註135〕

按金城公主雖爲中宗侄孫女，但因自幼託養於宮中，甚得中宗鍾愛而被收爲養女。睿宗爲中宗之弟，故自稱爲叔父。公主遠嫁異域，睿宗爲示厚愛，更冊公主爲長女，封號如舊。藉此，可顯示公主身份的特殊，唐帝對公主的恩寵，引喻爲對吐蕃的親誼隆盛，冀吐蕃能知所感懷。觀開元年間，公主每上書玄宗，俱稱玄宗爲皇帝兄，自稱則爲奴奴。〔註136〕用意即在表明其爲帝女，冊封公主的目的當亦在此。

二、吐蕃請九曲地

　　吐蕃與唐廷甫結和親，即藉詞求請以河西九曲地爲公主湯沐之所。《新唐書》卷四〈中宗本紀〉載：

　　　　景龍四年（西元710年）三月，以河源九曲予吐蕃。〔註137〕

但未明言究竟，似乎河西九曲地的割讓，爲公主粧奩的一部份，在公主、楊矩入藏前即已決定。然而《新、舊唐書·吐蕃傳》、《資治通鑑》、《冊府元龜》等卻記楊矩在鄯州都督任內，因受吐蕃厚賂而代表奏與之。惜各書所繫年月並不一致。日人佐藤長以爲《冊府元龜》卷九九八外臣部奸詐條所記「玄宗先天中（西元712至713年）」最見穩當，其謂唐廷於公主出發赴藏後即行將地割讓，在於「公主湯沐邑」一語的錯誤導引。〔註138〕按楊矩被拜爲鄯州都督，乃是睿宗對其護送公主入藏的酬報。如《舊唐書·吐蕃傳》云：

　　　　睿宗即位……時楊矩爲鄯州都督。〔註139〕

又《新唐書》云：

　　　　公主至吐蕃……拜矩鄯州都督。〔註140〕

若以當時行程推算，楊矩自蕃回唐，當在景雲二年（西元711年）八月，睿宗傳位玄宗以前，如此，方能符合上述所說。而吐蕃於楊矩被拜爲鄯州都督後，

〔註135〕《欽定全唐文》卷二三五沈佺期：〈冊金城公主文〉，頁3009。另見《唐大詔令集》卷四二〈和番冊文〉，頁944～945。

〔註136〕參見《全唐文》卷一百：謝恩賜錦帛器物表、乞許贊普請和表、請置府表，頁1289。

〔註137〕《新唐書》卷四〈中宗本紀〉，頁112。

〔註138〕參見佐藤長：《古代チベット史研究》，頁418。

〔註139〕同註6，頁5228。

〔註140〕同註43，頁6081。

始遣使賂請其表奏以九曲地爲公主湯沐邑，《資治通鑑》記其時爲景雲元年
（西元 710 年）十二月，〔註 141〕時間上似有所未及，故佐藤長所說此乃「玄
宗先天中」事，應較合理可信。《舊唐書・吐蕃傳》下文復記：

> 吐蕃既得九曲，其地肥良，堪頓兵畜牧，又與唐境接近，自是復叛，
> 始率兵入寇。〔註 142〕

《新唐書・吐蕃傳》亦云：

> 九曲者，水甘草良，宜畜牧，近與唐接。自是虜益張雄，易入寇。
> 〔註 143〕

似乎吐蕃的富強是因爲得到九曲之地。但王忠氏却提出懷疑，謂九曲既言爲
湯沐所，其地自非廣潤，吐蕃亦僅能越河建軍，對唐廷而言，只在「失黃河
之際，守禦不易而已」。〔註 144〕姑勿論孰是孰非，接觸面的直接，無疑可加強
唐蕃之間的關係，所謂得失更是一體的兩面。吐蕃能藉和親的機會向唐廷需
索，日後且每藉公主的名義請和、示好，以及議盟等，則此舉實爲投石問路，
不得不謂之得計；反觀唐廷，處處顯得被動，似是因公主在蕃的緣故，而多
所顧忌，但割讓九曲地的失策，甚者可視爲肇禍之由。

三、公主欲奔箇失密國

正史中有關於金城公主入藏後的心情描述幾不見載，唯《冊府元龜》卷
九七痍外臣部和親二條錄有資料可供臆測：

> （開元十二年，西元 724 年）八月，謝䫻國王特勒遣使羅火拔來朝。
> 火拔奏曰：「謝䫻國去箇失密國一千五百里，箇失密國去吐蕃金城公
> 主居處七日路程。公主去年五月，遣漢使二人偷道向箇失密國傳言
> 曰：『汝赤心向漢，我欲出走投汝，容受我否？』箇失密王聞其言，
> 大喜，報曰：『公主但來，竭心以待。』時箇失密王又遣使報臣國王
> 曰：『天子女欲走來投我國，必恐吐蕃兵馬來逐，我力不敵，乞兵與
> 我。即冀吐蕃破散，公主得達。』臣國王聞之極歡，遣使許諾于箇
> 失密王。令臣入朝，面取進止。」帝甚然之。賜帛百匹，放還蕃。

〔註 141〕《資治通鑑》卷二一〇〈唐紀二六〉睿宗景雲元年十二月條，頁 6661。
〔註 142〕同註 6，頁 5228。
〔註 143〕同註 43，頁 6081。
〔註 144〕同註 3，頁 62。

〔註145〕

公主之所以意欲出奔，箇中眞相並不甚明。吐蕃於開元十年（西元 722 年），曾攻小勃律國，欲假道以犯安西四鎮，致與唐廷發生衝突。《資治通鑑》二一二繫此事云：

> 八月，癸末，吐蕃圍小勃律王沒謹忙，謹忙求救于北庭節度使張嵩曰：「勃律，唐之西門，勃律亡則西域皆爲吐蕃矣。」嵩乃遣疏勒副使張思禮將蕃，漢步騎四千救之，晝夜倍道，與謹忙合擊吐蕃，大破之，斬獲數萬。〔註146〕

酈平樟氏以爲公主即因此戰而感到不安，在蕃無以自容，遂有出奔之舉。〔註147〕王忠氏却認爲其實吐蕃內部似有政爭，公主因受到牽連而至處境尷尬。〔註148〕按贊普棄隷蹜贊年幼時，祖母祿沒氏攝政，但實際專國政者爲吐谷渾王坌達延，坌達延娶祿沒氏之女爲妻，故其權位得在大相之上。〔註149〕及贊普成年，於開元九年（西元 721 年）即以巴・棄孫結贊熱任大相，坌達延遂被逐出吐蕃政治舞台之外。〔註150〕致吐谷渾於開元十一年（西元 723 年）九月，率眾詣沙州請求內屬。〔註151〕情勢的轉變使公主在夾縫中倍感難堪，但唐蕃雙方因小勃律國所引發的衝突，以至於吐蕃內部的政爭，只能說是公主出奔的導火線，事實上，公主入藏以來即逐步醞釀不滿的情緒。

玄宗開元二年（西元 714 年）五月，吐蕃相坌達延上書唐宰相，請載盟文並劃定地界於河源。約未及定，坌達延竟統兵十萬入寇臨洮，攻進蘭州、渭州，侵佔監馬。玄宗聞訊甚怒，即便下詔親征，隨後得知戰勝消息，乃作罷。〔註152〕此爲公主下嫁吐蕃後，唐蕃之間第一次的戰鬥。玄宗或曾考慮到公主的處境，爲因應並撫平戰爭所帶來的傷痕，故一面下「收瘞吐蕃戰沒人詔」；〔註153〕一面派員前赴吐蕃慰安公主。〔註154〕但前此因公主故特許吐蕃

〔註145〕《冊府元龜》卷九七九外臣部和親二條，頁 11501。另見《全唐文》卷九九九〈陳金城公主事宜奏〉，頁 13091。
〔註146〕《資治通鑑》卷二一二〈唐紀二八〉玄宗開元十年條，頁 6752。
〔註147〕酈平樟：〈唐代公主和親考〉，文載《史學年報》第二卷第 2 期，頁 36。
〔註148〕同註 3，頁 67。
〔註149〕同註 3，頁 62～63。
〔註150〕同註 3，頁 67。
〔註151〕《冊府元龜》卷九七七外臣部降附條，頁 11481。
〔註152〕同註 43，頁 6081～6082。
〔註153〕《冊府元龜》卷四二帝王部仁慈條，頁 479。另見《全唐文》卷二六〈收瘞

越河築城，並爲便利雙方往來而架造有橋樑，由於吐蕃的背信犯境，乃從宰相姚崇議即行毀折，惟仍許以洮河爲界。〔註155〕吐蕃雖侵略無功，嗣後卻仍不絕侵擾，且皆以公主的湯沐邑爲戰事根據地，此舉與唐廷賜地原意大爲相左，使公主至感痛心。〔註156〕開元四年（西元716年）八月以前，吐蕃曾數度遣使請和，但玄宗以其「每通表疏，求敵國之禮，言詞悖慢」，〔註157〕故皆不許。然以公主故，卒予允許，且賜公主及贊普錦帛器物等。〔註158〕公主方面，更無時或刻的盼望吐蕃與母國間能和平相處，開元五年（西元717年）三月，公主上玄宗「乞許贊普請和表」雖可看出是經由吐蕃授意，惟「奴奴降番，事緣和好」一語却是實情，而「今乃騷動，實將不安和」，〔註159〕亦道盡公主的心境。後二年，吐蕃仍積極遣使告和並乞舅甥親署誓文，唐廷皆以厚禮賜贈贊普。〔註160〕然未幾於玄宗開元八年（西元720年），吐蕃北聯突厥，西交大食，意圖攻略四鎮。〔註161〕故公主於開元十一年（西元723年）五月遣使告箇失密王投奔意願，絕非單純的偶發事件，而玄宗得報，以茲事體大，曾數次賜書公主，勸慰其始終執柔順之道，〔註162〕如云：「當善執柔謙，永以爲好」、「善須和順，使勸好如初」，爲「國家大計，以義斷恩；離別嬰心，固當自抑」，公主無奈之餘，亦惟有委曲求全，往後便不復見重提此事。

四、吐蕃與突騎施相結寇境

吐蕃之圍攻小勃律，誠如其自白云：「我非利若國，我假道攻四鎮爾」。〔註163〕故首戰雖然失利，以致「累歲不出兵」，但侵軼之心未嘗稍懈，因即

吐蕃戰沒人詔〉，頁357。
〔註154〕同註43，頁6082。
〔註155〕同前註。
〔註156〕佐藤長：《古代チベット史研究》，頁480。
〔註157〕《冊府元龜》卷九九七外臣部悖慢條，頁11703。
〔註158〕《冊府元龜》卷九七九外臣部和親條，頁11500。另見《全唐文》卷一百，頁1289。
〔註159〕同前註。《全唐文》則見頁1190。
〔註160〕《冊府元龜》卷九八〇外臣部通好條，頁11511。
〔註161〕同註3，頁67。
〔註162〕《全唐文》卷二八六及二八七載有玄宗賜公主函三道，一意勸解公主，爲家爲國，萬勿輕舉動。另有賜贊普函七則，敘論舊誼，勸勿背恩而啓戰禍。《曲江張先生文集》卷十一、十二所載同。
〔註163〕《新唐書》卷二一六〈吐蕃上〉，頁6083。

對內銳意進行改革，《歷史文書大事紀年》載：「虎年（開元十四年，西元726年），宣佈岸本由八員減爲四員之縮編制度，……訂立岸本之職權」。〔註164〕王忠氏謂「吐蕃中央集權至此告一段落，……力求向外擴張，且以奪地爲主，與上時期之重在擄掠不同」。〔註165〕果然未幾，吐蕃大將悉諾邏率兵入大斗拔谷，攻甘州，〔註166〕唐蕃再度點燃戰火。此外，聯絡突騎施進犯安西則爲吐蕃此時期的對外政策，《歷史文書大事紀年》載：「狗年（開元二二年，西元734年），王姐卓瑪遣嫁突騎施可汗爲妻」。〔註167〕事實上，突蕃交結早經開始，《資治通鑑》卷二一三開元十五年（西元727年）閏九月條云：「庚子，吐蕃贊普與突騎施蘇祿圍安西城，安西副大都護趙頤貞擊破之」，〔註168〕此事頗引起唐廷的注意，玄宗曾數賜書於贊普責問此事：

> 彼使人與突騎施交通，但蘇祿小蕃，負恩逆命。贊普既是親好，即
>
> 合同嫉頑凶，何爲却與惡人密相往來，又將器物交通……。〔註169〕

又彼突騎施人面獸心，偏僻荒遠，見利則背，與親實難。贊普背朕宿恩，共彼相厚，應非長策，可熟思之。……朕所以殷勤和好，欲靜邊人，君國之心，不能忘也，亦與贊普，累代舊親，幸無大故，不宜輕絕。〔註170〕

　　玄宗此舉，或許也是顧念到金城公主在藏，聞知吐蕃與他國聯兵入寇母國，日聞干戈之聲而感到不安，更復難堪的處境。當初吐蕃的請婚尚主，無疑是贊普祖母爲穩定其內亂情勢而採行的一種政治手段；唐廷的下嫁公主重在撫安邊人。若說唐蕃雙方，都視和親公主爲政治外交上的一種運用工具，信不爲過。故吐蕃贊普未以尚唐公主爲信，反結同他國侵寇，亦未足怪。唐代以和親爲外交上最常採行的一種政策，各國俱習染成例，吐蕃先後以婚姻關係與吐谷渾、羊同、突騎施、泥婆羅等部落君長結盟，〔註171〕志在結爲聲援，未必便重視彼此已建立的親誼，試觀吐蕃與象雄聯姻，婚後贊蒙因與其王不睦，竟作內應引吐蕃兵滅之。〔註172〕則金城公主在藏的婚姻生活是否如

〔註164〕同註9，頁114。
〔註165〕同註3，頁68。
〔註166〕同註43，頁6083。
〔註167〕同註9，頁116。
〔註168〕《資治通鑑》卷二一三〈唐紀二九〉玄宗開元十五年條，頁6779。
〔註169〕《曲江張先生文集》卷十一，頁67～68。
〔註170〕同前註，卷十二，頁70～71。
〔註171〕吐蕃金石錄唐蕃會盟碑考釋舅甥條，頁45。
〔註172〕《敦煌本吐蕃歷史文書·贊普傳記八》，頁145～148。

意實難推考。按藏文典籍記吐蕃贊普棄隸蹜贊有后妃三人，〔註173〕金城公主曾產下一子，却為另一妃子所奪，遂怒而破壞藏地風水，此一傳說固未足信，〔註174〕〕但可推測公主在藏必也受到某些排拒。而公主未能阻止吐蕃的寇邊，豈眞如其後皇甫惟明所奏，戰禍之起，乃在於邊臣用事？〔註175〕

五、公主請詩書及赤嶺分界立碑

吐蕃自開元十四年（西元726年）以來，連年寇邊，但因唐廷有備，故未得逞。十六年（西元728年），蕭嵩縱反間計使贊普殺其大將悉諾邏；〔註176〕以及十七年（西元729年），朔方節度使信安王禕的攻拔石堡城，〔註177〕予吐蕃兩次極其嚴重的挫折，「於是吐蕃頻遣使求和」。〔註178〕唐廷恐其反覆無常，且玄宗嘗怒其上書悖慢，必欲滅之，毋予議和，均不許。事實上，雙方邊境軍事互有勝敗，頗有財耗力窮之苦。故玄宗於開元十八年（西元730年），允從皇甫惟明之議，與吐蕃通和，以紓邊患。前此，已先行賜書公主撫慰。〔註179〕惟明及內侍張元方等既至吐蕃，贊普大喜，盡出貞觀以來後敕書以示惟明，並令其重臣名悉臘隨惟明等入朝上表：

> 外甥是先皇舅宿親，又蒙降金城公主，遂和同為一家，天下百姓，普皆安樂。中間為張玄表、李知古等東西兩處先動兵馬，侵抄吐蕃，邊將所以互相征討，迄至今日，遂成釁隙。……又緣年小，枉被邊將讒搆鬭亂，令舅致怪。……前數度使人入朝，皆被邊將不許，所以不敢自奏。〔註180〕

誠如玄宗所言，「邊將在遠，下人邀功，變好為惡，誠亦有此」，〔註181〕但贊

〔註173〕引見白西：〈吐蕃歷代后妃記略〉，文載《西藏研究總》第6期，頁73。
〔註174〕據西藏王臣記載：赤松德贊乃金城公主之子，生於壬午年（玄宗天寶元年，西元742年），按公主於前此二年（開元二八年，西元740年）薨，故此說不足採信，自不待言。見上引書頁51～52。另見稻葉正就，佐藤長譯藏籍《紅冊》，頁91載與此略同，對此也有所解說，其理同前。
〔註175〕同註6，頁5230。
〔註176〕同註6，頁5239。
〔註177〕《資治通鑑》卷二一三〈唐紀二九〉玄宗開元十七年條，頁6784。
〔註178〕同註6，頁5230。
〔註179〕《冊府元龜》卷九七九外臣部和親二條，頁11502，〈賜金城公主書〉見載於《全唐文》卷四十，頁535。
〔註180〕同註6，頁5231。
〔註181〕《全唐文》卷二八六〈敕吐蕃贊普書〉，頁3674。

普似乎在開元十三年（西元 725 年）已掌理國政，否則如何能撤換攝政多年之坌達延。〔註182〕故贊普自辯語非盡可信。

開元十九年（西元 731 年），鴻臚卿崔琳往吐蕃報聘，吐蕃使稱公主求毛詩、禮記、左傳、文選各一部。〔註183〕未料竟引起唐廷爭議，正字于休烈以為吐蕃乃國之寇讎，不可資以書，使知用兵權略，將不利於中國，而裴光庭等卻奏：「吐蕃聾昧頑嚚，久叛新服，因其有請，賜以詩書，庶使之漸陶聲教，化流無外。休烈徒知書有權略變詐之語，不知忠、信、禮、義，皆從書出也」。〔註184〕玄宗遂聽光庭之諫，遣人繕寫與之。公主之請詩書，目的未必在開啓交通藏地的文化，言公主藉此以排遣無奈寂寞似更合理。同年秋九月，辛未，吐蕃遣其相論尚它硉入見，請於赤嶺為互市，許之。〔註185〕

開元二一年（西元 733 年）正月，工部尚書李暠持節使於吐蕃，以國信物一萬匹，私覿物二千匹，皆雜以五綵遣之。〔註186〕二月，公主再上書請在赤嶺（《新唐書・地理志》謂赤嶺在石堡城西二十里。又有謂在青海西寧西南日月山者）為唐與吐蕃立碑分界，玄宗許之。〔註187〕吐蕃遣使謝，且言：「唐蕃皆大國，今約和為久長計，恐邊吏有妄意者，請以使人對相曉敕，令昭然具如」。故玄宗特詔張守珪與將軍李行褘、吐蕃使者莽布分支論劍南、河西州縣曰：「自今兩國和好，無相侵暴」。〔註188〕吐蕃便又於此時起，款附朝唐，貢獻方物，報聘往還。如開元二四年（西元 736 年）正月，吐蕃遣使上金銀器玩數百事，上以其形制奇異，令列於提象門外，以示百僚，唐蕃友好概可想見，惜未幾情勢又變，不數年，公主薨。唐蕃雙方不復有倚恃或顧忌，和親關係亦隨之而絕裂。

五、公主薨

吐蕃早先因為圍攻小勃律而致與唐廷關係冷却，未料在開元二四年（西元 736 年）亦復以此緣故而致雙方不睦。《舊唐書・本傳》載：「吐蕃西擊勃律，遣

〔註182〕同註9，頁 114。
〔註183〕同註6，頁 5232。
〔註184〕《資治通鑑》卷二一三〈唐紀二九〉玄宗開元十九年條，頁 6794。
〔註185〕同前註，頁 6796。
〔註186〕《唐會要》卷六〈和番公主條雜錄〉，頁 75。
〔註187〕同註 184，頁 6800。
〔註188〕同註 43，頁 6085。

使來告急，上使報吐蕃，令其罷兵。吐蕃不受詔，遂攻破勃律國，上甚怒之」。〔註189〕而後，崔希逸於鎮守涼州時，以內豎矯詔，乘吐蕃無備之際，背盟掩襲之，於青海之西擊潰其眾，斬獲甚多，吐蕃恚怒，由是絕朝貢。〔註190〕二六年（西元738年），大舉寇河西，為崔希逸所擊退；鄯州都督又攻拔吐蕃新城，繼奪河橋，築鹽泉城於河左，復大敗吐蕃援軍。嗣後雙方兵戎不斷，勝負互見，但和好難繼，金城公主於開元二七年（西元739年）鬱鬱以終。〔註191〕吐蕃遣使入朝告喪，仍請和，但唐廷正戮力於隴右、劍南對吐蕃用兵，故未許。〔註192〕及至數月之後，始為公主舉哀於光順門外，並輟朝三日。〔註193〕

計公主在藏二十九年。二十九年間，公主幾是無時無刻的生活於戰火之中，雖然公主對減少吐蕃對母國唐廷的侵擾是竭盡心力，但效果卻不彰明。不過公主仍是兩個之間發生衝突時，最最適當的折衝人物，吐蕃每有所請，亦皆透過公主以求達到目的。在唐蕃雙方的感情維繫上，以及在文化方面的影響，金城公主誠然不及文成公主的顯著，然而在政治方面，金城公主確是扮演著不可或缺的角色。因為吐蕃自身向來有「婦人不干政」的信條，但對金城公主居中能擔負重任，也深深以為是不可思議。〔註194〕

〔註189〕同註6，頁5233。

〔註190〕《資治通鑑》卷二一四〈唐紀三十〉玄宗開元二四年條，頁6827。

〔註191〕《敦煌本吐蕃歷史文書大事紀年》載：「及至兔年（開元二七年，西元739年），贊蒙金城公主薨逝」，而《新、舊唐書》、《冊府元龜》所載時間亦互有差異。《新唐書·吐蕃傳》：「是歲（西元740年），金城公主薨」。《舊唐書·吐蕃傳》：「二十九年（西元741年）春，金城公主薨」。《冊府元龜》卷九七九外臣部和親二：「開元二十八（西元740年）十一月，金城公主薨」。今當據吐蕃本身資料予以更正。

〔註192〕佐藤長：《古代チベット史研究》，頁483。

〔註193〕同註6，頁5235。

〔註194〕同註192，頁482。

第五章　唐蕃和親之效果與檢討

陳陶〈隴西行四首之四〉云：

　　誓掃匈奴不顧身，五千貂錦喪胡塵，

　　自從貴主和親後，一半胡風似漢家。[註1]

其實，無論從那一方面來看，和親對雙方而言，都有着程度不同但卻是相對的影響。有唐一代，和親特見盛行，中原朝廷以外，各邊疆民族也屢見施行。雖然和親的目的彼此不盡一致，但基本上和親是聯合兩個群體間的橋樑，是國家與國家或主國與藩屬之間權力結合的政策運用。不啻說和親是一種政治手段。由此而建立的姻親關係固然是充滿着政治意味，不過也促成了民族融合，而在文化、經濟等方面的活動交流層面亦相當的廣泛。以下將分節加以說明：

第一節　政治方面

　　吐蕃自松贊幹布尚唐文成公主之後，彼此間的政治聯繫極見密切。最明顯的例子莫過於派兵協助王玄策討平中天竺之亂，以致羅香林氏認為王玄策能僅憑一紙檄書，卻可得吐蕃援兵，是吐蕃曾加入天可汗組織的明證。[註2]高宗即位，授松贊幹布駙馬都尉官職，並封西海郡王爵位。松贊幹布欣然接受，且致書于顧命大臣司徒長孫無忌云：「天子初即位，若臣下有不忠之心者，當勒兵以赴國除討」。[註3]同時，奉獻金銀珠寶十五種，請來置奠于太宗靈

〔註 1〕　《全唐詩》卷七四六，頁 8492。

〔註 2〕　見羅香林：〈唐代天可汗制度考〉。文載《唐代文化史》，頁 221。

〔註 3〕　《舊唐書》卷一九六〈吐蕃上〉，頁 5221。

前，以示對太宗的深切哀悼與崇敬之情。高宗感其意誠，除進封其爲賓主外，更「賜餉蕃渥」。〔註4〕上述種種，在在顯示出吐蕃與唐廷因爲和親的緣故，促使雙方的關係有更進一步的發展。

　　吐蕃在西藏高原建立統一王朝前期，內亂外患頻仍。松贊幹布雖憑其才略，一一予以敉平，但王室與貴族，以及貴族與貴族之間因爲權力、信仰等問題未能協調而時相傾軋，無疑是潛伏着大危機。松贊幹布從父王被害及大貴族的分裂叛亂事件中，體認到事情的嚴重性，知道要控制地方貴族勢力，加強王權，鞏固國家的統一，就必須建立集中的統治機構，制定各項嚴密的制度。故與唐廷聯婚後，深覺上朝的典章文物堪足借鑑，便加以模仿。首先便是政治制度的改革，吐蕃的中央官制，原來就有統領內外國政的宰相大論、小論各一人，〔註5〕但小論非常設職，〔註6〕因此大論的權力非常之大。松贊幹布參考唐朝制度，設置各級官府，並委任各級官員以分其勢。《新唐書・吐蕃傳》載其官制云：

> 其官有大相曰論茝，副相曰論茝扈莽，各一人，亦號大論、小論（總管王朝政治事務），都護一人，曰悉編掣逋（主管王朝外部，即管理屬部及對外偵察、征討等事務），又有內大相曰曩論掣逋，亦曰論莽熱，副相曰曩論覓零逋，小相曰曩論充，各一人（主管王朝內部事務），又有整事大相曰喻寒波掣逋，副整事曰喻寒覓零逋，小整事曰喻寒波充（主管王朝司法事務）；皆任國事，總號曰尚論掣逋突瞿。
> 〔註7〕

藏籍賢者喜宴所載吐蕃的官品等級有所謂「九大尚論」，即指「貢論」、「內大論」、「喻寒波論」三等，並各自分爲大中小三級，計共九級，此即上書所云「總號曰尚論掣逋突瞿」，又敦煌藏文卷子所列舉的情況亦能提供作印證資料。〔註8〕但現今保存於拉薩的唐蕃長慶會盟碑上，列名的官職卻多爲兩唐書所未載，不過可明顯的看出其官銜職稱實是比附唐典而立。〔註9〕王忠氏特參

〔註4〕《新唐書》卷二一六〈吐蕃上〉，頁6074。

〔註5〕同註3，頁5219。

〔註6〕王忠：《新唐書吐蕃傳箋證》，頁4。

〔註7〕同註4，頁6071～6072。又括號內的解釋則見王輔仁、索文清合著：《藏族史要》，頁20。

〔註8〕參見王堯、陳踐譯注：《敦煌吐蕃文獻選》，頁4～5。

〔註9〕王堯編著：《吐蕃金石錄》，頁41～42、51～52。

稽漢、藏文意義，謂吐蕃官職分作兩類：第一類爲宰相，宰相平章國事一人，兵馬都元帥同平章事一人，兵馬副元帥同平章事一人，宰相同平章事四人，共七人。第二類爲宰相僚屬，有曩論、紕論伽羅篤波、刑部尚書等；又有相當於禮部尚書的悉南紕波，戶部尚書的資悉波折逋，鴻臚卿的紕論，以及傳達王命的給事中，掌理巫祝職責的岸奔。〔註10〕吐蕃經此改革，其中央政府機構的組織遂得完備。《冊府元龜》卷九六二外臣部官號條載吐蕃「雖有官，不嘗厥職，臨時統領」，〔註11〕所記未盡確實。〔註12〕

　　此外，在官階品級上，吐蕃也仿效了唐廷，頒發「告身」（一種章飾）作爲職等階位的區別。按唐制：「奏授補判之官，皆給以符，謂之告身，後世之獎札功牌亦曰告身」。〔註13〕《新唐書・吐蕃傳》載：

> 其官之章飾，最上瑟瑟，金次之，金塗銀又次之，銀次之，最下至銅止，差大小，綴臂前以辨貴賤。〔註14〕

《冊府元龜》九六一外臣部土風三條載：

> 自號吐蕃爲寶髻。爵位則以寶珠，大瑟瑟、小瑟瑟、大銀、小銀、大瑜石、小瑜石、大銅、小銅等爲告身，以別高下。〔註15〕另云：
> 大略其冠章飾有五等：一謂瑟瑟，二謂金，三謂金飾銀上，四謂銀，五謂熟銅。各以方圓三寸褐上裝之，安膊前，以別貴賤。〔註16〕

漢籍所記大致相同，藏籍賢者喜宴記述亦無甚差異，但進一步將官品與告身作分類排列則甚爲詳盡。其謂：

> 告身以金玉爲最貴，銀與頗羅彌次之，銅、鐵又次之，各分大小，計六種一十二級，以別貴賤焉。〔註17〕

〔註10〕同註6，頁5～8。
〔註11〕《冊府元龜》卷九六二外臣部官號條，頁11318。
〔註12〕據《歷史文書大事紀年》記載，吐蕃論、尚一級的官員，每年夏、冬二季要主持集會議盟，要徵收貢賦，要召集兵丁、徵調糧草，要清查戶口，寫定法律條文，甚至於要東征西討，事務實在是相當的繁忙，故而《冊府元龜》所言「不常厥職，臨時統領」有未盡實處。
〔註13〕轉引自王堯編著：《吐蕃金石錄》，頁86，考釋(4)大銀字告身條。另參見《舊唐書》卷四五〈輿服志〉，及《新唐書》卷二四〈車服志〉記述有關隨身魚符制度。
〔註14〕同註4，頁6072。
〔註15〕《冊府元龜》卷九六一外臣部土風三條，頁11309。
〔註16〕同前註，頁11308。
〔註17〕《賢者喜宴》卷二一頁，轉引自《敦煌本吐蕃歷史文書》，頁240，注釋(7)。

其等級差別則見下表：

貢論上（大玉告身）
貢論中
曩論上 ┐ （小玉告身）

貢論下 ┐
曩論中 ── （大金告身）
喻寒波上 ┘

曩論下 ┐
喻寒波中 ── （小金告身）
噶倫上 ┘

喻寒波下 ┐
噶倫中 ── （頗羅彌告身）

寺院經咒師 ┐
高級官吏 ── （大銀告身）

王廷御前侍衛 ┐
苯教師
司馬官
風水官 ── （小銀告身）
邊鄙牧守 ┘

父民六部落（大銅告身）

千夫長 ┐
茹本 ── （小銅告身）

勇士（鐵告身）

　　一般平民（刻有波紋的白色木質告身）。〔註18〕此與《敦煌吐蕃律例文獻》卷中所列頗相一致。〔註19〕而法律的制訂，吐蕃「十六法」、「十三法」等法典的原始型態，就其來源說，亦明顯的看出是受到唐律的影響。《新唐書‧刑法志》云：「唐之刑書有四，曰：律、令、格、式。令者，尊卑貴賤之等數，國家之制度也」。〔註20〕所謂令者是對律而言。〈杜預律序〉云：「律以正罪名，令以事成制」。〔註21〕《唐六典》亦云：「律以正刑定罪，令以設範立制」。〔註22〕藉此

〔註18〕轉引自王堯、陳踐譯注：《敦煌吐蕃文獻選》，頁6～7。
〔註19〕同前註，《律例文獻》部份，頁7～39。
〔註20〕《新唐書》卷五六〈刑法志〉，頁1407。
〔註21〕〈杜預律序〉。轉引自《敦煌吐蕃文獻選》，頁7，《吐蕃律例文獻選》，頁7，〈吐蕃律例文獻解題〉。

以印證律例文獻殘卷所載，可發現殘卷中律、令相雜，混爲一體，與唐廷的刑書至爲類似，故謂吐蕃此制溯自唐廷。〔註23〕

唐廷與吐蕃的和親，除影響吐蕃本身進行內部政治改革外，也影響到與其他外族關係。吐蕃與唐廷接觸伊始，因聽聞突厥及吐谷渾俱得尚唐公主，故亦向唐廷請婚。唐廷未許，吐蕃便藉故謂吐谷渾居中作梗而將兵擊之；隨後更以兵犯唐境實行迫婚。吐谷渾首當其衝的受到侵擾，雖說這可能是吐蕃早經訂定的擴張政策之一，但吐蕃能巧借名目以達到其目的，信非唐廷所料及。玄宗開元中，突厥小殺可汗屢求和親，玄宗遣鴻臚卿袁振往諭，小殺謂振曰：「吐蕃狗種，唐國與之爲婚；奚及契丹，舊是突厥之奴，亦尙唐家公主。突厥前後請結和親，獨不蒙許，何也」？〔註24〕可見唐廷的許婚異族，容易引起第三者的疑忌，縱然唐廷國強勢盛，能壓止其蠢動，卻萬難消解其內心的怨忿，如此一來，彼此的關係亦難免受到影響。突厥與吐蕃迭有征戰，〔註25〕唐初至天寶末年的一百二十餘年中，突厥與唐廷的相抗衡，此或是其中的原因之一。至於回紇、南詔的爲患，乃開元、天寶以後事，其時吐蕃與唐廷的和親關係已告終結，故其間種種因緣並不在本文討論之列，故略而不贅。

第二節　軍事方面

吐蕃主要是軍事部落聯盟的政體。在與唐廷通婚後，依照唐廷的府兵制，建立一套更爲嚴密的軍事制度。唐因隋制，於全國共置六百三十四府，府置折衝都尉及果毅都尉統率。兵士征行及上長安宿衛，皆以遠近分蕃。在宿衛時，分別隸屬於諸衛。出征時，由臨時任命的主將統率。戰爭結束，則將歸於朝，兵散於府。〔註26〕吐蕃則將原有的軍事組織與部落、氏族組織相結合

〔註22〕張九齡等撰：《唐六典》卷六，頁10上。

〔註23〕同註8，頁1。

〔註24〕《冊府元龜》卷九九二外臣部備禦條，頁11653。又《新唐書》二一五〈突厥傳〉所載略同。

〔註25〕關於突厥的記載在《吐蕃歷史文書大事紀年》中有西元675、676、686、687、689、700、729、736諸年。固然，吐蕃歷年在突厥境內用兵，主要是爲爭奪安西四鎮和西域之地。但突厥求婚遭拒，而將與吐蕃征戰的怨忿藉機宣洩，謂吐蕃乃狗種，此與吐蕃的巧立名目攻擊吐谷渾有異曲同工之妙。故其與唐廷關係因拒婚而有相當程度的變化，亦屬常理。

〔註26〕《新唐書》卷五十〈兵志〉，頁1328。

爲基礎，將吐蕃全境劃分爲四個茹，即伍茹、腰（約）茹、葉茹和茹拉。茹，其意爲部、翼、旗。在征服孫波（蘇毗）以後，將孫波舊地劃爲一茹名孫波茹。〔註27〕據藏籍五部遺教的記載：伍茹（中翼）轄以邏些爲中心的雅魯藏布江北之地；腰茹（左翼）轄以雅隆河谷爲中心的江南之地；葉茹（右翼）轄雅魯藏布江上游南北之地；茹拉（後翼）轄雅魯藏布江中游南北之地。茹的長官爲元帥，由王國政府臨時任命。每茹又分爲上、下兩個支茹，置大將、副將、判官各一員。四茹中除茹拉只設七個千戶府和一個下千戶府外，其餘三茹各設八個千戶府和一個下千戶府。各千戶府置千戶長，另設部落使（中央所派）掌民事。千戶長之下又有五百戶長、百戶長、十戶長等官。總計吐蕃共設有三十一個千戶府和四個下千戶府，其兵力計共四十萬二千四百人。〔註28〕此與《新唐書・吐蕃傳》所載謂吐蕃有「勝兵數十萬」〔註29〕頗相符合。

　　千戶府既是軍事組織單位，又是地方行政單位，同時也是原來貴族的領地，三者結合爲一。大將以下各級官員就由當地大小貴族擔任，世守其職，仍舊保持其原有領地及管屬關係。但官員都必須經由王國政府任命，而獎懲則根據其功過施行。所有士兵均按名登記造冊，由政府掌管，不得任意更改擴充，全國軍隊由兵馬都元帥統率，軍隊調動必須以贊普發下的金箭爲憑。於出兵征伐時，卻另派監軍使對元帥、大將進行監督。當時，各支茹所屬的馬匹自有毛色，旗幟亦有區別，用以辨別並方便統籌。〔註30〕除此以外，吐蕃贊普更仿效唐制設立禁軍，自每一茹中抽調精銳一千戶守衛其牙帳。禁軍由贊普親自掌握，足以對付地方軍隊的勢力。有此嚴密的軍事制度，遂大有利於吐蕃王朝的集權統治。〔註31〕

　　又大昭（招）寺北面夜叉殿的西壁上畫有兩個護門將軍，其所持武器與唐朝武將所用極爲相似，亦有撲天獅子壁畫以及「白史」記載古代西藏將領的印章上刻有雄獅撲天的圖樣也和唐朝的相像。至於西藏武將手中所拿的矛幡，身穿「柳葉形鎧甲」，更是唐朝武將所用的鎧甲。〔註32〕便足以證明吐蕃受到唐朝影響的深遠。

〔註27〕見王堯、陳踐譯注：《敦煌本吐蕃歷史文書名物疏證大事紀年》部份，頁217。
〔註28〕參見王輔仁、索文清著：《藏族史要》，頁19引述藏籍五部遺教語。
〔註29〕同註4，頁6072。
〔註30〕同註28。又 Shakabpa ,W.D., "Tibet, A Political History." p.26-27。
〔註31〕王輔仁、索文清：《藏族史要》，頁19～20。
〔註32〕恰白、次旦平措：〈大招寺史事述略〉。文載《西藏研究》創刊號，頁43～44。

　　雖然，吐蕃在有關政治，軍事的制度是受到唐朝的影響而有變革，未必
便是和親的直接產物，但和親將雙方的距離拉近，接觸自然也相對的增加，
無可諱言是彼此間交通的最大推動力。

　　至於吐蕃對唐朝的影響，章群氏云：「唐戍兵久，亦自備吐蕃始；府兵制
之破壞，悉由是也」。〔註33〕《文獻通考》卷一五一〈兵考三〉云：「高宗以
劉仁軌爲洮河鎮守使，以圖吐蕃，於是始有久戍之役」。〔註34〕按唐朝兵制凡
三變，《新唐書‧兵志》云：「其始盛時有府兵，府兵後廢而爲彍騎，彍騎又
廢，而方鎮之兵盛矣」。〔註35〕府兵制爲介乎於募兵與徵兵之間的一種兵制，
其特徵在「擇魁健材力之士以爲之，首盡蠲租調，而刺史以農隙教之」。〔註
36〕蘇轍謂：「內之不敢爲變，而外之不敢爲亂，未有如唐制之得者也」。〔註37〕
不過到高宗武后之世，其制已日見式微；玄宗時，更是名存實亡。兵制謂此
實措置之勢使之然，故而方鎮兵得以彊盛。〔註38〕但實際說來，府兵制的破
壞，戍兵的長久駐守，甚至於加強佈防邊地，唐朝由絕對內重的形勢更易爲
外重內輕，目的是要守禦吐蕃。

　　軍事力量的強大爲國家安全的保障，唐朝後期之所以形成尾大不掉之
勢，直接間接都與吐蕃有關。而吐蕃與唐廷通婚後，仿唐制度致使其內部組
織更趨嚴密；唐廷雖與吐蕃結爲姻好，卻未能改變其擴張侵略種性，反而受
其威脅，以致頗稱完備的府兵制遭受破壞。如此，則吐蕃對唐朝的影響，較
唐朝對吐蕃的影響，似猶有過之。

第三節　經濟方面

　　中原朝廷與邊疆民族的和親，除了在政治上各自有其目的外，經濟效益
上的追求也是相當重要的一環。邊疆民族由於生活較爲艱苦，故而對物質的
需索較中原爲強烈。中原朝廷則希望在名譽上能得到滿足，公主出降時，爲
示上國恩威，儀制之盛與資送之厚，遠非邊疆民族所能比擬，但這正是邊疆

〔註33〕章群：《唐史》，頁94。
〔註34〕《文獻通考》卷一五一〈兵考三〉，頁1320。
〔註35〕同註26，頁1323～1324。
〔註36〕同註34，頁1319。
〔註37〕蘇轍：《欒城應詔集》卷三，〈唐論〉，頁13。
〔註38〕同註26。

民族所渴望得到的。隨行遠嫁的大批人員中，當不乏架橋修路，建造旅邸，及照料日常衣物飲食，進退應對的專門人才。而隨著和親關係的確定，邊疆民族更會藉機請求互市或其他的餽贈。工藝技術與經驗的輸入，以及商業貿易的往來，是必有助於經濟的繁榮進步。

藏人傳說中謂文成公主下嫁吐蕃時，太宗曾將製造好的食品，消渴的飲料，特機織成的金絲緞，及各式綾羅五穀，作爲公主的嫁奩。又庫中特殊的寶物，金玉鑲成的書櫥，金玉器皿，並藝林三百六十法寶鑑，工藝六十法等，亦以駝馬運輸入藏。〔註39〕漢籍中雖無有關此方面的詳細記述，但於公主入藏後，吐蕃遣使入唐請求蠶種、釀酒，以及製碾、磑、紙、墨等工匠的事卻清楚記載於《兩唐書》。〔註40〕而金城公主出降時，「帝念主幼，賜錦繒別數萬，雜伎諸工悉從」。〔註41〕英人貝爾云：「此後西藏土人始學習製造陶器、織布機、水磨。大麥酒（青稞所釀淡酒）、酥油、乾酪，亦初次出現」。〔註42〕可見中原唐廷的農工兩業及各種技藝，隨着文成、金城兩公主的下嫁，已次第傳入吐蕃。

唐蕃之間的和親關係確定以後，雙方使節的往還極見頻密。據統計自太宗貞觀八年（西元634年）至武宗會昌六年（西元846年）的二百一十三年之間，彼此往來的次數達一百九十一次之多，平均一年另一月就有一次。〔註43〕而在和親期間（即本文所述範圍）幾近百次的往來，比例尤高（參見附表三：唐蕃和親期間使者交往表）。其時吐蕃獲得漢地器物除了接受唐朝的餽贈外，惟一的方式便是貿易。使臣出使的任務不外是和親、告哀、弔祭、修好、議盟、封贈、朝貢、求請、報聘、求和、慰問、約和、責讓等。〔註44〕但很多時還附帶有商業貿易的目的。使人遠道來朝，中原朝廷必視之爲「朝貢」，然而外蕃卻藉此名義，以從事貿易。李翱徐申行狀云：「蕃國歲來互市，奇珠瑇瑁，異香文犀，皆浮海舶以來。常貢是供，不敢有加，舶人安焉，商賈以饒」。〔註45〕可見「朝貢」、「互市」名雖不同，事實相去不遠。吐蕃使臣往返

〔註39〕 桑博查著：〈藏王迎娶文成公主記〉，轉引自宋龍泉：〈唐朝對吐蕃文化的影響〉。文載《中國邊政》第26期，頁8。

〔註40〕 同註3，頁5222。另見註4。

〔註41〕 同註4，頁6081。

〔註42〕 Charles Bell 著，董之學、傅勤家譯：《西藏志》，頁16。

〔註43〕 任乃強：〈松贊幹布年譜〉。文載《西藏研究》創刊號，頁20。

〔註44〕 同註6，頁41。

〔註45〕 《全唐文》卷六三九李翱〈徐申行狀〉，頁8021。

的頻繁，或即為此。不過唐律有云：

> 諸越度緣邊關塞者，徒二年，共化外人私相交易，若取與者，一尺徒
> 二年半，三疋加一等，十五疋加役流。私與禁兵器者絞。共為婚姻者
> 流二千里。未久，未成者各減二等。即因使私有交易者準盜論。〔註46〕

蕃漢貿易，實須經互市以達成。朝貢使節若未經許可而就市交易的，地方政
府可將之拘禁，〔註47〕但若經奏許，則可在諸州縣就市交易。〔註48〕文成公
主下嫁時，未見有關於吐蕃請求互市的記載，金城公主時，吐蕃請交馬於赤
嶺，及互市於甘州嶺，宰相裴光庭曰：「甘松中國阻，不如許赤嶺」。〔註49〕
《資治通鑑》繫此事於開元十九年九月，云：「辛未，吐蕃遣其相論尚它硉入
見，請於赤嶺為互市；許之」。〔註50〕

　　雖然律令上對蕃漢的貿易有所設限，但在一般的情況下，唐朝卻是採取
放寬的態度。事實上唐朝對推動國際貿易不遺餘力，雖則其目的仍在名譽上
的追求。《全唐文》卷一七二載武后時張鷟判詞無疑是其自白：

> 鴻臚寺中吐蕃使人素知物情，慕此處綾錦及弓箭等物，請市，未知
> 可否？判：聽其市取，實加威於遠夷；任以私收，不足損於中國。
> 宜其順性，勿阻蕃情！〔註51〕

正因如此，蕃客使唐更是趨之若鶩，而吐蕃自與唐朝通婚以後，自邏些至長
安亦必然開設有驛站，以利往來。由於交通的發展，帶給經濟上的活動也見
頻繁。中原的絲綢、茶葉並許多工藝農耕技術源源不絕的傳入吐蕃，吐蕃的
土特產，如馬、牛、羊、駱駝、犛牛尾、獺褐、金器、銀器、玉器、朝霞氈、

〔註46〕 轉引自謝海平：《唐代蕃胡生活及其對文化之影響》，頁 237。
〔註47〕 圓仁：《入唐求法巡禮行記》卷一，開成四年（西元 839 年）二月條云：「長
　　　　官儻從白鳥、清岑、留學等四人，為買香藥等，下船到市，為所由勘追，捨
　　　　二百餘貫錢逃走。……大使儻從栗田家繼。先日為買物，下船往市。所由捉
　　　　縛，州裡留著。……射手身人部貞淨，於市買物，先日被捉閉縛州裡，今日
　　　　被放來。」見頁 19。
〔註48〕 《冊府元龜》九七一外臣部朝貢四條，開元元年（西元 713 年）十二月，鞨
　　　　鞨王子來朝，奏請就市交易，許之。見頁 11405。又卷九七四外臣部褒異一條，
　　　　開元五年（西元 717 年）十月，鴻臚寺奏日本國使請謁孔子廟堂，禮拜寺觀，
　　　　從之。仍令州縣金吾，相知簡較搦捉，示之以整，應須作市買，非違禁入蕃
　　　　者亦容之。見頁 11445。
〔註49〕 同註4，頁 6085。
〔註50〕 《資治通鑑》卷二一三〈唐紀二九〉玄宗開元十九年條，頁 6796。
〔註51〕 《全唐文》卷一七二〈張鷟得武后判詞〉，頁 2213。

染藥等也大量輸入中原。〔註52〕中原以後，吐蕃於漢地產物，僅茶葉一項已應有盡有。李肇《國史補》下卷云：

> 常魯公使西蕃，烹茶帳中。贊普問曰：「此爲何物？」魯公曰：「滌煩療渴，所謂茶也。」贊普曰：「我此亦有。」遂命出之，以指曰：「此壽州者，此舒州者，此顧渚者，此蘄門者，此昌明者，此澶湖者」。〔註53〕

吐蕃地處高寒，所食肉類、乳酪、茶麨糌粑，須以酥油茶汁調和始能下嚥，故此茶葉成爲藏人生活中不可或缺的必須品，正如其向所缺乏的布帛，以及工農技術方面的人才，在與唐朝建立姻親關係後，都能夠得到相當充裕的供應，經濟上的長足發展，也有利於生活上的改善，其影響不可謂不大。

　　對於唐朝，外使入朝，「聽其市取，實加戚於遠夷」，或許有道理，但「任以私收，不足損於中國」事卻未盡然。因爲在正常的貿易以外，唐朝對於來朝的使臣極爲優遇，在中央及地方各設有管理蕃胡的機關，〔註54〕另設有尚作坊，製賜蕃客所需。〔註55〕賜物通常爲金帶、紫袍、布帛之類。〔註56〕蕃使晉見、辭行之時，例必賜食；〔註57〕又凡國有大慶，賜物蕃使，更是在所難免，〔註58〕甚而籍由、大赦，往往亦有賜物，〔註59〕偶爾在通常節日，如

〔註52〕 韓國磐：《隋唐五代史綱》，頁372。

〔註53〕 李肇：《唐國史補》卷下，頁66。

〔註54〕 中央機關除鴻臚寺專責管理在唐蕃胡外，尚有部份官員，如金部郎中，祠部郎中，主客郎中，職方郎中，中書侍郎，通事舍人等，亦負部份職責。鴻臚寺爲九寺之一。名凡數改，或曰同文寺，或曰司賓寺。地方機關則以設於廣州之市舶使爲最重要。以上俱見於《兩唐書‧百官志》。

〔註55〕 《新唐書》卷六〈肅宗本紀〉云：「乾元二年（西元759年）四月壬寅，詔減常膳服御，武德中尚作坊非賜蕃客、戎祀所須者皆罷之。」見頁162。

〔註56〕 《資治通鑑》卷一九八太宗貞觀二十一年（西元647年）條云：「各以其酋長爲都督、刺史，各賜金銀繒帛及錦袍。」見頁6245。又《舊唐書》卷一九六〈吐蕃傳〉：「名悉獵至京師，上（玄宗）引入內宴，與語，甚禮之，賜紫袍金帶及魚袋，並時服、繒綵、銀盤、胡瓶。」

〔註57〕 《唐會要》卷六五光祿寺條云：「景雲二年（西元711年）三月十七日勒：每御承天門樓，朝官應合食，並蕃官辭見，並令光祿准舊例，於朝堂廊下賜食。」見頁1138。

〔註58〕 《唐大詔令集》卷六八載開元十一年（西元723年）〈南郊赦書〉云：「鴻臚諸蕃等使與見大人，及其本蕃□□酋長同宴會例給賜。」頁1567～1568。

〔註59〕 《唐大詔令集》卷七四載開元二十三年（西元735年）〈籍田赦書〉云：「諸蕃入廟，入賀正蕃客，應陪位者，共賜物五十匹。」又卷八六咸通七年（西元866年）〈大赦〉云：「鴻臚、禮賓院應在城內蕃客等，並節級賜物。」見頁1703及1963。

重陽之類，也會有所賞賜。〔註60〕蕃使入貢，雖有奉獻，但亦要求唐朝賜贈物事，唐朝多按其貢品價值予相對賜贈，其事甚有交易意味。〔註61〕故蕃使輻湊絡繹，無畏於兩地奔馳。然而唐朝卻因入朝使節人數眾多，同時因爲賞賚太厚，即使府藏充實，但糜費太廣，亦自構成嚴重的財政問題。

來朝使節團人數往往甚爲龐大，小者數十人，大者數百人。此可見於貞觀四年（西元630年）魏徵諫太宗之言：「……今若許十國入貢，其使不下千人」。〔註62〕又《全唐文》卷四○五章仇兼瓊〈請令吐蕃入奏奏〉云：

> 吐蕃、白狗國及索磨等諸州籠官三百餘人出奉州，望准女國等例，簡擇許令入奏，餘並就奉州宴賞放還。〔註63〕

而唐朝饋贈賞賜之豐厚。亦足令人咋舌。《冊府元龜》卷九七四外臣部褒異一開元七年（西元719年）六月條云：

> 戊辰，吐蕃遣使請和，大享其使，因賜其束帛，修用前好。以雜綵二千段賜贊普，五百段賜贊普祖母，四百段賜贊普母，二百段賜可敦，一百五十段賜坌達延，一百三十段賜論乞力除，一百段賜尚贊咄及大將軍、大首領各有差。皇后亦以雜綵一千段賜贊普，七百段賜贊普祖母，五百段賜贊普母，二百段賜可敦。〔註64〕

又同書卷九八○外臣部通好開元二十一年正月條云：

> 命工部尚書李暠使於吐蕃，……以國信物一萬匹，私覿二千匹，皆雜以五綵遣之。〔註65〕

〈獨孤及勑與吐蕃贊普書〉中亦記載：「金玉綺繡，問遺往來，道路相望，歡好不絕」。〔註66〕吐蕃與唐婚嫁通知後得到的經濟利益可說相當的多。唐朝卻是「不遑振旅，四十餘年。使傷耗遺氓，竭力蠶織，西輸賄幣」。〔註67〕《全

〔註60〕《唐會要》卷二十九節日條云：「長慶二年（西元822年）九月敕：蕃客等使，皆遠申朝聘，節遇重陽，宜共賜錢二百貫文，以充宴賞。」見頁546。
〔註61〕《冊府元龜》卷九九九外臣部請求條載開元七年（西元719年）安國王篤波提遣使上表論事，其表末云：「今奉獻波斯驄二、佛林繡氍毹一、鬱金香三十斤，生石蜜一百斤，……又臣妻可敦奉進柘必大氍毹二、繡氍毹一，上皇后。如蒙天恩滋澤，請賜臣鞍轡器仗袍帶，及賜臣妻可敦衣裳粧粉。」見頁11722。
〔註62〕《舊唐書》卷七一〈魏徵傳〉，頁2548。
〔註63〕《全唐文》卷四○五章仇兼瓊〈請令吐蕃入奏奏〉，頁5238。
〔註64〕《冊府元龜》卷九七四外臣部褒異一條，頁11446。
〔註65〕《冊府元龜》卷九八○外臣部通好條，頁11512。
〔註66〕《全唐文》卷三八四獨孤及勑與吐蕃贊普書〉，頁4936。
〔註67〕《舊唐書》卷一三九〈陸贄傳〉載其奏疏，頁3806

唐文》卷六四五載李降〈延英論邊事〉更云：「今戎狄繼來婚嫁，於國情實，巨細必知，邊塞空虛，有無咸悉」。〔註68〕經濟上未見得益，反影響邊民生計，國家虛實也表露無遺，箇中得失自是不言可喻。

第四節　文化方面

　　邊疆民族之所以嚮慕中原，除了在物質生活條件上有所不及外，在精神生活上更顯得貧乏。文化的涵化雖然不一定能產生民族融合的結果，但卻是導致民族融合的必經過程。因而處於優勢文化的中原朝廷便往往藉著和親，以達到羈縻或軟化外族的手段。外族雖然也可透過其他途徑與中原朝廷作文化以及其他方面的活動交流，但遠不及和親關係建立後來得直接。故外族對求取和親的態度相當積極。因為中原文化的輸入對其物質、精神上的生活有一定程度的提升。吐蕃在與唐朝通婚以前，為一未完全開化的民族，有謂「吐蕃之有文化，實自文成公主下嫁弄讚始」。〔註69〕麥唐納亦云：「公主入藏以後，勵精圖治，不遺餘力，故西藏昔日之文化，莫不楷模於中國，西藏之高級社會，亦遂為中國學術教育所陶鎔矣」。〔註70〕繼後的金城公主，影響雖不及文成公主的深遠，但對促進唐蕃兩地文化等活動的交流，亦是功不可泯。以下就文成、金城兩公主對吐蕃文化的影響說明如次：

一、建築城郭宮室

　　吐蕃為一亦耕亦牧的民族，《舊唐書·吐蕃傳》載：「其人或隨畜牧而不常厥居」。〔註71〕縱然是貴如贊普，也是「聊毳帳以居」，「有城郭廬舍不肯處」。〔註72〕按當時的城郭即為宗寨，乃以官寨為主。作用在保護居住在其四週的農、牧人民。遇有盜賊或外族入侵，全部人民即攜其財產遷居寨中，據之死守。〔註73〕故其城郭與中原唐廷的不盡相同。日人佐藤長氏亦謂松贊幹布時，已有固定的房舍出現，城寨的設備也有好幾種型式，但一般人民

〔註68〕《全唐文》卷六四五李絳〈延英論邊事〉，頁8287。
〔註69〕洪滌塵：《西藏史地大綱》，頁112。
〔註70〕麥唐納著，鄭寶善譯：《西藏之寫真》，頁19。
〔註71〕同註3，頁5220。
〔註72〕同註4，頁6072。
〔註73〕同註6，頁31。

的住所，仍爲隨牧遷移的帳幕。〔註 74〕及至文成公主入藏，吐蕃始興建城邑及作爲起居的宮室。《舊唐書‧本傳》記松贊幹布對其所親曰：「我父祖未有通婚上國者，今我得尚大唐公主，爲幸實多。當爲公主築一城，以誇示後代」。遂築城邑，立棟宇以居處焉。〔註 75〕據藏人傳說，當時仿效唐室宮殿式建築所建成的城郭，即爲今日拉薩布達宮的前身。〔註 76〕但任乃強氏認爲吐蕃所築實爲小招寺。〔註 77〕小招寺寺門東向，爲公主悲思中國的表徵。〔註 78〕金城公主入藏時，帶有大批工匠，入藏後，亦曾援引前例修築一城以爲居所。〔註 79〕上述史事與傳說，兩相參證，足徵吐蕃所以建築城郭宮室，實爲嚮慕中原文化而作出的舉措，此與公主的入藏有直接的關係。

二、改變蕃民服飾

　　吐蕃以地處高寒，「冬則羊裘數重，暑月猶衣裘褐」。〔註 80〕《新唐書‧本傳》載其「衣率氈韋」。〔註 81〕故松贊幹布於文成公主下嫁之時，見上國衣飾禮儀之美，不免自慚形穢。遂即自釋氈裘，襲綺紈，甘染華風。〔註 82〕其官章爵位的表記，亦皆仿效唐制（參見本章第一節所述）。今日西藏地位稍高的人，仍喜穿著蟒緞，或是氆氌紬緞。婦女則通常穿着卍字黑紅褐裙，前着或紅褐，或各色的紬緞圍裙，鑲錦花邊，髮作高髻，雲鬟如蟬翼輕紗，明璫玉珮，大有唐朝遺風。〔註 83〕又吐蕃俗以赭塗面爲好，因而有「赭面國」之稱。公主見而惡之，幹布便即下令國中權且罷之。〔註 84〕

〔註 74〕 佐藤長：《古代チベット史研究》，頁 413。
〔註 75〕 同註 3，頁 5221～5222。
〔註 76〕 同註 69。
〔註 77〕 任乃強：〈松贊岡布年譜〉。文載《康導月刊》第六卷第 1 期，頁 19。
〔註 78〕 《衛藏通志》卷六寺廟條，頁 134。
〔註 79〕 《兩唐書‧吐蕃傳》所載不盡一致。《舊唐書》云：「公主既至吐蕃，別築一城以居之。」《新唐書》則曰：「公主至吐蕃，自築城以居。」
〔註 80〕 《冊府元龜》卷九六二外臣部才智條述仲琮語，見頁 11322。
〔註 81〕 同註 4。
〔註 82〕 同註 3，頁 5221～5222。
〔註 83〕 黃次書：《文成公主與金城公主》，頁 42。
〔註 84〕 《兩唐書‧吐蕃傳》對此事的記載互有歧異，《新唐書》載：「弄贊下令國中禁之。」《舊唐書》則載：「弄讚令國中權且罷之。」本文擬採信《舊唐書》所載，因爲若赭面之風已遭禁絕，則中唐以後如何習染且得流行。見本節下文所引白居易時世粧詩。

　　吐蕃服飾雖受到唐朝的影響而有所改變，但其層面應屬有限。綾羅綢緞固然爲王族、官家所樂意穿着，然其本族服飾亦未嘗廢棄，一般臣民更不待言。元稹「縛戎人」詩註可作爲反證。其謂：

> 延州鎮李如暹，蓬子將軍之子也。嘗沒西蕃。及歸，自云：「蕃法惟正歲一日，許唐人沒蕃者服衣冠，如暹當此日悲不自勝，遂與蕃妻密定歸計」。〔註85〕

又吐蕃赭面之風原爲唐人所厭惡，未料中唐以後，唐人卻改變態度，轉而爭相仿效，成爲當時流行的粧扮。白居易時世粧詩記述甚詳，茲引如下：

> 時世粧，時世粧，出身城中傳四方。時世流行無遠近，顋不施朱面無粉。烏膏注脣脣似泥，雙眉畫作八字低。妍蚩黑白失本態，粧成盡似含悲啼。圓鬟無鬢堆髻樣，斜紅不暈赭面狀。……元和粧疏君記取，髻堆面赭非華風。〔註86〕

堆髻在敦煌壁畫中可常看到，相信是西域所流行的粧飾，但赭面是吐蕃所有的特色，文成公主入藏時曾要求松贊幹布將之禁絕，豈料日後竟便流行於中原。文化本身無所謂高低上下之別，〔註87〕中原習染吐蕃赭面風氣，不惟是唐蕃文化交流的一大佐證。

三、闡揚漢學

　　藏人桑博查在所著〈藏王迎娶文成公主記〉謂「公主行時，唐王將漢詩三百篇，善惡明訓，及行處高尚見者被羨之法諸書賠送」。〔註88〕又據《舊唐書‧吐蕃傳》載，松贊幹布於迎娶文成公主後，「仍遣酋豪子弟，請入國學以習詩、書。又請中國識文之人典其表疏」。〔註89〕可見吐蕃在此時已是積極汲取漢族的儒家學說思想，以及典章制度。其實在此以前，吐蕃已派遣留學生來唐求學。《唐會要》卷三五學校條載：

> 貞觀五年（西元631年）以後，太宗數幸國學、太學，遂增築學舍

〔註85〕《全唐詩》卷四一九，頁4620。

〔註86〕《白氏長慶集》卷四，頁23。

〔註87〕人類學，歷史以及其他社會科學所用的「文化」，是指人類生活的型式 mode of life 或人類的生活習慣而言，無上下高低的分別。引見鄭德坤：《中國文化人類學》，頁2。

〔註88〕宋龍泉：〈唐朝對吐蕃文化的影響〉，文載《中國邊政》第26期，頁7。

〔註89〕同註3，頁5222。

一千二百間：……已而高麗、百濟、新羅、高昌、吐蕃諸國酋長，
亦遣子弟請入國學。〔註90〕

吐蕃嚮慕漢學之心極切，故神龍元年（西元 705 年），中宗特勅「吐蕃王及可
汗子孫，欲習學經業，宜附國子學讀書」。〔註91〕玄宗時，亦有令蕃客國子監
觀禮教勅云：「自今以後，蕃客入朝，並引向國子監令觀禮教」。〔註92〕金城
公主入藏後，於開元十九年（西元 731 年）曾遣使奏請毛詩、禮記、左傳、
文選各一部，〔註93〕漢族典籍遂得流傳於吐蕃。

　　吐蕃先後派遣的留學生中，學有所成而回國入仕，繼而出使來唐，極得
唐帝讚譽的，漢籍記載僅得二人。一為仲琮，一為名悉臘。二人使唐時，既
無語文扞格，更且態度優雅，故能不辱使命，載譽而還。吐蕃的誠意向化，
於此亦可見鱗爪。

四、倡導佛教

　　倡導佛教是文成、金城兩公主影響甚至是改變吐蕃文化最重要的作為之
一。因為法律的制定，以及文字的籾造皆與此有不可或離的關係。

　　佛教的傳入吐蕃，據西藏史籍的記載，幾乎無一例外的說是松贊幹布以
前五輩，即拉托托日聶贊（lHa-Tho-Tho-Ri-gNyan-tsen, ལྷ་ཐོ་ཐོ་རི་གཉན་བཙན།）
時期事。其時約為公元五世紀。五世紀時吐蕃四周幾全是信奉佛教的國家和
地區：南面是佛教的發祥地印度，西北面有西域的于闐，東面的中原雖仍處
於南北朝對峙時期，但北朝的魏，及南朝的梁，對佛教的崇信特深。此時的
吐蕃雖然還沒籾立與使用文字，然而佛教在這時期的前後傳入吐蕃，相信是
大有可能。〔註94〕不過佛教佛法的大量引進，仍得待松贊幹布時。

　　松贊幹布先後迎娶尼泊爾尺尊公主及唐文成公主。兩公主皆篤信佛教。
據傳說尺尊公主曾將不動金剛佛像、彌勒佛像，及栴檀度母像等帶至吐蕃，
文成公主亦攜有釋迦佛十二歲身量的造像。〔註95〕幹布在耳濡目染下亦崇尚

〔註90〕《唐會要》卷三五學校條，頁 633。
〔註91〕《唐會要》卷三六附學讀書條，頁 667。
〔註92〕《唐大詔令集》卷一二八，頁 2726。又《全唐文》卷三四，頁 451。
〔註93〕同註3，頁 5232。
〔註94〕關於佛教傳入吐蕃的時間推斷，可參閱陳天鷗著：《喇嘛教史略》，頁 1，所引
　　　　英人威爾遜的考證。
〔註95〕法尊：《西藏民族政教史》卷一，頁 9。

佛法。當時最主要的工作便是建築寺廟及翻譯經典。

關於寺廟的興建，除前已提及的大、小招寺外，在吐蕃中部建立有四座大寺即四如寺，四如寺之外建立有四厭勝寺，四厭勝寺之外有四再厭勝寺。〔註96〕《蒙古源流》謂「由是建立廟宇，不可勝數」。〔註97〕而西藏之有佛寺，亦是自此時始。〔註98〕

至於翻譯經典，須得有可供運用的文字才能成就。學者為彰顯文成公主的功績，多謂幹布於皈依佛法後，除建廟及派遣大臣子弟遠赴印度研習佛經外，更想將佛經翻譯以利傳佈，但西藏此時仍無文字，故而令吞米桑布札等就所學習的印度文，另行籾掣出藏文。兩唐書以及其他的漢籍均記載吐蕃「無文字，結繩齒木為約」。〔註99〕但《敦煌本吐蕃歷史文書》的發見，已可證實在文成公主入藏前吐蕃已有文字。〔註100〕或許當時文字仍未見通行，以致漢籍誤載此事。文成公主雖然未必有在籾掣藏文的過程中著力，但其從旁催促幹布着意翻譯經典之功，亦是不可抹殺。

此外，法律的制度就所頒行的法令二十條〔註101〕來看，明顯是受到佛教十善業〔註102〕的影響。當然，唐律的引進亦起了相當大的作用（詳見前文）。此亦是公主居中牽引倡行的結果。

早於佛教的傳入，吐蕃地區便已有一種薩滿教類型的萬靈信仰 —— 蕃（笨，Bon）教的存在。其勢力不但深入民間，就連王室、貴族也都有支持者，除宗教上的事務外，蕃教薩滿也過問軍國大事。即使在吐蕃王國建立以後，贊普身旁都必然有一個蕃教薩滿擔任護駕法師，其位置在贊普右側，而大相位置在贊普左側，由此可見蕃教薩滿的地位較大相尤高。〔註103〕文成公主的

〔註96〕福幢著，王沂暖譯：《西藏王統記》，頁49。王輔仁：《西藏佛教史略》，頁24。Helmut Hoffmann, "The religious of Tibet." p.38

〔註97〕沈曾植箋證，張爾田校補，《蒙古源流箋證》，頁69。

〔註98〕同註95。

〔註99〕同註4，頁6072。

〔註100〕文成公主祿東贊迎娶入藏之事，《歷史文書大事紀年》部份便已有記載。「……贊蒙文成公主由噶爾、東贊域宋（祿東贊）迎至吐蕃之地」，見頁101。

〔註101〕藏文史料俱云十善天法，十六淨人法。法尊：《西藏民族政教史》，頁7～8，卻記為「二十條法令」，未知何據。按其下文云「以上十六條進善，又名十六種淨法」，與上所引文不合，實有可斟酌處。

〔註102〕佛教十善業，乃對十惡而言。詳見劉師義棠：《中國邊疆民族史》，頁467，註228。

〔註103〕Giuseppe Tucci, "The Tombs of the Tibetan Kings." p.9

下嫁，連帶將佛教引進吐蕃。松贊幹布把握機會，倚仗公主娘家——大唐的威勢，正式傳佈佛教，並以之爲國教。欲藉此新興的宗教勢力，以分散一直處於優勢的蕃教所給予贊普的壓力。所以從另外一個角度來看，贊普的接受，倡行佛教，在政治上有其目的。然而蕃教思想在吐蕃早已根深蒂固，佛教在表面上雖然是佔着上風，但這無疑是一種假象，實際而言，佛教在此段期間並無太大的發展。此可證於松贊幹布卒後，其陵墓的建造，以致於下葬的儀式，仍依照蕃教的方式進行。〔註 104〕

　　松贊幹布以後的三代贊普都以稚齡嗣位，由於大權旁落，雖有心支持佛教，也是欲振乏力。及至金城公主的入藏，佛教才得再次活躍。金城公主亦是一度誠信佛者，隨行人員中自亦夾雜有僧人，如同松贊幹布時佛教能夠立足的原因一般，金城公主一力助長佛教的發展，蕃教信徒卻因爲對大唐帝國的聲勢有所顧忌，所以未有任何行動。Li-Yul-Lung-bsTan-Pa（于闐授記）記載彼時西域動亂，和闐（于闐）僧人避難至今日塔里木盆地南緣的 Tshal-Byi。其地酋長未敢將之收留，而請示于贊普，金城公主居中說項，贊普遂接引這批僧人前往邏娑城，並爲彼等蓋建至少七座大寺以爲供養。〔註 105〕吐蕃佛教注入此一新血輪，活動力爲之大增。故若就吐蕃佛教的發展而言，金城公主的貢獻似乎大于文成公主。〔註 106〕

五、其　他

　　文化的涵蓋範圍極廣，除上所述有關衣食生活習慣、思想信仰外，藝術、娛樂、醫藥、曆算等亦應包括在內。雖然關於此方面的記述大多出於神話傳說，但也有可供參考之處，茲分述如次：

（一）藝　術

　　據〈藏王迎娶文成公主記〉載，文成公主入藏之時，帶有「藝林三百六十法寶鑑，工藝六十法」。〔註 107〕大、小二招寺的興建，公主亦自中原招致許

〔註 104〕同前註。幹布卒後，蕃教薩滿（祭師）將其遺體裝金，殮入一口銀製大箱中，置於陵寢正中間的一個與其他各室隔開的寶座上。陵寢內部分成九個正方形的隔間，……九一直就是蕃教的神聖數字，……。由此可見蕃教在吐蕃仍有絕對的影響力，佛教得到長足發展仍得待墀松得贊的出現。

〔註 105〕　Hemut Hoffmann, "The religious of Tibet." p.40

〔註 106〕張駿逸：〈「蕃教」與吐蕃〉，文載《政大邊政研究所年報》第 15 期，頁 90。

〔註 107〕同註 88，頁 8。

多木匠及塑匠等，〔註108〕故從寺廟的建築形式、墻樣、裝飾、雕刻、木結構，甚至壁畫，都應該留有中原工匠的手跡。而吐蕃在某些方面所表現的藝術風格，多少也感染到中原地區的色彩。金城公主入藏時，隨同有雜技諸工，並有龜茲樂。〔註109〕吐蕃的藝術內涵更是顯得豐盈。

（二）娛　樂

《封氏聞見記》卷六打毬條云：

> 景雲中，吐蕃遣使迎金城公主。中宗於梨園亭子賜觀打毬，吐蕃贊咄奏言：「臣部曲有善毬者，請與漢敵」。〔註110〕

又《唐詩紀事》記中宗等柏梁體聯句序云：

> 景龍四年（西元710年）正月五日，彩仗蓬萊宮，御大明殿會吐蕃騎馬之戲，因爲柏梁體聯句。〔註111〕

蔡孚打毬篇并序曰：

> 臣謹按打毬者，往之蹴踘古戲也。黃帝所作兵勢，必練武士，知有材也。〔註112〕

按唐朝盛行杖擊馬毬，稱爲波羅毬，自太宗提倡後，歷朝君主多精通此技，國中亦多有善擊者。近人對此遊戲曾有考論，有謂源出波斯，有謂出自吐蕃，莫衷一是。〔註113〕但無論如何，唐蕃之間曾在此娛樂中互作交流，亦是加強彼此間接觸的一個媒介。

（三）醫　藥

〈藏王迎娶文成公主記〉云：「公主行時，唐王將醫治四百二十四種疾病之藥賠送之」。〔註114〕又《西藏之過去與現在》一書中，記有「西藏自文成公主來後，從梵籍及漢籍中，繙譯醫學等類書若干種」。〔註115〕今從早期藏醫藏藥的出土文書來印證我國早期的醫學文獻，如民國62年長沙馬王堆三號漢墓

〔註108〕福幢著，王沂暖譯：《西藏王統記》，頁49。
〔註109〕同註4，頁6072。
〔註110〕《封氏聞見記》卷六打毬條，頁344。
〔註111〕《唐詩紀事》卷一，頁13。
〔註112〕《全唐詩》卷七五，頁817。
〔註113〕向達〈唐代打毬小考〉及羅香林〈唐了婆羅毬戲考〉均主張毬戲出於波斯。
　　　　陰法魯〈唐代西藏馬毬戲傳入長安〉，則主張源於西藏。
〔註114〕同註88，頁8～9。
〔註115〕柏爾著，宮廷璋譯：《西藏之過去與現在》，頁18。

出土的帛書中的春秋戰國時期的「五十二病方」、「足臂十一脈灸經」、「陰陽十一脈灸經」等醫方及有關針灸經絡的著作兩相比較，可發現漢藏兩地醫學實互有相同之處。〔註116〕

（四）曆　算

　　文成公主精通術數，藏籍中屢見記載。如《西藏王臣記》載公主入藏前，向太宗請求所「需要的占卜、曆法、星算諸術的圖書」。〔註117〕以致任乃強氏認為主公主的封號「文成」，實因其精通方術的緣故。按文成、武利，乃漢武帝賜與方士的封號，任氏謂，除此以外，文成字義便難以解釋。〔註118〕據《西藏圖考》：西藏番人不識天干，以地支鼠牛兔紀年，以金木水火土紀日，亦能測日蝕月蝕，推算占驗，皆唐之公主留傳。〔註119〕麥唐納《西藏之寫眞》亦云：「西藏關於時日之計算，即十二年與六十年循環之理，…其算法完全仿摹中國」。〔註120〕可見吐蕃曆算之學也是淵源自中原。

　　此外，由於公主的下嫁，唐蕃間的距離拉近，接觸也日漸頻繁。感情的進展亦是順理成章的事。杜工部追酬故高蜀州人日見寄云：「邊塞西蕃最充斥」，〔註121〕邊民與接近或往來於邊區的人士，自難免於相互結為婚媾。開元十年（西元722年），唐朝徙河曲六州殘胡五萬餘口於許、汝、唐、鄧、仙、豫等州，〔註122〕均在河南境內，吐蕃更有分配到江淮的，〔註123〕在有意無意間民族相互融合，不啻說是和親所帶來的另一效果。

〔註116〕參見王堯、陳踐譯注：《敦煌吐蕃文獻選》，〈早期藏醫藏藥文書〉部份，頁173～194。

〔註117〕第五世達賴喇嘛著，郭和卿譯：《西藏王臣記》，頁29。

〔註118〕任乃強：〈文成公主下嫁考〉。文載《康導月刊》第三卷第8、9期，頁57。

〔註119〕黃沛翹：《西藏圖考》卷六，〈藏事續考〉，頁316。

〔註120〕同註70，頁197～198。

〔註121〕《杜詩鏡銓》卷二十，頁1007。

〔註122〕《資治通鑑》卷二一二〈唐紀二十八〉玄宗開元十年條，頁6752。

〔註123〕劉伯驥：《中西文化交通小史》，頁58。

第六章　結　論

　　唐朝的治邊政策中，「和親」是最常被採用的一種。主要原因之一，相信是唐朝夷夏之防的觀念淡薄，而國力上的消長，以及當時的國際情勢，亦是決定和親是否施行的一個因素。

　　若國家有攘却外敵的力量，但仍行和親之策，則「示弱」以外，更且「勞費」，〔註1〕應爲智者所不取。然而唐太宗時，國威隆盛，「天可汗」聲被四海，卻與締交未幾的西陲新鄰吐蕃結爲姻親，於理似屬不合。惟是細究緣由，唐蕃雙方都各自有其事實上的需要（見本文第二章第三節），如此，殆亦無可厚非。若依太宗所冀求的「與外族結爲婚媾，邊境足得三十年無事」〔註2〕便爲滿足，則文成公主的下嫁吐蕃仍不失爲得策。因爲，最低限度，在太宗有生之年，吐蕃是傾其全誠的擁戴唐室。及至高宗顯慶年間，彼此關係才有明顯的變化。

　　至於金城公主的出降，由於唐朝的一再失策，未能趁吐蕃內亂紛擾之際，予以征討。君臣間的庸懦，實令致之。故下嫁公主便透著幾分無奈。而日後唐朝因爲公主的緣故，有所顧忌，未敢遽爾行動；吐蕃則藉公主爲護蔭，不時提出需索，得失之間，不言可喻。

　　或許因爲文成、金城兩公主的出身不同，所以漢籍的記載也大有差別。文成公主雖是以宗室女的名義外嫁，但其眞正的身份成謎；況且當時的吐蕃在唐朝眼中並非特別重要的角色，故而有關公主的事蹟未見有太多的記述。金城公主則不然，除了其身份可確定外，因其自幼被託養於宮中，與中宗、睿宗，甚而玄宗的關係都極爲密切，加上其時唐蕃之間的情勢已有轉變：唐

〔註1〕唐陸宣公《奏議全集》卷三，〈論緣邊守備事宜狀〉，頁61。
〔註2〕《貞觀政要》卷九〈征伐第三十五〉，頁154。

朝在承平日久之後，不免露出疲態，相對的，吐蕃則仍處於赤松德贊鼎盛的初期，在此消彼長的情形下，不復見文成公主時的光景（公主在外，娘家的力量足爲撐腰），故金城公主居中所擔負的任務更形吃重，因而有關記述也隨之增多。藏籍則恰好相反，推究原因，大概是吐蕃甫與唐朝締交，即得尚大唐公主，歡快之餘，乃大書特書此事；二度和親時，在政治緊張的狀態下，對此便難免有不經意處。再者，文成嫁松贊，金城嫁祖贊。松贊乃開國英主，在藏人心目中自非祖贊所能比，所謂妻以夫貴，故金城公主也不及文成公主的風光。觀吐蕃遣使致聘及贊普親迎一節，便知其間的差異。

> 聲似胡兒彈舌語，愁如塞月恨邊雲。
>
> 閑人暫聽猶眉斂，可使和蕃公主聞。〔註3〕

遠嫁異域的公主心境，於此詩中略可窺知一二。事實上，當兩國和親關係建立的那一刻起，公主便已註定扮演一個悲劇的角色。吾人姑不論公主外嫁後的婚姻生活是否美滿，但公主以稚齡出降，在一千三百多年前交通極度不便的情況下，公主長途跋涉的前赴吐蕃，箇中的苦辛不難想像。而入蕃後由於風俗習慣的迥異，以及在語言上所遭遇到的障礙，在在觸動公主的思鄉情懷。設若和親能使兩國敦睦，公主亦必減少怨尤，否則，難免是長興感歎。陸宣公云：「務和親者，則曰要結可以睦鄰好，則莫知我結之，而彼復解之也」。〔註4〕中原朝廷每每以爲和親可以羈縻、籠絡外族，藉此以減少戰禍，避免紛爭，對時勢及與通婚外族的虛實未加考量，則不免是一廂情願的想法。王維詩：「當令外國懼，不敢覓和親」。〔註5〕敏感的詩人也如一般的文人般，對於和親並沒有完全的接受。

　　就史籍的記載，文成、金城兩公主和親的效果並不彰顯。政治上的目的雖然未能達到，但在文化交流、經濟發展，以及在血統融合方面的影響卻是相當深遠。吐蕃居中是不折不扣的蒙受利益者（見本文第五章）。依社會學的觀點，和親是兩國之間的一種互動關係；換句話說，和親是一種交換的行爲。對雙方而言，都是爲了再生產的目的。而「當付給酬賞的時間愈快，或酬賞的數額價值愈大，則重覆去做某一特定行動的可能性就愈高」。〔註6〕毋怪外

〔註3〕《白氏長慶集》卷十六〈聽李士良琵琶〉，頁89。

〔註4〕同註1。

〔註5〕《全唐詩》卷一百二十六〈送劉司直赴安西〉，頁1271。

〔註6〕George C. Homans, "The General Propositions of Exchange theory," in Wells, op, p.133. 轉引蔡文輝：《社會學理論》，頁159。

族對於中原朝廷的結親趨之若鶩。

　　和親的得失雖不易作出定論，但從長遠的目標來看，利多於弊，應該是無可置疑的。因爲和親雙方，在文化的交流過程中，易於融合爲一家，大有助益於我中華民族的成長。

附　錄

藏王請婚文成公主藏戲劇本本事

　　藏王松簪幹布（即棄宗弄贊）既娶尼泊爾公主為后，再向唐朝請婚，遣倫布（大臣）噶拉（即祿東贊）為使者，馱了很多金銀寶物來唐朝進貢，並請太宗皇帝以公主婚藏王。（貞觀十四年事）松簪幹布是一位英明的君主，知道噶拉去求婚，唐朝一定不允，預先他寫了三封信交給噶拉，謂如遇難題可依次拆看。

　　唐朝聽到藏王遣使請婚，朝中上下都訕笑西藏是蠻邦之國。當時給噶拉許多難堪，表示天朝公主不能下嫁蠻邦君主。但是唐太宗因噶拉遠道而來，不能立刻叫他回去；並且這時藏中兵馬富強，西陲正多顧慮，所以勉強他留在京中暫時住下。

　　這時唐朝邊地各國如突厥，吐谷渾，尼泊爾，波斯等，都遣使上表，請婚公主。太宗皇帝於是定期召見各國使臣，拿出一塊玲瓏剔透的綠玉，向他們說：「使臣中能用線穿起綠玉的，即以公主婚其國王。」突厥，吐谷渾，尼泊爾，波斯的使臣，依次上殿去領取綠玉，用線穿戮，久之，沒有一個能穿起的。西藏被唐朝卑視，噶拉輪在最後，他領到綠玉，就拆開藏王的信一看，捉了一個螞蟻，把線頭黏在他腳上，玉上塗一些糖，螞蟻聞着糖味，引線在玲瓏曲折的綠玉孔中穿過，噶拉很快的把線兩端挽了一個結，上殿呈給唐皇。唐皇接到綠玉很是驚異，但是他不願將公主嫁給藏王，所以他下令說「這次不算，改日再試」。

　　第二次唐皇又召見五國使臣，牽出五百匹母馬，五百匹兒馬，說道「能將此一千匹母子馬，分別清楚的，即以公主嫁其國王」。按例突厥、吐谷渾，尼泊爾，波斯的使臣先去試驗，他們拉着馬都不知所措，一一下殿。最後又

輪到噶拉，他拆藏王第二封信看了，把五百匹母馬先牽進槽去餵草，把五百匹兒馬關在門外，母馬餵飽，兒馬餓了　噶拉把柵門打開，五百匹兒馬都奔進槽裏，各自找牠的母親吃乳，這樣一千匹母子馬一一分清，唐皇心仍不願，下令退朝「改期復試。」

　　唐皇第三次試驗，拿出一綑光圓的棍棒，向各國的使臣說：「這是最後一次試驗，凡能分辨棍木頭尾無誤的，即以公主婚其國王」。突厥等使臣，均將棍木上下倒置，無法辨別。最後至噶拉，拆閱藏王的第三封信，把棍棒都投下水去，木根較重都下沉，木梢較輕都上浮，一一分別無誤。唐皇雖驚佩藏使的聰明，但終因鄙視西藏已有成見，不願將公主，就此嫁給藏王，所以退朝時又宣佈「三日後在後園挑選公主，凡被選的不問公主，或下女，均以所選中者嫁其國王。」

　　到期唐皇先在宮中大張筵席，宴請各國使臣，山珍海錯，名酒佳釀，羅列滿桌，突厥等使臣都視酒如命，見此生平未見的美酒佳肴，就放懷痛飲，不覺東倒西歪都酩酊大醉，獨藏使噶拉滴酒未飲，神志清爽。唐皇賜宴後，邀各國使臣到後花園挑選公主。文成公主和民間美女三百人都盛裝列隊於花園中。突厥等使臣一見個個花容月貌，分不出誰是公主，誰是下女。藏使噶拉因其旅舍主婦是公主的梳頭女傭，事先購通，完全偵知公主的容貌裝束。當時唐皇又給突厥，吐谷渾，尼泊爾，波斯的使臣以優先挑選之權，但各使臣事先均無準備，而又喝得醉眼矇矓，胡亂的挑去四個下女。噶拉見狀，心中竊喜，即上前挑選，逐一觀察，或係陶工，或係屠戶，或係鐵匠，或係樵夫，最後乃發現公主，容貌美麗，超異常人，額有硃砂痣，臉印蓮花痕，口吐清香，常有綠蜂飛繞，與旅舍主婦所言吻合，遂將公主選中。公主被選悲痛飲泣。而這時唐皇再無法留難，乃擇日將公主遣嫁入藏。

　　文成公主西行之日，太宗皇帝以覺阿佛（戴帽子的釋迦牟尼）做賠奩，並贈以金銀，珍寶，及六工百藝的書籍，農產五穀的種籽，又派大臣護送。一路儀仗極盛，經過西藏牛廠時，牧人都來獻花叩頭。費時極久，公主辛苦備嘗，到達拉薩，尼泊爾公主頗為嫉妒，一度因爭皇后而相口角，但不久即互相和好，也因此，共同幫助藏王推進文化，闡揚佛法。

資料來源：莊學本：〈松贊幹布請婚唐文成公主〉戲劇本事。轉錄自宋龍泉：〈唐朝對吐蕃文化的影響〉。見《中國邊政》第 26 期。

圖一：唐代疆域圖

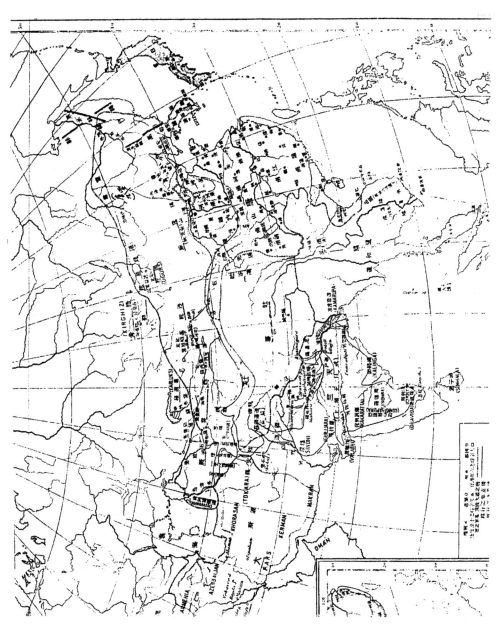

資料來源：箭内互編著　李毓澍編譯：中國歷史地圖唐代亞洲形勢圖
　　　　　和田清增補

圖二：西藏形勢圖

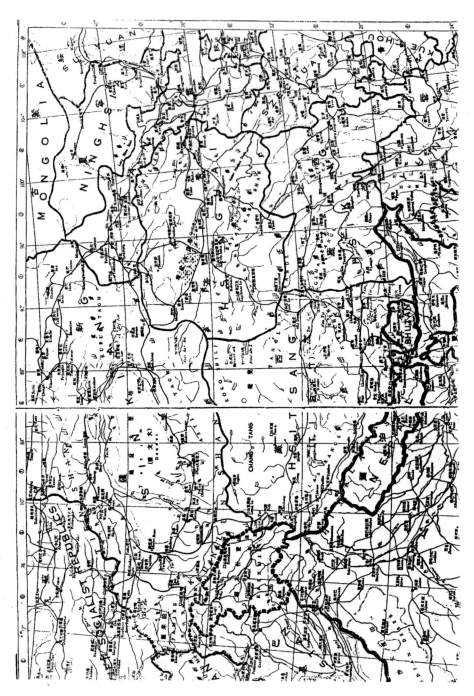

資料來源：張其昀主編：中華民國地圖集

圖三：文成公主入藏示意圖

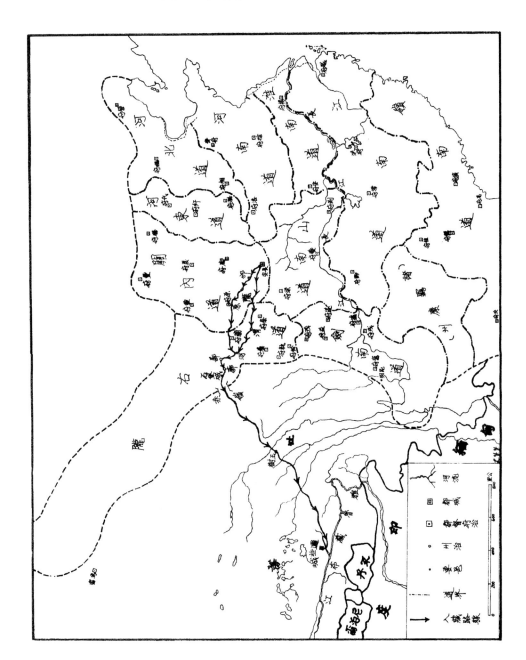

據程光裕、徐聖謨「中國歷史地圖——唐代十道圖」繪製

表一：唐朝與外蕃和親大事表

年號／紀元	請婚之外蕃	許婚與否	公主名及出身	在蕃地位	備註
唐高祖武德三年(西元620年)	突厥	許	鄭公主，王世充鄭朝宗室女		
武德五年(西元622年)	西突厥葉護可汗	未許			
武德六年(西元623年)	西突厥葉護可汗	未許			
武德八年(西元625年)	西突厥葉護可汗	允和親，遇頡利入寇西蕃路絕，乃作罷			
唐太宗貞觀二年(西元628年)	西突厥葉護可汗	未許。上曰：汝國方亂，君臣未定，何得言婚			
貞觀三年(西元629年)	西突厥頡利可汗	八月丙子，頡利請婚尚公主，修婿禮			
貞觀三年(西元629年)或貞觀十三年(西元639年)	西突厥左賢王阿史那忠	許	定襄縣主，宗室女	王妻	
◎貞觀八年(西元634年)	吐蕃棄宗弄贊	不許			
貞觀九年(西元635年)	西突厥咥利可汗	未許			
貞觀十年(西元636年)	西突厥阿史那社爾		南陽公主(衡陽長公主)，皇妹		
貞觀十三年(西元639年)	吐谷渾諾曷鉢		弘化公主，宗室女	可汗妻	左驍衛將軍唐淮陽郡王道明送公主
貞觀十四年(西元640年)	薛延陀	未許			
◎貞觀十五年(西元641年)	吐蕃棄宗弄贊		文成公主，宗室女	王妻	吐蕃大論祿東贊唐禮部尚書江夏王道宗為迎送使者
貞觀十六年(西元642年)	薛延陀眞珠可汗請婚，以換大將契必何力		新興公主		
貞觀二十年(西元646年)	西突厥乙毗射匱可汗	許之，但終未娶			

高宗永徽三年 （西元 652 年）	吐谷渾蘇度模末	許之	金城縣主， 宗室女	左領軍衛大將 軍妻	
永徽三年 （西元 652 年）	吐谷渾蘇度模末	許之	金明縣主	武衛大將軍梁 漢王妻	
◎顯慶三年 （西元 658 年）	吐蕃	未許			
◎調露二年 （西元 680 年）	吐蕃	未許			
◎武后長安二 年（西元 702 年）	吐蕃	允之，會贊普 卒，未迎娶			
◎中宗景龍三 年（西元 709 年）	吐蕃棄隸蹜贊	許	金城公主， 雍王守禮女	贊普妻	
睿宗景雲二年 （西元 711 年）	突厥默啜可汗	許	金仙公主， 宋王成器女		因睿宗退位乃 罷
玄宗開元元年 （西元 713 年）	突厥揚我支特勤	許	南和縣主， 宗室蜀王女		
開元二年 （西元 714 年）	突厥默啜可汗	許，玄宗令其子 入宿衛，未答， 乃罷			
開元五年 （西元 717 年）	奚大王都督李大 酺魯蘇	許	固安公主， 宗室女所出	王妻	
開元五年 （西元 717 年）	契丹松漢王李失 活娑固	許	永樂公主，東平 王外孫楊元嗣 之女		
開元十年 （西元 722 年）	契丹松漠郡王	許	燕郡公主，玄宗 從妹所生	王妻	
開元十二年 （西元 724 年）	奚饒樂郡王魯蘇	許	東光公主，中宗 外孫成安公主 女	王妻	
開元十二年 （西元 724 年）	突厥默啜可汗	未許			
開元十四年 （西元 726 年）	契丹廣化郡王邵 固	許	東華公主，宗室 女所生	王妻	
天寶三年 （西元 744 年）	寧遠國奉化王	許	和義公主，宗玄 從弟李參第四 女	王妻	
天寶四年 （西元 745 年）	奚饒樂郡王李延 寵	許	宜芳公主， 宗室女所生	王妻	
天寶四年 （西元 745 年）	契丹王李懷秀	許	靜樂公主， 宗室女所生	王妻	
肅宗至德元年 （西元 756 年）	唐燉煌郡王承寀	許	毘伽公主，葛勒 可汗可敦之妹	王妃	

乾元元年 （西元 758 年）	回紇磨延啜葛勒可汗	許	寧國公主，肅宗幼女	可敦	
乾元元年 （西元 758 年）	回紇牟羽可汗	許	僕固懷恩女	初為可汗次子妻，後為可敦	
乾元二年 （西元 759 年）	回紇牟羽可汗	許	小寧國公主，榮王之女	初為媵女，後為可敦	
代宗大曆四年 （西元 769 年）	回紇牟羽可汗	許	崇徽公主，僕固懷恩幼女	可敦	
德宗貞元四年 （西元 788 年）	回紇	許	咸安公主，德宗第八女	可敦	
德宗貞元五年 （西元 789 年）	回紇頓莫賀天親可汗	許	葉公主，僕固懷恩之孫女	可敦	
憲宗元和八年 （西元 813 年）	回紇	不許			
元和十二年 （西元 817 年）	回紇	不許			
穆宗長慶元年 （西元 821 年）	回紇崇德可汗	許	太和公主，憲宗之女，穆宗之妹	可敦	
僖宗中和三年 （西元 838 年）	南詔王蒙法	許	安化長公主，宗室女	王妻	

此表據《新、舊唐書》、《資治通鑑》、《冊府元龜》編製。

表二：唐蕃和親大事年表

公元 634 年（唐貞觀八年）

　　吐蕃遣使隨唐行人馮德遐來朝，請婚；不許。

公元 638 年（貞觀十二年）

　　吐蕃攻松州，遣吏部尚書侯君集等領步騎五萬擊敗之。

公元 641 年（貞觀十五年）

　　以宗室女文成公主妻吐蕃贊普弄讚。

公元 648 年（貞觀二十二年）

　　右衛率府長史王玄策使天竺，中天竺帝那伏國王阿羅那順發兵拒之。玄策徵吐蕃、泥婆羅、章求拔國兵擊敗之。

公元 649 年（貞觀二十三年）

　　拜吐蕃贊府（普）弄讚爲駙馬都尉，封海西（西海）郡王，進封賓王。年末，弄讚卒。

公元 650 年（永徽元年）

　　高宗于光化門爲吐蕃贊府（普）弄讚舉哀。

公元 656 年（顯慶元年）

　　十二月，吐蕃大將祿東贊擊白蘭氏。

公元 662 年（龍朔二年）

　　檢校右武衛將軍蘇海政討龜茲、疏勒，弓月引吐蕃之眾來拒，海政不敢戰，以軍資賄吐蕃，約和而還。

公元 663 年（龍朔三年）

　　吐蕃擊吐谷渾，遣右威衛大將軍薛仁貴救之，戰敗，吐谷渾故地爲吐蕃所并，其王諾曷鉢走涼州。

公元 665 年（麟德二年）

　　閏三月，疏勒、弓月引吐蕃兵侵于闐，西州都督崔知辯救之。

公元 670 年（總章三年）

　　四月，吐蕃陷白州等十八州，遣左衛大將軍薛仁貴領兵五萬擊之，爲論欽陵敗于大非川。

公元 672 年（咸亨三年）

于靈州設安樂州，安置吐谷渾。

公元 676 年（上元三年）

　　閏三月，吐蕃攻鄯、廓、河、芳四州。

公元 677 年（儀鳳二年）

　　吐蕃攻扶州臨河鎮，鎮將杜孝升率眾拒守。

　　十二月，下詔募猛士從軍。

公元 678 年（儀鳳三年）

　　九月，洮河道行軍大總管李敬玄、左衛大將軍劉審禮與吐蕃戰于青海，
大敗，審禮被俘。左領軍員外將軍黑齒常之夜襲吐蕃軍營，大首領拔地
設遁走。

公元 680 年（調露二年）

　　李敬玄與吐蕃大將贊婆等戰于湟川，敗績。

　　文成公主卒。

公元 681 年（永隆二年）

　　河源軍副使黑齒常之敗吐蕃贊婆及素和貴于良非川。

公元 689 年（永昌元年）

　　五月，安息道大總管韋待價、副大總管閻溫古以討吐蕃遲留不進，待價
流繡州，溫古處斬。

公元 691 年（天授二年）

　　五月，武威道行軍大總管岑長倩討吐蕃。

公元 692 年（長壽元年）

　　武威軍總管王孝傑與阿史那忠節大破吐蕃，克復龜茲、于闐、疏勒、碎
葉四鎮。

　　于龜茲復置安西都護府。

公元 695 年（證聖元年）

　　七月，肅邊道行軍大總管王孝傑討吐蕃。

公元 696 年（萬歲通天元年）

　　三月，清邊道大總管王孝傑及副總管婁師德與吐蕃論欽陵、贊婆戰于素
羅汗山，大敗，孝傑免官，師德被貶。

公元 697 年（萬歲通天二年）

右武衛鎧曹郭元振使吐蕃回，上疏言大論欽陵請去安西四鎮，分十姓地之議不可從。

鸞台侍郎狄仁傑上疏請罷四鎮。

公元 699 年（聖歷二年）

十月，吐蕃首領贊婆來降。

公元 700 年（久視元年）

秋，涼州都督唐休璟敗吐蕃大將麴莽布支于洪源谷。

公元 701 年（大足元年）

涼州都督郭元振于南境硤口置和戎城，北界磧中置白亭軍，拓州境一千五百里。

公元 702 年（長安二年）

十月，吐蕃贊普率萬餘人攻悉州，都督陳大慈擊退之。

公元 705 年（神龍元年）

七月，吐蕃贊普卒，中宗為之舉哀。

器弩悉弄卒，諸子爭立，國人立其子棄隸蹜贊為贊普。

公元 706 年（神龍二年）

與吐蕃定盟約。

公元 708 年（景龍二年）

吐蕃國中諸豪及泥婆羅門等屬國叛亂，贊普南征身歿，國中大亂，嫡庶共立，將相爭權。

公元 710 年（景龍四年）

正月，金城公主出降吐蕃贊普。

以河西九曲之地予吐蕃，為金城公主湯沐邑。

公元 714 年（開元二年）

七月吐蕃大將勃達延、乞力徐襲臨洮，及蘭州、渭州，掠群牧，玄宗欲親征，募勇士從軍。

十月，隴右防禦使薛訥大敗吐蕃于武階驛，先鋒王海賓戰死，追奔至洮水，乃停親征。

公元 715 年（開元三年）

二月，北庭都護郭虔瓘獻吐蕃俘虜，釋放之。

公元 716 年（開元四年）

　　松州都督孫仁獻大破吐蕃于松州城下。

公元 717 年（開元五年）

　　七月，隴右節度使郭知遠大破吐蕃。

公元 718 年（開元六年）

　　郭知遠討吐蕃，至九曲，獲鏃甲乃馬牛等數萬。

公元 722 年（開元十年）

　　九月，吐蕃圍小勃律，其王沒謹忙求救，北庭節度使張嵩援之，大破吐蕃。

公元 723 年（開元十一年）

　　四月，吐蕃首領張甘松來降。

　　九月，吐蕃統下之吐谷渾詣沙州降。

公元 724 年（開元十二年）

　　四月，隴右節度使王君㚟破吐蕃，來獻俘。

　　八月，謝颺國遣使來朝，云金城公主去年五月遣使傳言，欲出走投箇失密國。

公元 726 年（開元十四年）

　　冬，吐蕃將悉諾邏攻入大斗谷。

公元 727 年（開元十五年）

　　正月，涼州都督王君㚟大敗悉諾邏于青海。

　　吐蕃大將悉諾邏恭祿陷瓜州，執刺史田仁獻及王君㚟父王壽。

　　回紇護輸殺王君㚟，投吐蕃。

　　蕭嵩爲河西節度，判涼州事，以鎮邊隅。

　　十二月，以吐蕃侵邊，令隴右道、河西道團兵防備，並徵關內，朔方兵各萬人自六月至十月防邊。

公元 728 年（開元十六年）

　　正月，安西副大都督趙頤貞敗吐蕃于曲子城。

　　七月，懸賞河右、隴右、安西、劍南，有斬獲吐蕃贊普者，封異姓王；獲將軍以下者，依次授官。

　　蕭嵩攻拔大莫門城。

　　八月，杜賓客破吐蕃于祁連城。

公元 729 年（開元十七年）

　　三月，瓜州刺史張守珪，沙州刺史賈思順攻吐蕃大同軍，大敗之。

　　朔方節度使信安王禕攻拔吐蕃石堡城，改名振武軍。

公元 731 年（開元十九年）

　　金城公主請求毛詩、禮記、左傳、文選等書，秘書省寫與之。

公元 733 年（開元二十一年）

　　二月，金城公主請于今年九月于赤嶺樹碑定界。

　　秋，吐蕃入河西，左威衛郎將王忠嗣大敗之。

公元 736 年（開元二十四年）

　　河西節度使崔希逸與吐蕃將乞力徐相盟，各去守備。

公元 737 年（開元二十五年）

　　三月，崔希逸率眾自涼州入吐蕃界，至青海西，大破吐蕃于郎佐文子觜
　　（嘴）。

公元 738 年（開元二十六年）

　　三月，吐蕃攻河西，崔希逸擊破之。鄯州都督杜希望攻拔吐蕃新羅城。

　　九月，益州長史王昱攻吐蕃安戎城，大敗。

公元 739 年（開元二十七年）

　　正月，詔關內及河東健兒三五萬人赴隴右防秋，至秋末無事放還。

　　七月，河西隴右節度使蕭顯討吐蕃，大破之。

　　金城公主卒。

公元 740 年（開元二十八年）

　　三月，益州司馬章仇兼瓊與吐蕃安戎城守將通謀，奪取其城。

　　四月，吐蕃首領來歸賓等來降。

　　十月，吐蕃來攻安戎城，久之退去。改安戎城爲平戎城。

　　吐蕃遣使來告金城公主之喪。使到數月，始爲之于光順門外發哀。

※　此表據《新、舊唐書》、《資治通鑑》、《冊府元龜》、《敦煌本吐蕃歷史文書》
　　編製。

表三：唐蕃和親期間使者交往表

公元 634 年（唐貞觀八年，甲午）

七月，吐蕃贊普棄宗弄讚遣使入貢，仍請婚。

十一月，吐蕃遣使朝貢。

遣行人馮德遐往吐蕃撫慰。贊普遣使隨之入朝。

公元 635 年（貞觀九年，乙未）

十二月，吐蕃遣使來朝，貢方物。

公元 638 年（貞觀十二年，戊戌）

八月，吐蕃遣使隨德遐入朝，多齎黃金，奉表求婚，不許。遂寇松州。

公元 640 年（貞觀十四年，庚子）

閏十月，吐蕃贊普遣使獻黃金器千斤，固請求婚，許以文成公主。

公元 641 年（貞觀十五年，辛丑）

正月，吐蕃國相祿東贊來迎文成公主，丁丑，令禮部尚書江夏王李道宗主婚，送公主于吐蕃。

公元 642 年（貞觀十六年，壬寅）

正月，吐蕃遣使獻方物。

公元 643 年（貞觀十七年，癸卯）

十一月，吐蕃遣使獻方物。

公元 644 年（貞觀十八年，甲辰）

正月，吐蕃遣使獻方物。

公元 645 年（貞觀十九年，乙巳）

正月，吐蕃遣使貢方物。

公元 646 年（貞觀二十年，丙午）

正月，吐蕃遣使貢獻。

七月，吐蕃大臣祿東贊奉表賀平高麗，並獻金鵝。

公元 647 年（貞觀二十一年，丁未）

正月，吐蕃貢方物。

公元 648 年（貞觀二十二年，戊申）

正月，吐蕃遣使朝貢。

六月，吐蕃派兵隨唐使王玄策伐天竺，遣使獻捷。

公元650年（永徽元年，庚戌）

正月，吐蕃遣使朝貢。

五月，遣右武侯將軍鮮于匡濟往弔吐蕃贊普之喪。

公元654年（永徽五年，甲寅）

八月，吐蕃使人獻野馬百匹及大拂廬。

公元657年（顯慶二年，丁巳）

十二月，吐蕃遣使獻金城、金甕、金頗羅等。

公元658年（顯慶三年，戊午）

十月，吐蕃遣使來請婚，並獻金球罽及牦牛尾。

公元663年（龍朔三年，癸亥）

吐蕃祿東贊屯青海，遣使論仲琮來稱吐谷渾之罪，並請和親；不許，遣左衛郎將劉文祥使于吐蕃，責讓之。

公元665年（麟德二年，乙丑）

正月，吐蕃遣使來朝，請與吐谷渾修好，並請赤水地爲牧野；不許。

公元672年（咸亨三年，壬申）

四月，吐蕃大臣論仲琮來朝；遣都水使者黃仁素往吐蕃報聘。

公元675年（上元二年，乙亥）

正月，吐蕃遣大臣論吐渾彌來請和。

公元679年（儀鳳四年，改元調露元年，乙卯）

二月，吐蕃贊普卒，遣使往弔。

十月，吐蕃文成公主遣大臣論塞調旁來告贊普之喪，並請和親；不許，遣郎將宋令文往會贊普之葬。

公元680年（調露二年，改元永隆元年，庚辰）

十月，文成公主薨於吐蕃。

公元681年（永隆二年，改元開耀元年，辛巳）

原吉州長史陳行焉使吐蕃，被拘十餘年，四月，以喪還。

公元689年（永昌元年，己丑）

正月，吐蕃遣使來賀明堂成。

公元696年（萬歲登封元年，改元萬歲通天元年，丙申）

九月，吐蕃遣使和親，請罷安西四鎮兵，並求分十姓突厥地，未許。

右武衛鎧曹郭元振使吐蕃。

公元 697 年（萬歲通天二年，改元神功元年，丁酉）

節度潘之使者往吐蕃。

公元 699 年（聖曆二年，己亥）

唐廷使者周尚書前往吐蕃。

公元 700 年（久視元年，庚子）

唐遣馬大使往吐蕃。

公元 702 年（長安二年，壬寅）

九月，吐蕃遣論彌薩來請和。

公元 703 年（長安三年，癸卯）

正月，吐蕃遣使朝貢。

四月，吐蕃遣使獻馬千匹及金二千兩，以表求婚，許之。後贊普卒，乃作罷。

唐遣使者甘景前往吐蕃。

公元 707 年（神龍三年，丁未）

二月，吐蕃大臣悉薰熱獻方物。

四月，以上所養雍王守禮女金城公主出降吐蕃。

公元 708 年（景龍二年，戊申）

四月，放還來迎金城公主之吐蕃使者。

六月，吐蕃使宰相尚欽藏及御史大夫名悉臘來貢獻。

公元 709 年（景龍三年，己酉）

二月，吐蕃遣使貢方物。

八月，吐蕃贊普遣使勃祿星奉進國信。

十一月，吐蕃大臣尚贊咄來迎金城公主。

公元 710 年（景龍四年，庚戌）

正月，宴吐蕃使者于苑內球場，駙馬都尉楊慎交與之打球。

金城公主降吐蕃，驍衛大將軍楊矩為使送之。

吐蕃大臣名悉臘來迎公主。

三月，楊矩以河源九曲地予吐蕃。

九月，吐蕃遣使貢方物。

十二月，吐蕃遣使獻方物。

公元 711 年（景雲二年，辛亥）

正月，宴吐蕃使者，賜物有差。

九月，宴吐蕃使于承慶殿。

公元 712 年（太極元年，壬子）

五月，吐蕃遣使獻方物。

八月，吐蕃遣使朝見，帝宴之于武德殿。

十二月，吐蕃遣使來朝。

公元 713 年（先天二年，改元開元元年，癸丑）

唐廷使者楊景前往吐蕃。

二月，吐蕃遣使朝貢。

七月，吐蕃贊普祖母死，攝宗正卿李敬往會葬。

十二月，吐蕃遣大臣來求和，宴之于三殿。

公元 714 年（開元二年，甲寅）

五月，左散騎常侍解琬使于河源，與吐蕃宰相坌達延議定界。

六月，吐蕃宰相尚欽藏及御史名悉臘來獻盟書，享之於內殿。

十月，左驍衛郎將尉遲瓌使吐蕃，宣恩于金城公主。

吐蕃遣大臣至洮水請和，用敵國禮，上不許。

公元 716 年（開元四年，丙辰）

八月，吐蕃請和。賞賜金城公主及贊普錦帛器物等。

公元 717 年（開元五年，丁巳）

三月，吐蕃贊普及金城公主遣使上表請和。

公元 718 年（開元六年，戊午）

典軍馬集充使與吐蕃來使判悉獵同往吐蕃。

十一月，吐蕃贊普遣使上表請修好。

吐蕃奉表請和，乞舅甥親署誓文，又令彼此宰相皆書名于其上。

公元 719 年（開元七年，己未）

六月，吐蕃遣使請和，求皇帝親署誓文，不許。

公元 720 年（開元八年，庚申）

十一月，吐蕃使者蘇和素，董悉曩等來朝貢。

十二月，吐蕃遣使朝貢。

公元 728 年（開元十六年，戊辰）

十月，吐蕃莽悉曩等來朝。授鎮將，賜緋，遣之。

公元 729 年（開元十七年，己巳）

冬，唐廷使者李總管往吐蕃。

金城公主遣使婁眾失力來朝。

公元 730 年（開元十八年，庚午）

四月，吐蕃遣使朝貢。

五月，吐蕃遣使致書于境上，求和。

九月，忠王友皇甫惟明、內侍張元方使吐蕃。

十月，吐蕃遣大臣名悉臘及副使押衙將軍浪些紇夜悉臘隨惟明入朝，請固和好之約。

十二月，吐蕃遣諾勃藏來獻方物。

唐廷使者崔大夫（趙頤貞？）往吐蕃。

公元 731 年（開元十九年，辛未）

正月，遣鴻臚卿崔琳入吐蕃報聘。

八月，吐蕃國相論尚他硉來朝，請於赤嶺互市，命鴻臚少卿李祺至界首宣勞，中官路次宣慰。

十一月，以幸東都，賜吐蕃使者物。

唐廷使者張內侍（元方）等前往吐蕃。

公元 732 年（開元二十年，壬申）

崔琳使吐蕃回。

唐廷使者李京前往吐蕃。

公元 733 年（開元二十一年，癸酉）

正月，正部尚書李嵩使吐蕃。

二月，金城公主請立碑於赤嶺，以分唐與吐蕃之境，許之。

李行禕使吐蕃。

吐蕃使者尚他硉回吐蕃。

吐蕃遣宰相論紇野贊來朝，且通和好。

公元 734 年（開元二十二年，甲戌）

　　正月，吐蕃遣使來朝。

　　唐廷使者王內侍往吐蕃。

公元 735 年（開元二十三年，乙亥）

　　二月，吐蕃遣悉諾勃藏來賀正，獻方物，兼以銀器遣宰臣。

　　三月，內使賈元禮使于吐蕃。悉諾勃藏返，通事舍人楊紹賢往赤嶺宣慰。

公元 736 年（開元二十四年，丙子）

　　正月，吐蕃遣使獻金銀器玩數百，形制奇異，列于提象門以示百官。

　　唐廷使者李尚書前往吐蕃。

公元 737 年（開元二十五年，丁丑）

　　十二月，吐蕃大臣屬盧論莽藏來獻方物。

　　唐廷使者王內侍往吐蕃。

公元 739 年（開元二十七年，己卯）

　　金城公主卒。

※　此表據《新、舊唐書》、《冊府元龜》、《資治通鑑》、《全唐文》、《通典》、《唐
　　會要》及《敦煌本吐蕃歷史文書大事紀年》編製。

表四：唐蕃在位君主年代關係表

西　元	唐　朝			吐　蕃	
西元 627 年	太宗	貞觀	1		
西元 629 年		貞觀	3	松贊幹布 （棄宗弄贊）	立
西元 641 年		貞觀	15	（文成公主入藏）	
西元 649 年		貞觀	23 崩		卒
西元 650 年	高宗	永徽	1	芒松芒贊	立
西元 676 年		鳳儀	1		卒
西元 680 年		永徽	1	墀都松 （文成公主卒）	立
西元 690 年	武后	天授	1		
西元 704 年		長安	4		卒
西元 705 年	中宗	神龍	1	墀德祖贊	立
	（中宗景龍四年）			（金城公主入藏）	
西元 710 年	睿宗	景雲	1		
西元 712 年	玄宗	先天	1		
西元 739 年		開元	27	（金城公主卒）	
西元 755 年		天寶	14	墀德祖贊	卒
西元 756 年	肅宗	至德	1	墀松德贊 （赤松德贊）	立

（僅以本論文所述為範圍）

表五：吐蕃贊普世系表

1. 松贊幹布（ སྲོང་བཙན་སྒམ་པོ། ཁྲི་སྲོང་བཙན ）
   通鑑考異、冊府：器宗弄贊；通典：棄蘇農贊；舊傳：棄宗弄讚；新傳：棄宗弄贊，棄
   蘇農，唐會要：弄讚；歷史文書：（祖）墀松贊。
   （隋大業十三年617～唐貞觀二十三年649）

   子 ↓

2. 貢松貢贊（ གུང་སྲོང་གུང་བཙན། ）
   先松贊幹布死，似未即位。

   子 ↓

3. 芒松芒贊（ ཁྲི་མང་སྲོང་མང་བཙན ）
   通典：乞黎拔布；松贊幹布之孫。
   歷史文書：墀芒倫（芒贊）
   （永徽元年650～儀鳳元年676）

   子 ↓

4. 墀都松（ ཁྲི་འདུས་སྲོང་། རྩལ་སྲོང་མང་པོ་རྗེ ）
   通典：乞梨弩悉籠；唐會要、冊府、通鑑：器弩悉弄。
   （儀鳳元年676～長安四年704）

   子 ↓

5. 墀德祖贊（ ཁྲི་གཙུག་ལྡེ་བཙན། རལ་པ་ཅན ）
   舊傳、新傳、唐會要、冊府、通鑑：棄隸蹜贊；敦煌寫本載吐蕃詔書：乞里提足贊；歷
   史文書：野祖茹。
   （長安四年704～天寶十四年755）

   子 ↓

6. 墀松德贊（ ཁྲི་སྲོང་ལྡེ་བཙན། ）
   通典：乞犁悉籠納贊；舊傳、通鑑：乞黎蘇籠籠獵贊、娑悉籠獵贊；新傳、冊府：乞黎蘇
   籠臘贊、沙悉籠臘贊；又新傳、通鑑：乞立贊。
   （天寶十四年755～貞元十三年797）

   子 ↓

7. 牟尼贊普（ མུ་ནེ་བཙན་པོ། ）
   新傳、通鑑：足之煎。
   （貞元十三年797～貞元十四年798）

   弟 ↓

8. 墀德松贊（ ཁྲི་ལྡེ་སྲོང་བཙན། སད་ན་ལེགས་མཇིང་ཡོན ）
   漢文獻不載，通常稱賽那累。
   （貞元十四年798～元和十年815）

   子 ↓

9. 墀祖德贊（ ཁྲི་གཙུག་ལྡེ་བཙན། རལ་པ་ཅན ）
   新傳、冊府：可黎可足，通鑑、唐蕃會盟碑：彝泰贊普；通常稱爲惹巴僅。
   （元和十年815～開成元年836）

   兄 ↓

10. 朗達瑪（ གླང་དར་མ། དར་མ་ཨུ་དུམ་བཙན། ）
    新傳、通鑑：達磨；亦譯達瑪吾東贊。
    （開成元年836～會昌二年842）

★松贊幹布以上諸王，藏史各家記載不一，茲從略。本表世系、年代及藏王名乃參考「敦煌
　本吐蕃歷史文書」、「藏族史要」、及王輔仁編著「西藏佛教史略」並有關史籍編製。

參考書目

一、史料與專書

1. 《漢書》：班固撰，宏業書局，民國 67 年，台北再版。
2. 《後漢書》：范曄撰，藝文印書館，台北。
3. 《魏書》：魏收撰，藝文印書館，台北。
4. 《隋書》：魏徵等撰，鼎文書局，台北。
5. 《舊唐書》：劉昫撰，鼎文書局，台北。
6. 《新唐書》：歐陽修、宋祈等撰，鼎文書局，台北。
7. 《貞觀政要》：吳兢撰，商務印書館四部叢刊。
8. 《通典》：杜佑撰，新興新書，民國 52 年，台北。
9. 《資治通鑑》：司馬光撰，世界書局，民國 66 年，台北。
10. 《資治通鑑考異》：司馬光撰，商務印書館四部叢刊。
11. 《通鑑紀事本末》：袁樞，商務印書館四部叢刊。
12. 《冊府元龜》：王欽若編，中華書局，民國 61 年，台北。
13. 《唐會要》：王溥撰，世界書局，民國 57 年，台北。
14. 《玉海》：王應麟撰，華聯出版公司，台北。
15. 《欽定全唐文》：董誥等編，滙文書局，台北。
16. 《唐大詔令集》：宋敏求編，民國 61 年，台北。
17. 《唐語林》：王讜，廣文書局，民國 52 年，台北。
18. 《文獻通考》：馬端臨編撰，新興書局，台北。
19. 《全唐詩》：清聖祖輯，明倫出版社，民國 60 年，台北。
20. 王吉林：《唐代南詔與李唐關係之研究》，中國學術著助委員會，民國 65

年，台北。

21. 王忠：《新唐書吐蕃傳箋證》，科學出版社，1958 年 9 月。

22. 王桐齡：《中國全史（上）》，啓明書局。

23. 王堯：《吐蕃金石錄》，文物出版社，1982 年 10 月，北京一版。

24. 王堯、陳踐譯注：《敦煌本吐蕃歷史文書》，四川民族出版社，1980 年 10 月，一版。

25. 王堯、陳踐譯注：《敦煌吐蕃文獻選》，四川民族出版社，1983 年 8 月，一版。

26. 王壽南：《唐代藩鎮與中央關係之研究》，嘉新文化基金會，民國 58 年，台北。

27. 王輔仁：《西藏佛教史略》，青海人民出版社，1983 年 10 月，二版。

28. 王輔仁、索文清：《藏族史要》，四川民族出版社，1981 年 7 月，一版。

29. 史墨卿：《岑參研究》，商務印書館人人文庫。

30. 林冠群：《李唐、回紇、吐蕃三邊關係之探討——以肅、代德宗時期爲中心》，政大邊政研究所碩士論文，民國 72 年。

31. 左丘明：《左傳會箋》，明達出版社，台北。

32. 白居易：《白氏長慶集》，商務印書館四部叢刊。

33. 札奇斯欽：《北亞游牧民族與中原農業民族間的和平戰爭與貿易之關係》，正中書局，民國 61 年，台北。

34. 任育才：《唐史研究論集》，鼎文書局，台北。

35. 李方桂：《唐蕃和盟碑》。

36. 李東陽：《新舊唐書雜論》，商務印書館叢書集成。

37. 李符桐：《邊疆歷史》，蒙藏委員會編印，民國 51 年，台北。

38. 李肇：《唐國史補》，學津討原本，新文豐出版公司，台北。

39. 李德裕：《李文饒文集》，商務印書館四部叢刊。

40. 李德裕：《會昌一品集》，商務印書館叢書集成。

41. 李震：《中國歷代戰爭史》（8）（9），黎明出版有限公司，民國 65 年，修訂一版。

42. 李樹桐：《唐史新論》，中華書局，台北。

43. 沈亞之：《沈下賢文集》，商務印書館四部叢刊。

44. 沈曾植箋證，張爾田校補：《蒙古源流箋證》，中國文獻出版社，民國 54 年 10 月，台北。

45. 岑仲勉：《通鑑隋唐紀比事質疑》，九思出版有限公司，民國 67 年，台一版。

46. 岑仲勉：《隋唐五代史》。

47. 阮昌銳：《中外婚姻禮俗之比較研究》，中央文物供應社，民國 71 年，台北。

48. 呂和叔：《呂和叔文集》，商務印書館四部叢刊。

49. 呂思勉：《隋唐五代史》，九思出版社，民國 66 年，台北。

50. 呂思勉：《讀史札記》。

51. 杜甫著，楊倫箋注：《杜詩鏡銓》，里仁書局，民國 70 年。

52. 法尊：《西藏民族政教史》，縉雲山編譯處印行，民國 29 年。

53. 姚大中：《中國世界的全盛》，三民書局，民國 72 年。

54. 計有功：《唐詩紀事》，鼎文書局，民國 60 年，台北。

55. 侯林柏：《唐代夷狄邊患史略》，商務印書館人人文庫，民國 68 年，台北。

56. 范祖禹：《唐鑑》，商務印書館人人文庫，台北。

57. 胡雲翼：《唐代的戰爭文學》，商務印書館人人文庫，台北。

58. 洪滌塵：《西藏史地大綱》，正中書局，民國 36 年，上海。

59. 封演：《封氏聞見記》，學津討原本，新文豐出版公司，台北。

60. 柏爾著，宮廷璋譯：《西藏之過去與現在》，商務印書館，民國 19 年。

61. 柏爾著，董之學、傅勤家譯：《西藏志》，商務印書館，民國 29 再版。

62. 孫希旦：《禮記集解》，文史哲出版社，台北。

63. 孫甫：《唐史論斷》，學海類編本，文源書局，台北。

64. 班固：《白虎通德論》。

65. 馬起華：《貞觀政論》，漢苑出版社，台北。

66. 恩格倫著，林光徵譯：《民族發展底地理因素》，商務印書館人人文庫，台北。

67. 麥唐納著，鄭寶善譯：《西藏之寫真》，蒙藏委員會印行，民國 24 年，南京。

68. 凌純聲等撰：《邊疆文化論集》，中華文化出版事業委員會，民國 42 年，台北。

69. 陳子昂：《陳伯玉文集》，商務印書館四部叢刊。

70. 陳天鷗：喇嘛教史略，中央文物供應社，民國 43 年元月，台北。

71. 陳寅恪：《陳寅恪先生論文集》，里仁書局。

72. 陳鴻墀：《全唐文紀事》，世界書局。

73. 第五世達賴喇嘛著，郭和卿譯：《西藏王臣記》，四川民族出版社，1983 年 7 月，一版。

74. 張九齡等撰：《唐六典》，商務印書館四部叢刊。

75. 張九齡：《曲江張先生文集》，商務印書館四部叢刊。

76. 張其勤：《西藏宗教源流考》，西藏研究編輯部，1982 年，拉薩。

77. 張說：《張說之文集》，商務印書館四部叢刊。

78. 張籍：《張司業詩集》，商務印書館四部叢刊。

79. 黃次書：《文成公主與金城公主》，中華書局，民國 36 年，上海。

80. 黃沛翹：《西藏圖考》，文海出版社，民國 54 年，台北。

81. 黃麟書：《唐代詩人塞防思想》，造陽文學社，香港。

82. 章群：《唐史》，中華文化出版事業委員會。

83. 康樂：《唐代前期的邊防》，台灣大學文史叢刊，民國 68 年，台北。

84. 陸贄：《陸宣公奏議》，商務印書館人人文庫，台北。

85. 馮承鈞：《歷代求法翻經錄》，商務印書館，民國 51 年，台一版。

86. 焦應旂：《西藏誌》，文海出版社。

87. 湯承業：《李德裕研究》，學生書局，民國 63 年，台北。

88. 傅樂成：《漢唐史論集》，聯經出版事業公司，民國 66 年，台北。

89. 圓仁：《入唐求法巡禮行記》，文海出版社，民國 65 再版，台北。

90. 福幢著，王沂暖譯：《西藏王統記》，商務印書館，民國 35 年。

91. 廣祿：《西藏研究》，中國邊疆歷史語文學會，民國 49 年，台北。

92. 鄧之誠：《中華二千年史》，商務印書館。

93. 蔡文輝：《社會學理論》，三民書局，民國 70 年再版。

94. 蔣君章：《中國邊疆與國防》，黎明出版事業公司。

95. 劉伯驥：《中西文化交通小史》，正中書局，民國 63 年。

96. 劉義棠：《中國邊疆民族史》，中華書局，台北。

97. 鄭德坤：《中國文化人類學》，華世出版社，1980 年，台北。

98. 韓國磐：《隋唐五代史綱》，人民出版社，1979 年 5 月，二版。

99. 羅香林：《唐代文化史》，商務印書館，民國 44 年，台北。

100. 羅香林：《歷史之認識》，亞洲出版社，民國 44 年，香港。

101. 藍文徵：《隋唐五代史》，商務印書館，民國 67 年，台三版。

102. 藏婦 Rin-Chen-Lha-Mo 口述，英人路易金格（Louis King）執筆，汪今鸞譯：《西藏風俗志》，商務印書館史地小叢書，民國 22 年。

104. 蘇晉仁、蕭鍊子校證：《「冊府元龜」吐蕃史料校證》，四川民族出版社，1981 年 12 月，一版。

105. 蘇轍：《欒城應詔集》，商務印書館四部叢刊。

106. 謝海平：《唐代蕃胡生活及其對文化之影響》，政大中國文學研究所博士論文，民國 64 年。

107. 嚴耕望：《中國歷史地理・唐代篇》，中華文化出版委員會。

108. 瀧川龜太郎：《史記會注考證》，洪氏出版社，民國 70 年，台北。

109. 《藏族民間故事選》，上海文藝出版社，1980 年 5 月，一版。

110. 《藏族民歌選》，上海文藝出版社，1981 年 7 月，一版。

111. 《衛藏通志》，商務印書館，民國 57 年，台一版。

112. 《周禮注疏及補正》，世界書局。

113. 不著撰人，吳豐培校訂：《番僧源流考》，西藏研究編輯部，1982 年，拉薩。

二、期刊論文

1. 王桐齡：〈漢唐之和親政策〉，《史學年報》第 1 期。

2. 王壽南：〈唐代的和親政策〉，《中華文化復興月刊》第十二卷第 3 期。

3. 巴桑旺堆：〈關於吐蕃史研究中幾個「定論」的質疑〉，《西藏研究》總第 8 期。

4. 白西：〈吐蕃歷代后妃記略〉，《西藏研究》總第 6 期。

5. 任乃強：〈文成公主下嫁考〉，《康導月刊》第三卷第 8、9 期附錄九。

6. 任乃強：〈西藏政教史鑑〉，《康導月刊》第二、三、四、五卷。

7. 任乃強：〈松贊岡布年譜〉，《康導月刊》第六卷第 1 期。

8. 任乃強：〈松贊干布年譜〉，《西藏研究》創刊號。

9. 任乃強：〈藏人之歷史觀念〉，《康導月刊》第二卷第 12 期附錄五。

10. 任乃強、曾文琼：〈「吐蕃傳」地名考釋〉（三）（五），《西藏研究》總第 6 期。

11. 江道元：〈世界屋脊的明珠〉，《西藏研究》總第 6 期。

12. 朱寶唐：〈七八九世紀間的唐朝與吐蕃〉，《中國邊政》第 23 期。

13. 李方桂：〈吐蕃大相祿東贊考〉，《中央研究院國際漢學會議論文集》。

14. 李方晨：〈唐代的吐蕃國〉，《反攻雜誌》314 期。

15. 汶江：〈赤松德贊碑銘試解〉，《西藏研究》總第 2 期。

16. 何瑞雲：〈唐太宗的和親政策箋析〉，《西藏研究》總第 6 期。

17. 芮逸夫：〈唐代南詔與吐蕃〉，《西藏研究》。

18. 李霖燦，〈西藏史〉，《邊疆文化論集（三）》。

19. 宋龍泉：〈西藏名稱與境域之沿革〉，《中國邊政》第 22 期。

20. 宋龍泉：〈唐朝對吐蕃文化的影響〉，《中國邊政》第 26 期。

21. 林冠群：〈唐代吐蕃史史料研究〉，《大陸雜誌》第七十卷第 4 期。

22. 林恩顯：〈中國歷朝與邊疆民族的和親政策研討〉，《中央研究院國際漢學會議論文集》。

23. 林恩顯：〈唐朝對回鶻的和親政策研究〉，《政大邊政研究所年報》第 1 期。

24. 林恩顯：〈唐朝對奚與契丹的和親政策研究〉，《人文學報》第 1 期。

25. 吳豐培：〈唐代吐蕃名相祿東贊後裔五世仕唐考〉，《西藏研究》總第 8 期。

26. 恰白、次旦平措：〈大招寺史事述略〉，《西藏研究》創刊號。

27. 張印堂：〈西藏環境與藏人文化〉，《邊政公論》第七卷第 1 期。

28. 張駿逸：〈「蕃教」與吐蕃〉，《政大邊政研究所年報》第 15 期。

29. 崔中石：〈藏族與唐代關係之史略〉，《邊事研究》第二卷第 5 期。

30. 馮承鈞：〈唐代華化蕃胡考〉，《東方雜誌》二七卷第十七號。

31. 姚徽元：〈藏族考源〉，《邊政公論》第三卷第 1 期。

32. 黃子翼：〈藏族名稱之商榷〉，《邊政公論第一卷第 7、8 期。

33. 傅樂成：〈唐代夷夏觀念之演變〉，《漢唐史論集》。

34. 郭大烈：〈唐代吐蕃經營西南的歷史作用〉，《西藏研究》總第 7 期。

35. 鄒朝貴：〈舉世矚目的布達拉宮〉，《西藏研究》總第 2 期。

36. 薄文成：〈吐蕃王朝歷代贊普生卒年考（一）〉，《西藏研究》總第 8 期。

37. 蔣君章：〈西藏之自然環境與人生〉，《邊政公論》第三卷第 3 期。

38. 鄺平樟：〈唐代公主和親考〉，《史學年報》第二卷第 2 期。

39. 譚英華：〈吐蕃名號源流考〉，《東方雜誌》第四三卷第四號。

40. 羅香林：〈中國歷代籌邊之善策〉，歷史之認識。

41. 羅香林：〈唐代天可汗制度考〉，《唐代文化史》。

42. 龔甫波：〈西藏婚姻制度之研究〉，政大邊政研究所碩士論文。

外文資料

一、日文方面

1. 山口瑞鳳：《古代チベット史考異 —— 吐蕃王朝と唐朝との姻戚關係（上）》，東洋文庫第四十九卷。

2. 佐藤長：《古代チベット史研究》，同朋舍，昭和五二年，京都。

3. 佐藤長：《西藏歷史地理研究》，岩波書局。

4. 楠基道：《西藏上古史考》，東楠文庫 IV，永田文昌堂。

5. 稻葉正就、佐藤長：《紅冊》（日譯本），蒙藏委員會藏。

二、西文方面

1. Zuiho Yamaguchi, :"Matrimonal Relationship between the T'u-fan and the T'ang Dynasties（Part II）The Memoirs of the Toyo Bunko. No.28 1970.

2. Zuiho Yamaguchi, On the "Annals" Relating to Princess Wen-ch'eng. The Memoirs of the Toyo Bunko, No.35. 1977.

3. Shakabpa W.D., "Tibet, A Political History." N.Y.U.S. 1967.

4. Hoffmann, Helmut, "Tibet：A Handbook." Uni. Indiana, Us. 1968.

5. Tucci, Giuseppe. "The Tombs of the Tibetan Kings" Roma. 1950.

6. Tucci, Giuseppe. "Tibet, Land of Snow." London, England. 1973.

7. Thomas, F.W., "Tibetan Literary Texts and Documents Concerning Chinese Turkestan London, The Royal Asiatic Society. 1935,1951.1955.

8. Stein, R.A. "Tibetan Civitization." translated by Driver J. E. Stapleton, With original drawings by Tendzin Lobsang, California. U. S. 1972.